日本撤销审理决定诉讼实务入门手册（原书第2版）

[日] 阿部·井洼·片山法律事务所　编
[日] 片山英二　监修

闻　雷　李英艳　译

知识产权出版社
全国百佳图书出版单位
—北 京—

图书在版编目（CIP）数据

日本撤销审理决定诉讼实务入门手册：原书第2版/（日）片山英二监修；闻雷，李英艳译．—北京：知识产权出版社，2022.7

ISBN 978-7-5130-8141-2

Ⅰ.①日… Ⅱ.①片… ②闻… ③李… Ⅲ.①诉讼法—日本—手册 Ⅳ.①D931.35-62

中国版本图书馆CIP数据核字（2022）第072486号

内容提要

本书涵盖了程序及实体两大方面内容，全面介绍了日本撤销审理决定诉讼的核心内容。在程序方面，包含诉讼类型、代理人选定技巧、程序流程、管辖等内容。在实体方面，包含诉讼理由、证据、举证、审判效率等内容。其内容能够满足企业知识产权经理人、专利代理师及流程管理人员等读者的阅读需求。

责任编辑：吴亚平　　**责任校对：**谷　洋

封面设计：纺印图文·韩力君　　**责任印制：**刘译文

日本撤销审理决定诉讼实务入门手册（原书第2版）

［日］阿部·井洼·片山法律事务所　编

［日］片山英二　监修

闻　雷　李英艳　译

出版发行：知识产权出版社有限责任公司	**网　　址：**http://www.ipph.cn
社　　址：北京市海淀区气象路50号院	**邮　　编：**100081
责编电话：010-82000860转8672	**责编邮箱：**yp.wu@foxmail.com
发行电话：010-82000860转8101/8102	**发行传真：**010-82000893/82005070/82000270
印　　刷：三河市国英印务有限公司	**经　　销：**新华书店、各大网上书店及相关专业书店
开　　本：720mm×1000mm　1/16	**印　　张：**14.75
版　　次：2022年7月第1版	**印　　次：**2022年7月第1次印刷
字　　数：270千字	**定　　价：**79.00元

ISBN 978-7-5130-8141-2

京权图字：01-2022-2013

【第二版】序言

本书是日本平成 19 年（2007 年）发行的《日本撤销审理决定诉讼实务入门手册》的修订版。

初版发行后，笔者根据平成 23 年修订的特许法等若干制度对本书进行了修订。另外，最高法院和知识产权高等法院也多次下达重要审判案例，实务动向产生了很大的变化。

本次修订时，遵循初版“实务家介绍最新实务，简而易懂的解说书”的概念，在初版之后的实务动向变化的基础上，努力对现行日本撤销审理决定诉讼实务进行了简而易懂的解说。另外，虽然对内容进行了大规模的修订，但考虑到初版读者的使用习惯，基本延续了初版整体的结构。

与初版不同的主要变更点如下。

① 在“第 1 章　撤销审理决定诉讼的程序”中，将知识产权高等法院的审理方式改为最新程序的同时，根据审判案例的积累，对“3　审理对象、审理范围”中有关撤销审理决定诉讼的审理范围进行了全面修订。

② 在“第 2 章　特许撤销审理决定诉讼的建议（总论）”中，根据平成 23 年特许法修订中导入的审理决定预告制度和对再审的限制，改写了“4　与审判的关系”，以及“5　与侵权诉讼的关系以及与侵权诉讼代理人的合作”。

③ 在“第 3 章　特许撤销审理决定诉讼的建议（各论）”中，在“1　撤销事由的分析”中，新追加了有关提取撤销事由的方法的实务性解说。并且，接收了最高法院的新案例，新设了“8　特许权的存续期限可否延长注册的判断”来解说在实务上需要注意的事项。另外，特别在“2　新颖性与扩大范围的在先申请”“3　创造性的判断”“4　特许法 36 条的判断”“5　补正以及订正的合法性判断”以及“7　程序法的违反”中，基于知识产权高等法院的重要审判案例的集合，追加或更改了对审判案例的解说。

④ 新增了“第 7 章　前调查官的建议”，并增加了调查官在撤销审理决定诉讼中的作用、制作具有说服力的书面文件的方法等，且包含了只有有经验的调查官才能理解的内容。

希望本书能为参与撤销审理决定诉讼的实务家和研究人员提供参考。

最后，在本书发行之际，借此机会对（株）民事法研究会的近藤草子先生长期以来给予的极大帮助表示衷心的感谢。

监修
阿部·井窪·片山法律事務所
律师·代理人　片山英二

平成26年2月

推 荐 语

在被称作高度信息化社会的现代社会，作为规范无形信息的知识产权的法律——知识产权法的重要性急剧上升。但是在这样的知识产权法中，以特许法为中心的工业所有权法（产业产权法）并没有占据核心地位。而且，一般来说，知识产权是无形的存在，在应对侵害（模仿等）方面是薄弱的，因此，高度发达的诉讼制度是知识产权制度不可或缺的前提。

作为特许等的诉讼制度，侵权诉讼这一民事诉讼和撤销审理决定诉讼构成了诉讼制度的两大支柱。前者伴随有停止侵权、损害赔偿等容易掌握的具体结果。另外，从民事诉讼的角度来看，它也可以说是包括律师在内的一般人容易熟悉的存在。相对于此，后者则涉及是否撤销审理决定等的间接形式的问题。另外，由于是行政诉讼，对法律专家来说也是比较陌生的存在。但是，撤销审理决定诉讼是支撑特许等诉讼制度，乃至整个特许等制度基础的极其重要的制度，这一点是毋庸置疑的。

对于这种可以说是“无名英雄”的存在的撤销审理决定诉讼，尽管复杂且困难（不如说正因为其复杂且困难），但难以否认的是，很少有文献能够对其进行综合性、通俗易懂的概述。特别是从当事人、代理人的角度来看的正式文献，而不是从研究者的理论观点或法院的观点来看的文献并不普遍。在这方面，我认为本书有很大的意义。也就是说，如上所述对于包括法律界人士在内，针对以前不太熟悉的撤销审理决定诉讼，从真正的、实际的观点出发，提供能够通俗易懂、概览全体的文献具有很大的意义。

本书的特色在于，在第 1 章中保留了一般性说明的简洁，而且在维持了读者易于理解的基础上，将注意力放在第 2 章以后的各论述部分中，主要着眼于满足上述实务需求，也对现行制度的问题点等进行了关注，这一点值得肯定。

在各论的部分中，除了程序性实务说明之外，还增加了从律师、代理人的角度出发的忠告，正是以“易学易用”的解说书为目标。并且，不仅涉及程序，对撤销审理决定诉讼中经常出现的主要的实体性主题、新颖性、创造性等方面，也从实务角度以简而易懂的形式进行了解说。

另外，本书最大的特色之一是在特许等撤销审理决定诉讼中有着不可或缺的重要性，比如，发挥了律师和特许代理人各自特长的有机的团队合作。这样的律师和代理人的有机合作关系，显示了今后特许等撤销审理决定诉讼实务的方向性，也非常值得关注。

作为专攻知识产权法的一员，我们非常欢迎具有以上特色的图书的出版。希望通过本书能让更多的相关人士加深对特许等撤销审理决定诉讼的理解。特此推荐本书。

东京大学法学部·大学院法学政治学研究科教授
法学博士［S. J. D.］、法学博士
（原东京高等法院判事）
大渕哲也

2007年8月

【初版】序言

本书的目的是，从实务家的观点出发，以特许撤销审理决定诉讼为中心，基于法律修订和最新的审判案例的动向，对如何利用撤销审理决定诉讼制度，以通俗而易懂的方式解说必须知道的内容。

本书有以下 3 个特征。

首先，本书是“出自实务家的解说书”。

也就是说，在撤销审理决定诉讼中担任过大量工作的代理人、辅佐人，精通相同诉讼的律师、代理人根据自身的经验，解说了撤销审理决定诉讼的实际情况及参与程序时的心理准备。在尽可能多地记载只有实际体验过的人才能知道的“要点”的同时，关于经典法律上的论点，对从事实际业务方面应该知道的内容，也会用大量的篇幅进行解说。我认为初学者也会有兴趣通读本书。

其次，本书是“最新实务的解说书”。

特许法每年都会进行法律修订，而且这是知识产权高等法院经常作出值得关注的判断的法律领域。本书立足于最新的法律修订和审判案例的动向，真正用心解说作为“有生命的制度”的撤销审理决定诉讼。而且，在企业活动国际化的今天，加深对其他国家的制度的理解也是有益的。因此，作为“资料”，将介绍美国和中国最新的撤销审理决定诉讼的实际业务。

最后，本书是“便于在实务中使用的解说书”。

即，首先在“第 1 章　撤销审理决定诉讼的程序”中，考虑到读者为了作为当事人参与实际程序而阅读本书，按照时间顺序，以撤销审理决定诉讼的程序为中心进行了解说。在“第 2 章　特许撤销审理决定的建议（总论）”中，撇开个别的实体争议焦点，试着对利用制度时面临的实际问题提出建议。并且，在“第 3 章　特许撤销审理决定诉讼的建议（各论）”中，对新颖性、创造性、违反特许法 36 条等实体法上的问题，加入了很多具体例子，简而易懂地进行了解说。然后，在“第 4 章　其他撤销审理决定诉讼的建议”中，对特许以外的撤销审理决定诉讼的要点进行了解说，进一步在“第 5 章　前法官的建议”中，对从前法官的角度出发的撤销审理决定诉讼的审理特色和理想的撤销审理决定诉讼的处理进行了解说。并且，在最后作为“资料”，结合日本的程序，对美国及中国的撤销审理决定诉讼程序进行了解说。通过采用这样的构成，即使是初学者，也能立即收集到想要了解的信息。

在本书出版之际，东京大学法学部・大学院法学政治学研究科教授大渕哲也先生用非常赞许的措辞向我推荐了这本书。为了不辜负大渕先生的教诲，全体执笔人员将继续钻研下去。

另外，在本书出版之际，（株）民事法研究会的近藤草子女士也为本书尽了很大的努力，借此机会表示衷心的感谢。

监修者代表

阿部・井窪・片山法律事務所

律师・代理人 片山英二

2007年8月

目　录

凡　例

【法令】

特	特许法
特规	特许法实施规则
样式	特许法实施规则样式
实	实用新型法
意	外观设计法
商	商标法
著	著作权法
竞	不正当竞争防止法
知财高裁	知识产权高等法院设立法
宪	日本宪法
裁	法院法
行诉	行政案件诉讼法
民	民法
民诉	民事诉讼法
民诉规	民事诉讼规则
民诉费	关于民事诉讼费用等的法律
审查基准	特许·实用新型审查基准
巴黎公约	1883 年 3 月 20 日的关于保护工业产权的巴黎公约
PCT	1970 年 6 月 19 日签订于华盛顿的专利合作公约
EPC	欧洲专利公约

【判例集·文献·主页】

民集	最高法院民事判例集
审判集民	最高法院审判集民事篇
无形集	无形财产权关系民事/行政审判案例集

目 录

知产集	知识产权关系民事/行政审判案例集
撤销集	撤销审理决定诉讼审判集
行集	行政审判月报
判时	判例时报
判タ	判例时报
判工	工业所有权法判例
判工〔2 版〕	工业所有权法判例〔第 2 期版〕
法院 HP	法院主页→审判案例情报 http://www.courts.go.jp/
知识产权高等法院 HP	知识产权高等法院主页 http://www.ip.courts.go.jp/
特许厅 HP	特许厅主页 http://www.jpo.go.jp/indexj.htm/
仅记载案件编号	刊登在收费判例检索服务中

第1章

撤销审理决定诉讼*的程序

* 因不服审理决定而提起的行政诉讼。相当于我国不服复审决定的行政诉讼以及不服无效审理决定的行政诉讼等。——译者注

1 撤销审理决定诉讼及其种类

(1) 什么是撤销审理决定诉讼

对特许厅*依据特许法、实用新型法、外观设计法、商标法作出的审理决定不服的，可以向知识产权高等法院❶（以下称为“知财高院”）提起请求撤销审理决定的诉讼。这就是撤销审理决定诉讼（特178条、实47条、外59条、商63条1款）。

特许厅作出的审理决定是作为行政厅的特许厅行使公权力的一种处分。对行政厅的处分不服的，可以基于行政案件诉讼法向地方法院（以下简称地裁）提起诉讼（行诉1条），但是，特许法等的产业财产权四大法律作为行政案件诉讼法的特殊法律，如上所述，其设定了撤销审理决定诉讼的规定。设定这样的特殊法律是因为，对于特许权等的取得与丧失，首先给作为专门行政厅的特许厅提供第一次判断权力，由通常具有专业知识的审判官**作出审判等程序，之后依据抗告诉讼制度获得法院的第二次判断，以此谋求国民的权利救济（竹田稔监《特许审查、审判的法理和课题》23页）。

(2) 撤销审理决定诉讼的种类

(i) 特许法

特许法178条1款规定了“针对审理决定的诉讼”。针对对驳回决定不服审判（特121条）、特许无效审判（特123条）、存续期限延长注册无效审判（特125条之2）、订正审判（特126条）作出的审理决定、对不合法审判请求中的不

---

* “特许”一词在中国国内多被译为“专利”或“发明专利”。鉴于日本与中国的知识产权法律体系不同，本书保留“特许”一词。从“特许厅”层面讲，此“特许”并非单指中国国内所理解的专利或者发明专利，因为“特许厅”的业务范畴包含了专利、实用新型、外观设计、商标等。从“特许法”层面讲，此“特许”又可对应于中国的“发明专利”。——译者注

❶ 为了处理撤销审理决定诉讼等案件，设置了东京高等法院（以下称为“东京高院”）的特殊支部——知识产权高等法院（知财高院2条）。

** 审判官专指复审无效程序中的审查员，与一般审查员不同。——译者注

可补正的事宜拒绝受理的审理决定（特135条），可以提起撤销诉讼。

（ⅱ）实用新型法

实用新型法47条规定了“针对审理决定的诉讼”。针对对实用新型无效审判（实37条）作出的审理决定、对不合法审判请求中的不可补正的事宜拒绝受理的审理决定（依据实41条援用特135条），可以提起撤销诉讼。

（ⅲ）外观设计法

外观设计法59条规定了“针对审理决定的诉讼”。针对对驳回决定审判（外46条）、补正拒绝受理决定审判（外47条）、外观设计无效审判（外48条）作出的审理决定、对不合法审判请求中的不可补正的事宜拒绝受理的审理决定（依据外52条援用特135条），可以提起撤销诉讼。

（ⅳ）商标法

（A）商标注册相关的撤销审理决定诉讼

商标法63条1项规定了“针对审理决定的诉讼”。针对对驳回决定审判（商44条）、补正拒绝受理决定审判（商45条）、商标注册无效审判（商46条）、商标注册的撤销审判（商50条、51条、52条之2、53条、53条之2）作出的审理决定、对不合法审判请求中的不可补正的事宜拒绝受理的审理决定（依据商56条援用特135条），可以提起撤销诉讼。

（B）分类变更注册相关的撤销审理决定诉讼

在平成8年（1996年）的修订（平成8年法律第68号）中，对于商标的指定商品，新设了分类变更注册的制度。关于商标的商品区分，以往有过5次修订，并存有5种区分，因此，通过指定商品的分类变更注册，有序达到与最新商品区分的统一，这是该制度的目的。在商标法附则（昭和34年（1959年）法律第127号）13条规定，对于分类变更注册（附则2～12条）的申请收到驳回决定的情况援用商标法44条“驳回决定审判”。在该附则14条3项规定，对于分类变更注册的无效审判援用商标法46条2款以及3款“商标注册的无效审判”。该附则22条1款规定了“对分类变更注册审理决定的诉讼”，对于这些分类变更注册的审理决定，可向东京高院提起撤销诉讼。

（广濑史乃·黑川　惠）

2 当事人、代理人等

(1) 当事人

(i) 原告

具有原告资格的主体是：①当事人；②参加人；③申请参加审判或者再审但该申请被拒绝的人（特 178 条 2 款、实 47 条 2 款、外 59 条 2 款、商 63 条 2 款、商附则（昭和 34 年（1959 年）法律第 127 号）22 条 2 款援用特 178 条 2 款）。

(A) 当事人

在审判或者案件中收到不利审理决定的审判请求人或者审判被请求人。

(B) 参加人

该审判的参加人可以提起撤销审理决定诉讼。根据特许法 148 条 1 款，按照共同审判（特 132 条）的规定可以请求审判的主体作为请求人参加审判；此外，该法 148 条 3 款规定：与审判结果有利害关系的主体，在审理终结之前为了辅助当事人一方，可以参加该审判。

实用新型法（41 条、45 条）、外观设计法（52 条、58 条）、商标法（56 条、61 条）援用特许法关于参加人的相关规定。

(C) 参加申请被拒绝的人

审判或者再审的案件中存在参加申请的情形时，审判官通过审判决定其是否被容许参加，对该决定不能提出不服（特 149 条 5 款、特 174 条 3 款，实 41 条、实 45 条，外 52 条、外 58 条，商 56 条、商 61 条），但是，对于参加申请被拒绝的第三人，为了保障其接受裁判的权利（宪 32 条），该第三人可以提起撤销审理决定诉讼。

(D) 其他

(a) 承继人

因当事人的死亡、法人的合并等发生一般承继（全面承继）时，理应由承继人承继该程序，此时，原则上应中断诉讼程序（依据行诉 7 条援用民诉

124 条 1 款），但是，作为例外，诉讼代理人存在期间，不会中断程序而是继续进行程序（民诉 124 条 2 款）。此外，存在获得特许的权利承继及其他一般承继时，承继人应立即告知特许厅长官，不得延误（特 34 条 4 款）。

撤销审理决定诉讼处于法院审理的情况下，特许权等权利、审判请求人地位的转让等，与一般承继无关的诉讼当事人地位发生转移时（此外，与全面承继的情况不同，特定承继需要特许权的转移注册（特 98 条 1 款）），承继人可以参加该诉讼（民诉 47 条、51 条），相对方可以申请让承继人承继诉讼（民诉 50 条 1 款）。

（b）共同申请人或者共有人

特许法 38 条规定："获得特许的权利共有时，如果各共有人与其他共有人不共同协作，则无法申请特许。"另外，该法 132 条 3 款规定："特许权或者获得特许的权利的共有人，对其共有的权利请求审判时，必须由全体共有人共同提出请求。"

对于上述规定，提起撤销审理决定诉讼时，是否需要全体共有人作为原告，特许法等没有作出规定。对于该问题，此前已展开了各种讨论，从特许权共有的撤销审理决定诉讼同样是"固有必要共同诉讼"的观点出发（民诉 40 条"只有全体共同诉讼人的意见一致时才可确定诉讼目的的情况"），必须是全体共有人共同作为原告，共有人中的一部分人提起诉讼的情况是不合法的，应以此为由拒绝受理（对于驳回决定不服审理决定的撤销诉讼，最一小判昭和 36・8・31（昭和 35 年（オ）第 684 号）民集 15 卷 7 号 2040 页、最二小判昭和 55・1・18（昭和 52 年（行ツ）第 28 号）裁判集民 129 号 43 页、最三小判平成 7・3・7（平成 6 年（行ツ）第 83 号）民集 49 卷 3 号 944 页）。

但是，平成 14 年（2002 年）以来，最高法院（以下称为最高院）在商标无效审理决定的撤销诉讼（商 56 条 1 款援用的特 132 条 3 款）中指出："取得一个共有人享有的商标权要求全体共有人的意见一致。对此，商标权的设定注册一旦作出之后，商标权的共有人在实施其所持份额的转让或专用使用权的设定等处置时需要获得其他共有人的同意，但是，使用注册商标时无须获得其他共有人的同意（商标法 35 条援用的特许法 73 条）"，以此撤销东京高院拒绝受理诉讼的判决，将案件返回东京高院。该最高院的判断指出，"作出商标注册无效审理决定，对此未提起撤销诉讼而超出起诉期限时，商标权被视为追溯性消灭（商标法 46 条之 2）。因此，上述撤销诉讼的提起相当于防止商标权消灭的保全行为，因而，即使是商标权共有人中的一人也可单独提出。即便如此解释，也不会损害未提起诉讼的共有人的权利"，"如果解释为撤销诉讼是固有必要共同诉讼，认为共有人中的一人单独提起诉讼不合法时，起诉期限届满的同时无效审理决定生效，则变成商标权自始即不存在，这可能是个不合理的结果”，“即便如此解释，在其诉讼中支持请求的判决生效时其撤销的效力涉及其他共有人（行政案件诉讼法 32 条 1 款），再次，在特许厅中以全体共有人的关系进行审判程序（商标法 63 条 2 款援用的特许法 181 条 2 款）”，“通过其诉讼请求驳回的判决生效时，因其他共有人的起诉期限届满，因无效审理决定生效，视为权利自始即不存在（商标法 46 条之 2）。无论哪一种情况，均不会违背统一确定要求”，并且“各共有人共同或者各别提起撤销诉讼时，应理解为，这些诉讼相当于类似必要共同诉讼，因此其会合并审理判断，并不违背统一确定要求”，据此判断，诉讼的提起是对共有权利的保全行为，可以单独提出的观点并不会违背统一确定要求（最二小判平成 14・2・22（平成 13 年（行ヒ）第 142 号）民集 56 卷 2 号 348 页）。

如上，最高院的判例中，对驳回决定不服撤销审理决定诉讼，判断为共同申请人单独起诉是不合法的（上述最三小判平成 7・3・7），对无效撤销审理决定诉讼，判断为权利共有人单独起诉是合法的（上述最二小判平成 14・2・22）。上述最二小判平成 14・2・22 是小法庭进行的判断，因此，并不是变更上述最三小判平成 7・3・7 的判断。鉴于上述判断，最高院在驳回决定不服撤销审理决定诉讼和无效撤销审理决定诉讼中，对于原告资格，根据情况分别进行了解释。这种情况分类在理论上是否统一，学术上有各种分析，但是，在实务上，根据其判决实施运用（高部真规子《实务详说特许关系诉讼（第 2 版）》319 页）。

（c）共同提出无效审判的请求人

即便在多人共同提出无效审判请求并被作出不成立审理决定的情况下，请求人中的一部分人提起的撤销审理决定诉讼是合法的（最二小判平成 12・2・18（平成 8 年（行ツ）第 185 号）判时 1703 号 159 页），没有必要由全体审判请求人共同提起。多人分别请求无效审判撤销诉讼，且合并审理的情况也相同（最一小判平成 12・1・27（平成 7 年（行ツ）第 105 号）民集 54 卷 1 号 69 页）。

（ⅱ）被告

（A）被告资格

被告是特许厅长官（特 179 条、实 47 条 2 款、外 59 条 2 款、商 63 条 2

款）。但是，对于无效审判（特 123 条、实 37 条、外 48 条、商 46 条）的审理决定、特许权延长注册的无效审判（特 125 条）的审理决定、商标注册撤销审判（商 50 条、51 条、52 条之 2、53 条之 2）的撤销审理决定诉讼，该审判请求人或者被请求人*成为被告（特 179 条但书、实 47 条 2 款、外 59 条 2 款、商 63 条 2 款）。

（B）其他

（a）承继人

审理决定送达后，特许法 179 条但书中成为被请求人之权利人的特许权等被承继时，可以认可承继人的被告资格。被请求人转让特许权等并进行了登记（特 98 条 1 款 1 项、实 26 条、外 36 条、商 35 条）时，应将受让人作为被告提起诉讼，但是，对这样的特定承继、一般承继的情况原告不知情的情况较多。此时，将原权利人作为被告提起诉讼时，基于行政案件诉讼法 15 条、40 条 2 款认可被告的变更，并基于诉讼审理中的诉讼承继（民诉 50 条、51 条）或者承继（民诉 124 条、126 条）认可被告的更换。

（b）共有权人

特许法 132 条 2 款（实 41 条、外 52 条、商 56 条 1 款）规定，对具有共有关系的特许权的特许权人请求审判时，必须将全体共有人作为被请求人提出请求。即在特许权不成立的审理决定的撤销诉讼中，只有在全体共有人合成一体的情况下才可确定，必须将全体共有人作为被告。

（2）代理人等

（ⅰ）律师以及专利代理师

关于撤销审理决定诉讼，律师（律师法 3 条）以及专利代理师（专利代理师法 6 条）可以成为诉讼代理人。

（ⅱ）指定代理人

作为撤销审理决定诉讼的被告的特许厅长官，依据与国家利益相关的诉讼中法务长官的权限等相关的法律 5 条 1 款，指定作为特许厅职员的经济产业事

---

* 审判请求人通常指的是复审请求人或无效请求人，审判被请求人通常指无效程序中的专利权人。——译者注

务官或者经济产业技官作为指定代理人。对于上告案件，除特许厅职员外，法务长官可基于同法 2 条 1 款，将法务省职员指定为指定代理人。

（iii）其他

特许法 8 条（准用实 2 条之 5 第 2 款、外 68 条 2 款、商 77 条 2 款）规定，在日本国内没有住所或者居住地（法人的情况下是指营业场所）的人，除政令规定的情况外，如果不通过与该人的特许相关的代理人，即在日本国内有住所或居住地的“特许管理人”，不得实施特许厅的程序，或不得以不服行政厅依据该法律或者基于该法律的命令中的规定作出的处分为由提起诉讼，该特许管理人在海外者的撤销审理决定诉讼中代理本人。

（广濑史乃）

3 审理对象、审理范围

（1）特许厅的审判程序和撤销审理决定诉讼之间的关系

撤销审理决定诉讼是对于特许厅作出的审理决定程序上的缺陷以及实体上的违法性判断，以原告主张的审理决定撤销事由为前提（辩论主义），由知财高院进行审查的诉讼程序（审判和撤销审理决定诉讼之间，并没有续审制那样的审级关联）。在如同特许等侵权诉讼或一般民事诉讼的控诉审的续审中，控诉审中承继第一审的口头辩论，承继第一审中的主张或证据，此外，控诉审中还允许提出新的主张或证据。但是，撤销审理决定诉讼中，有关审判程序等的文件，并不由特许厅向知财高院发送。原告在撤销审理决定诉讼的诉状中，须主张该案在特许厅程序中的经过或审理决定的内容，且须主张撤销理由，即存在缺陷、存在违法性，并且，原告需提交审理决定、对比文件、其他审判阶段中双方当事人提交的全部相关证据文件。

（2）返回的性质

在撤销审理决定诉讼中，与特许侵权诉讼或一般民事诉讼的控诉案件等不同，如特许法 181 条（实 47 条 2 款、外 59 条 2 款、商 63 条 2 款）记载，当认可审理决定存在撤销事由时，“必须对其进行撤销”。撤销判决生效时，案件返回特许厅后，再次启动审判程序。因此，并不是在审理决定存在违法时重新出示法院的判断，即并不是所谓的废弃自判。

（3）新主张以及举证的限制

撤销审理决定诉讼中，如上所述，主要是针对审理决定的违法性进行审理，但是，关于审理决定实体上的认定判断，应如何解释其审理范围，有各种议论。一般行政处分的撤销诉讼中，依据通说以及判例，作为审理对象的处分的违法性，并不是个别的违法事由，而是处分违法性的全部，因此，原告在撤销诉讼中，可以自由补充、变更处分的违法事由，并且，被告也可提出与作为处分依据的理由不同的理由，以作为处分的合法性依据（即审理范围基本是无限制的）。

但是，撤销审理决定诉讼中，不适用上述一般行政处分的原则。明确判断了这一点的是最大判昭和 51・3・10（昭和 42 年（行ツ）第 28 号）民集 30 卷 2 号 79 页（织物编织机案件）。该判决对撤销审理决定诉讼的审理范围这个在实务上极其重要的论点进行了判断，而且是知识产权案件中唯一的大法庭判决。下面，对其进行详细介绍。

首先，案例的概要如下。

X（原告・被上告人）取得了织物编织机相关发明的特许权，同行其他公司 Y（被告・上告人）以基于公知事实 A 以及其他公知事实的存在导致缺乏新颖性和冒认为依据，请求特许无效审判。在此期间，基于公知事实 A，缺乏新颖性的主张被认可，无效审理决定被作出。对此，X 提起撤销无效审理决定诉讼，但是，Y 在该撤销诉讼中，除了无效审判中认可的无效理由（基于公知事实 A，缺乏新颖性的主张）外，补充了经过审理但审理决定未判断的其他主张以及无效审判中未主张的新的无效理由。但是，东京高院以未经过特许厅判断的无效理由在撤销审理决定诉讼中不能成为审理对象为由，撤销了上述无效审理决定。Y 对此不服，因此，针对上述撤销判决向最高院提起上告。

最高院列举出如下审判程序的结构和特性。①对于与特许申请相关的行政处分的纠正程序，法律通常要求由具有专业知识经验的审判官作出审判的程序经过（审判判断经过的利益）；②法律规定如下程序结构：在审判程序中，围绕特定的无效理由以及争议焦点，在当事人参与下进行充分审理；③生效审理决定所产生的对世性一事不再理效力仅限于审理决定中实际所判断的事项。并论述了如下要点，且判断为上告理由的论点没有依据。即最高院所采取的立场是，对于授权或者驳回决定的处分恰当与否，本来应当针对每个公知事实，在审判程序中完成审理，撤销审理决定诉讼只不过是用于审查审理决定的违法性，法院对未经过特许厅审理判断的事项并没有独立进行审理判断的预设，以这一思路为前提，相对于一般行政处分的撤销诉讼，应对撤销审理决定诉讼的审理范围作限制性的解释。

下面，引用判决的结论部分。

“参照法律规定的对于特许相关处分的不服制度以及审判程序的结构和性质，在对特许无效抗告审判的审理决定提出的撤销诉讼中，在判断的违法性成为争议焦点的情况下，只有在该审判程序中实际进行争论并且被审理判断的特定无效原因的相关事项才应成为审理的对象，对除此之外的其他无效原因，诉讼中将其作为审理决定的违法事由进行主张并请求法院判断是不容许的，这应解释为法的宗旨。”

“无效审判中应构成判断对象的无效原因，同样也要求其为具体特定的无效原因，如就同样的发明的新颖性而言，应解释为与特定的公知事实进行对比的无效主张和与其他公知事实进行对比的无效主张分别构成各自的理由。”

“由此，审理决定的撤销诉讼中，对于与抗告审判程序中未审理判断的公知事实进行对比的无效原因而言，不得不说不可以以审理决定违法为由进行主张，或者不可以以其合法为由进行主张……此外，作为驳回决定的理由的特定而言，与无效原因的特定相同……因此，应解释为针对驳回决定的抗告审判的审查决定提出的撤销审理决定诉讼中，同样，审理决定中未判断的特定的具体驳回理由，不可以在诉讼中对其进行主张。”（笔者注：条文是旧特许法的内容）

本判决是适用了旧特许法（大正10年法律第96号）的案件，但是，其影响力还涉及现行特许法的解释。另外，如上述判决内容所示，本判决的法理影响力还涉及驳回决定不服审理决定。

基于该大法庭判决，之后的实务对于撤销审理决定诉讼的审理范围，采用如下思路作为原则。

①只有审判中审理且审理决定中判断的无效、驳回理由成为审理范围。对于审理决定中未判断的无效、驳回理由，即便审判阶段中当事人进行主张举证且作出审理，当事人也不能在撤销审理决定诉讼中进行争论。

②基于不同的法条的无效、驳回理由，构成不同的无效、驳回理由。

③即便基于同样的特许法29条1款3项，缺乏新颖性的无效、驳回理由而言，“与特定的公知事实进行对比的无效主张”构成各自的无效、驳回理由。即“基于公知事实A的缺乏新颖性”和“基于公知事实B的缺乏新颖性”的无效、驳回理由分别构成各自的无效、驳回理由。

④织物编织机案件是特许缺乏新颖性成为争议焦点的案例，但是，基于特许法29条2款的缺乏创造性的无效、驳回理由，适用同样的思路。即“基于公知事实A和B的组合缺乏创造性”和“基于公知事实A和C的组合缺乏创造性”的无效、驳回理由分别构成各自的无效、驳回理由。

在严格遵循上述织物编织机案件判决的原则，重视审判判断经过的利益的情况下，例如，以公知文献A记载的公知事实A为主对比文件，公知文献B记载的公知事实B为副对比文件，作出基于这些公知事实的组合认可缺乏创造性的无效理由的无效审理决定时，不管无效审判请求人还是被请求人，在撤销审理决定诉讼中，不能提出除此之外的无效理由相关的所有主张，并且，无效审判请求人不能补充公知文献 A 和 B 以外的任何公知文献。另外，对于法院而言，同样地，在分析审理决定的判断内容是否存在缺陷时，应只能在审理决定中判断、引用的无效理由以及公知文献的范围内进行分析，认可在该范围内各审理决定的认定判断存在缺陷时，并不单独考虑其他主张、证据和最终结论的合理性，应直接撤销审理决定。

如果重视织物编织机案件判决中指出的审判判断经过的利益，上述审理范围的思路在理论上也可存在。另外，鉴于无效审判中的审判请求书的“请求理由”的补正限制（特131条之2）、查定系审判中发现新的驳回理由时，应作出驳回理由通知后，应赋予权利人补正的机会（特17条之2、17条之4），可知，禁止在撤销审理决定诉讼的阶段中补充新的无效理由，在法律制度上是理所当然的。但是，如上所示，在当事人的主张、举证、法院的审理范围被限制，审理决定的每个认定判断存在缺陷，法院必须撤销其时，案件在特许厅和法院之间往返几回（以审理决定的认定判断存在违法性为由的第一次撤销判决→再审判中判断未涉及第一次撤销判决的约束力的事项→针对该事项，作出第二次撤销判决→再审判），容易出现所谓的传接球（Catch - ball）现象的弊端。于是，为了达到防止这样的弊端产生、一次性解决纠纷和维护当事人的审判判断经过的利益的目的，现在法院在实务中的做法变得更加灵活。在此背景下，思考以下情形。

①最三小判平成12・4・11（平成10年（オ）第364号）民集54卷4号1368页（Kilby案件）中，最高院推翻了特许无效的判断是特许厅的专权事项的一般说法、判例，并判示审理特许侵权诉讼的法院可以判断是否为“特许存在无效理由的事宜已明确”（并将其新设为特104条之3）。特许侵权诉讼中，知财高院是地方法院的“续审”，知财高院审理阶段中，提出在地裁审理阶段中未提出的新的无效理由，只要并未以时间上延误的攻击防御方法为由被拒绝（民诉157条），则可容许。由此，侵权诉讼法院在不经过特许厅的审判程序的审理判断的情况下，就可进行特许无效理由的存在与否的审理判断，其意味着，重视经由审判判断的利益的织物编织机案件的法律依据目前并不一定合理。

②鉴于在知识产权诉讼中具有丰富经验的法官的增加、作为专属管辖支部的知财高院的设置，以及辅助法官的法院调查官制度的强化、专业委员制度的导入，在发明等的专业技术性内容的理解上，不能说法院一定次于特许厅，所以相比于重视经由审判判断的利益，当事人更加希望达到一次性解决纠纷的

目的。

特别是上述①的背景情况对撤销审理决定诉讼中的审理的理想状态带来了较大的影响。对于同一特许，存在侵权诉讼和无效审判的两种无效主张途径，在其判断还可划分（双轨）的制度的情况下，知财高院示出特许有效性相关的统一性判断（侵权诉讼的控诉审和审理决定无效诉讼同时进行时，通常隶属部门相同）。同一裁判体对同一无效理由，在侵权诉讼中可以且追求广泛接受当事人的主张、举证，从而能够自行判断，相对于此，撤销审理决定诉讼中限制当事人的主张、举证或者发现审理决定的错误时必须返回特许厅，的确不能否定其带来的诉讼徒劳的弊端。

能够反映最近实务倾向的一个判决案例，知财高判平成 19・5・30（平成 18 年（行ケ）第 10260 号）法院 HP（异物检出装置案件）作为案例的前提论*，作出如下叙述："针对驳回决定不服审判请求以及无效审判请求的撤销审理决定诉讼中，不允许主张与该审判中审理判断的特定的公知事实进行对比的驳回理由和无效理由，以及其他公知事实进行对比的驳回理由和无效理由（最高院昭和 42 年（行ツ）第 28 号同 51 年 3 月 10 日大法庭判决・民集 30 卷 2 号 79 页）。可以说其来源于对当事人的如下利益保护：在作出审理决定的程序中，对于驳回理由以及无效理由，应向当事人表明其争议焦点之后完成充分的审理，应经由具有专业知识经验的审判官进行的审判程序等。因此，审判中，对与特定的公知事实进行对比的驳回理由以及无效理由的是否存在进行实质性审理，并且，在此审理中给予当事人辩驳的机会时，在撤销审理决定诉讼中，在审理决定中已作出的特定的公知事实和该发明的相同特征、区别特征相关的认定/判断、成为容易想到性的基础的公知事实组合的选择、容易想到性的认定/判断等方面上，即便是提出了形式上不同的驳回理由以及无效理由存在与否相关的主张的情况下，也不能一律解释为不容许将该主张作为审理判断的对象。"

（4）织物编织机案件之后的与撤销审理决定诉讼的审理范围相关的主要判例

以下分析并介绍织物编织机案件之后的主要判例，知晓并参考在怎样的情

* 日本虽然是大陆法系国家，但是在先判例对在后判决有非常强的指导意义，所以在判决中往往会引用之前的判例进行论述，这被业界称为"前提论"。——译者注

况下，法院认可何种程度的新的主张、举证，以及确认是否作出自行判断以对审理决定中未认定判断的主张、证据也要一次性解决。

整体来看，法院综合考虑了审查阶段至诉讼阶段的对当事人的程序保障程度（审理是否充分完成、是否应返回从而给予当事人更正、补正机会等），新的主张、举证对特许性判断带来的影响大小，法院判断的容易性（是否伴有困难的技术性判断），当事人的意图等，但是，考虑到具体问题具体分析，对一次性解决的重视程度不同，法官的最终判断有可能不同。因此，对于有多个同种判例存在的案件而言，认为实务上的思路大致已确定，但是，下述（ⅰ）至（ⅷ）记载的标题及类型化是大体化的表述，实际在庭前书面文件等中引用判例时，希望注意仔细研究每个判断内容，且分析是否为切合自己主张的内容。另外，因为每个案件的结论有可能不同，因此，为了得到知财高院的认可而参考过去的判例时，诉讼当事人应对认为知财高院中可能采用的对自己有利的新的主张、证据多加研究，并积极提出。

（ⅰ）周知、公知技术及最初申请时的技术水平相关的举证

作为认可并非用于举证构成新无效理由的公知事实的周知、公知技术（例如，用于明确对比文件记载的技术内容等的周知、公知技术，审理决定认定或否定的周知、公知技术等），以及用于认定、加强、弹劾最初申请时的技术水平的新证据的提出的判例，有最二小判昭和51・4・30（昭和51年（行ツ）第9号）判タ360号148页（气体激光放电装置案件）、最一小判昭和55・1・24（昭和54年（行ツ）第2号）民集34卷1号80页（食品包装容器案件）、东京高判昭和60・3・12（昭和57年（行ケ）第242号）无体集17卷1号26页（出租车顶部显示装置案件）、东京高判昭和63・6・29（昭和61年（行ケ）第184号）特许和企业236号21页（着色水泥砂浆成型品案件）、知财高判平成18・10・24（平成17年（行ケ）第10856号）法院HP（二轮车可拆卸手柄案件）、知财高判平成21・10・8（平成20年（行ケ）第10448号）判时2082号112页（等向性蚀刻案件）等（其他还可参考增井和夫、田村善之《特许判例指南（第4版）》289～290页）。

在东京高判平成8・8・15（平成5年（行ケ）第230号）（蒸汽熨斗案件）、知财高判平成19・4・25（平成18年（行ケ）第10294号）法院HP（化妆品组合物案件）的判例中，在审理决定中“误认”证据而认定周知、公知技术的情况下，法院指出认定错误并认可补充证据以举证周知、公知技术。

另外，尽管撤销审理决定诉讼的审理范围和撤销判决的约束力之间属于内

外关系，但是，作为追加的对比文件只要是补强证据，则约束力就会产生的判例，有最三小判平成 4・4・28（昭和 63 年（行ツ）第 10 号）民集 46 卷号 245 页（高速旋回式滚筒抛光法案件）。

作出无效主张的一方当事人的新的主张、举证，即便被作为用于举证如上所述的周知、公知技术及最初申请时的技术水平的事宜加以提出，在其实质被评价为补充新的对比文件、无效理由的情况下，这样的主张、举证的提出可能受到限制（东京高判昭和 56・9・30（昭和 47 年（行ケ）第 52 号）无体集 13 卷 2 号 640 页（外科用胶带案件）、东京高判昭和 62・1・20（昭和 57 年（行ケ）第 13 号）特许和企业 220 号 12 页（切割刀片案件），其他还可参考增井、田村，前述 290～291 页）。

在知财高判平成 22・11・17（平成 22 年（行ケ）第 10191 号）判时 2120 号 98 页（铝焊接用激光加工光学装置案件）中，原告试图用基于主对比文件和周知技术的组合的无效理由替换基于主对比文件和副对比文件的组合的无效理由，此时，法院在认定成为问题的区别特征是用以解决技术课题的“本质性部分”之后，未认可原告的理由替换。特许第 2 委员会第 3 小委员会“撤销审理决定诉讼中的新证据提交的问题和应对”知财管理 59 卷 1 号 53 页中，同样作出根据无效理由的变更是否与“特许性相关”，“是否认可主张、举证会有所不同”的判例分析，可将其作为今后实务的思路加以参考。

另外，最一小判昭和 54・6・21（昭和 53 年（行ツ）第 81 号）撤销集昭和 54 年 613 页（机床案件）、知财高判平成 19・1・30（平成 18 年（行ケ）第 10214 号）法院 HP（外壁清扫方法案件）算是认可无效理由替换的案例，其认可了基于补充证据的周知技术的举证和基于此的无效主张。

此外，撤销审理决定诉讼阶段中新发现审理决定中未认定的对比文件和发明的区别特征时，周知技术等的举证用于填补该区别特征，容易补充新的对比文件或无效理由，对其在下述（ⅶ）中叙述。

（ⅱ）引用刊物的公知性、在先申请性以及公开实施的时期、商标使用的事实等非技术性问题

对于作为审理决定为无效审判的依据的引用刊物的公知性，认可当事人在撤销审理决定诉讼中提出补充证据（最一小判平成 3・4・25（平成 3 年（行ツ）第 37 号）判エ（2 版）537 的 7 页、东京高判平成 10・6・24（平成 8 年（行ケ）第 10 号）判エ（2 版）20 的 3904 页）。

此外，最三小判平成 5・3・30（平成 3 年（行ツ）第 98 号）判时 1461

号 150 页写道："对于审理决定未特意将在先申请性作为问题且基于在先申请分析无效理由的情况而言，显然是引入了将该在先申请发明视为在先申请的暗示性判断，以此为理由，认为法院能够审理判断在先申请性相关的论点。"

两个公开实施的主张中，审理决定只判断了一个主张，但是，对于另一个主张而言，其只在公开实施品的制造销售时期成为争议焦点的情况下，对于两者的公开实施的主张，法院作出自行判断，其判例有东京高判平成 13・7・10（平成 11 年（行ケ）第 190 号）法院 HP（抓取机械案件）。另外，对于未明确公证书记载的物是否为公开实施品的情况下，在与该物的对比中认可了新颖性、创造性的审理决定，将另一件侵权诉讼的证人询问调查书等作为证据否定了其并不是公开实施品，以此维持审理决定的判例有知财高判平成 23・9・7（平成 22 年（行ケ）第 10225 号）法院 HP（年糕案件）。

另外，商标注册不使用撤销审判的撤销审理决定诉讼中，最三小判平成 3・4・23（昭和 63 年（行ツ）第 37 号）民集 45 卷 4 号 538 页认为如下的原判决是合理的：可解释为在事实审的口头辩论终结之前，容许注册商标使用事实的举证。

（ⅲ）作用效果相关的举证

关于缺乏创造性的无效理由，认可在撤销审理决定诉讼阶段中新提出实验报告书、实验成绩证明书，以举证、弹劾原始申请说明书中已明确的发明的作用效果或者重试对比文件记载的实验条件（东京高判平成 11・7・15（平成 9 年（行ケ）第 215 号）法院 HP、知财高判平成 22・9・30（平成 21 年（行ケ）第 10353 号）法院 HP（白霉乳酪案件）、知财高判平成 22・10・12（平成 21 年（行ケ）第 10362 号）法院 HP 等）。

（ⅳ）主对比文件和副对比文件的替换

对于主对比文件为 A 文献、副对比文件为 B 文献的审理决定，法院指出审理决定存在错误，作出主对比文件为 B 文献、副对比文件为 A 文献的对比文件替换之后进行独自的判断，并维持审理决定，其判例有东京高判平成 16・9・8（平成 15 年（行ケ）第 27 号）法院 HP（调制方式案件），知财高判平成 18・7・11（平成 17 年（行ケ）第 10179 号・同第 10264 号）判夕 1268 号 308 页、295 页（时尚增发工具案件）。这些判决基于如下思路作出，只要是存在：①组合的对比文件相同；②副对比文件作为主对比文件作出了实质性审理，并具体作出了与发明之间的对比判断的经过（程序保障），替换对比文件的主副来进行的判断并未超出织物编织机案件称为“与特定的公知事实进行对比的无效主张”的框架。

法院在作出主副替换的判断之前，并不确定是否能够实施始终考虑程序保障的诉讼控制。作为撤销审理决定诉讼的判决约束力的相关案例，在东京高判平成9·9·25（平成9年（行ケ）第87号）判时1633号136页（假捻加工方法案件）中，对于缺乏创造性的无效理由，叙述为“存在两个对比文件A和对比文件B的情况下，在对比文件A作为主对比文件还是对比文件B作为主对比文件的事宜上，其只是判断某发明在对比文件A与对比文件B之间的关系下是否具有创造性时的判断方法的问题”，对比文件相同时，对于进行主副替换的无效理由而言，也会涉及第一次撤销判决的约束力。第一次撤销诉讼中，即使未进行过对主副替换的无效理由的审理判断，重新进入审判程序后“推定”为已作出该审理判断，进而涉及约束力，因此，该判例表明，法院即便作出不经意间主副替换的判断，也对其容许。此外，对于无效审判中进行主副替换的判断时，基于特许法153条2款是否需要通知的事宜，在知财高判平成19·10·18（平成18年（行ケ）第10378号）法院HP，同样叙述为“存在两个以上对比文件时，哪一个作为主对比文件，哪一个作为副对比文件，其只是判断方法的问题”，并判示为没有必要给予权利人防御的机会。这些判例既然存在，作为权利人，在能够想到以主副替换的形式构成无效理由的案件中，第一次撤销诉讼之前并不难作出所有防御以确保万无一失（但是，在实际问题上，对于未作出主张、启示的无效理由难以进行防御，因此，期待法院的适宜的诉讼控制）。

对此，盐月秀平的“撤销审理决定诉讼中的审理范围”特许64卷15号120页，同样叙述为“是否可以进行主对比文件和副对比文件的替换……作出这样的审理，显然需要完成当事人之间的慎重主张、举证以作出判断”（128页），并且，同131页中叙述为“在任何人都可以想到主对比文件和副对比文件的替换时，可能会发生即便双方未完成主张、举证仍容许由判决作出判断的情况”。

相对于此，未认可主副替换的判例有知财高判平成18·6·29（平成17年（行ケ）第10490号）判タ1229号306页（纸张类识别装置案件。结论：撤销无效审理决定）。该判决中示出，其无法认可在撤销审理决定诉讼阶段中将审判阶段中与发明未进行过对比判断的“本件周知装置”作为“主对比文件”的事宜。在同样的问题上，对于认可将示出“周知技术”的对比文件作为主对比文件的事宜的前述东京高判平成16·9·8（调制方式案件）来说，与上述判例之间的差异从判决内容中无法立即找到，但是，后者的案例中存在法院积极向当事人示出作出主副替换的事宜且使当事人完成攻击防御（即抱有替换主副时创造性会被否定的强烈心证）的经过。有必要注意，每个法院的案例的心证、对一次性解决的积极性程度，会对诉讼阶段中是否认可主副替换产生影响。

上述判例的问题均在于，对“当事人主张”的对比文件组合，法院是否认可主副替换。因此，并不认可法院从当事人提出的证据中，自行作出“当事人未主张”的对比文件的组合并作出独自的无效理由。知财高判平成 24 · 4 · 11（平成 23 年（行ケ）第 10186 号）法院 HP（硬质氯乙烯系树脂管案件）就是此类（基于当事人未主张的对比文件以及公用物件的组合，否定了发明的创造性）案例，但是，若对其认可，可以说是辩论主义完全被形骸化（此外，该案件在上告中达成和解）。

（ⅴ）记载缺陷

对于与审判阶段中主张的事宜不同的权利要求书或说明书记载部分（记载缺陷），在撤销审理决定诉讼阶段中是否可以主张、审理这些记载缺陷（特 36 条），其并不是织物编织机案件直接判示的部分。

与记载缺陷相关的判例有东京高判昭和 62 · 6 · 30（昭和 58 年（行ケ）第 69 号）特许和企业 224 号 80 页（芯子上下式石油燃烧器案件），其中，关于说明书的可实施要件的记载缺陷，判断为“主张甲的记载缺陷来请求注册无效审判的请求人在撤销审理决定诉讼中主张乙的记载缺陷，以此证明审理决定的违法，此时，只要不是乙的记载缺陷实质包含于甲的记载缺陷的关系等，其属于基于审判程序中并未经过主张判断的审理决定而归于违法的事项，因而不容许”。基于此，可解释为，对于说明书的可实施要件的记载缺陷而言，原则上，“每个记载部分”构成各自的无效理由，但是，诉讼阶段中找出新的记载部分时，同样，基于此的记载缺陷的主张实质上与审判阶段中的记载缺陷的主张重复时，可以被认可。

（ⅵ）从缺乏创造性主张变换为缺乏新颖性主张

在知财高判平成 19 · 7 · 25（平成 18 年（行ケ）第 10247 号）法院 HP（氧化硅系镀膜形成用组合物案件）的案例中，对于缺乏“创造性”的驳回审理决定，基于同一公知事实认定了缺乏“新颖性”，以其为理由维持了审理决定。法院叙述为“对于申请相关的发明，审判程序中以基于公知事实本领域技术人员能够容易想到（特许法 29 条 2 款）为由维持驳回决定的情况下，在该审理决定的撤销诉讼中，被告主张申请相关的发明在与该公知事实的关系上属于同条 1 款，除了审判官特别指出申请相关的发明和该公知事实之间的区别特征，导致申请人错过进行补正的机会的事宜等的特殊情形存在外，应被容许”，本案中缺乏新颖性作为驳回决定理由已存在过，且原告在审判阶段中有过意见陈述或补正机会，因而得出如上结论。

（vii）审理决定中存在区别特征认定错误的情况

发现与审理决定认定不同的区别特征时，其问题在于，当事人是否能够针对该区别特征进行新的容易想到的主张、举证或者法院自行判断审理决定外的事项，以维持审理决定。

并不认可这样的主张、举证以撤销审理决定的判例有东京高判平成 2・7・31（昭和 63 年（行ケ）第 119 号）无体集 22 卷 2 号 457 页（叶轮泵案件）、东京高判平成 9・12・25（平成 7 年（行ケ）第 281 号）判エ（2 版）4581 的 16 页（电磁式加力装置的减速机构案件）、前述知财高判平成 19・5・30（异物检出装置案件）。前述东京高判平成 2・7・31（叶轮泵案件）示出，“认可新证据的提出时，其相当于特许厅（被告）向申请人（原告）示出新的驳回理由……这样的事宜在没有补正机会的撤销审理决定诉讼的程序中不被容许”。

另一方面，认可这样的主张、举证且法院维持审理决定的判例有东京高判平成 13・12・27（平成 11 年（行ケ）第 219 号）法院 HP（高增益天线案件）、知财高判平成 19・2・8（平成 18 年（行ケ）第 10112 号）法院 HP（牙刷案件）。

知财高判平成 24・2・8（平成 23 年（行ケ）第 10164 号）判时 2150 号 103 页（电池式报警器案件）明确叙述了：撤销审理决定诉讼的审理判断的对象是“相比于特定的对比文件记载的发明是否能够容易想到的审理决定判断的违法性”，并判示为：即使相同特征以及区别特征的审理决定的认定存在错误，但其并不影响审理决定的结论时，不能直接撤销审理决定，应基于正确的相同特征、区别特征的认定作出创造性判断之后维持审理决定。

（viii）虽然审理决定不存在区别特征认定错误，但是存在审理决定中未判断的区别特征的情况下或者存在虽判断但并未作为撤销事由的相同特征、区别特征的情况下的法院的自行判断

在作出缺乏创造性的无效主张的情况下，为了判断为该无效主张不成立，只要示出并不容易想到的主对比文件和发明之间具有的多个区别特征中的一个就足以，因此，审理决定中可能会发生对全部区别特征未作出判断的情况。此外，作为主张特许无效的当事人而言，只要将并不容易想到的区别特征作为撤销事由的对象即可，因此，在有效审理决定的撤销审理决定诉讼中，相同特征或容易想到的区别特征通常不构成撤销事由。

这样的案件中，对于并不构成审理决定或撤销事由对象的争议焦点，当事人在审判阶段中对其已完成攻击防御，希望由法院进行进一步的审理判断，以便实现一次性解决（返回审判时，确实会涉及撤销判决的约束力）的情况较多。试图达到这样的一次性解决的判例有知财高判平成 17・10・6（平成 17 年（行ケ）第 10366 号）知财 PRISM3 卷 39 号 77 页（碳酸饮料用瓶制造方法案件）、东京高判平成 16・9・6（平成 15 年（行ケ）第 462 号）法院 HP（二维坐标测定仪案件）。法院在对前者的审理中，对当事人明示了一次性解决的目的，促使其完成对审判中未判断的区别特征的主张、举证，还试图做到对当事人的程序保障。

此外，约束力相关的案例中叙述为：为了一次性解决，希望在实务上当事人对未成为撤销事由对象的相同特征、区别特征依然进行攻击防御。相关判例有东京高判平成 16・12・7（平成 13 年（行ケ）第 278 号）法院 HP（纸牌游戏玩具案件）（但是，实务现状下骤然采用相关见解有可能缺乏妥当性，由此基于第一次判决约束力限于对现实审理判断的事项的以往实务作出了判断）。

（冈本尚美）

4　诉状、撤销事由

（1）管辖

撤销审理决定诉讼由东京高院专属管辖，该诉讼的提起是向特殊支部即知财高院提交诉状❶（特178条1款、知财高院2条2项）。依据行政案件诉讼法12条，对处分行政厅的所在地具有普通裁判籍的东京地方法院（以下简称东京地裁）为管辖法院。但是，基于特许厅中的审判程序按照类似于裁判的准司法性程序严格执行、重复三审级（地裁至最高院）会徒然延迟案件解决，加之案件的内容是极为专业性技术性内容，因而尊重由专家执行的审判程序比较妥当等情况，因此省略一审级并直接向知财高院起诉。

（2）起诉期限

能够向知财高院提起撤销审理决定诉讼的期限为审理决定副本送达日起30日以内，是不可延长或缩短的不变期限（特178条3款、4款）。但是，向处于偏远或者交通不便地方的人送达时，由特许厅的审判长酌情决定附加期限时（同条5款），不变期限的30日和附加期限❷的合计日数为起诉期限。决定了附加期限时，对此会在审理决定的最终页里予以记载。

在起诉期限的计算中，第一天不计算在内（特3条1款1项）。例如，审理决定副本送达日为6月8日时，以次日即6月9日为起算日，起诉期限截至7月8日。另外，若起诉期限的最终日为星期六、星期日、休息日或者年末年初（12月29日至1月3日）时，以这些日的次日为终止日（行诉7条、民诉95条3款）。

---

❶　向知财高院讼厅事务室事件系（法院合同厅舍17层）提交（并不向知财高院第1部至第4部的书记员室提交）正本1件、相当于被告数的副本数件、复印件3件（商标、外观设计案件是2件，大合议案件是6件）。诉状一旦提交则当场决定担当部（也有之后联系变更担当部的），之后，答辩书、庭前书面文件的提交或咨询在各担当部的书记员室进行。

❷　当事人为偏远或者交通不便地方的人员时被认可的附加期限：国内居住者为15日，海外者为90日（特许厅审判便览25－01.3）。因此，例如，认定为海外者（外国人）的当事人起诉期限总计为120日（不变期限30日＋附加期限90日）。

另外，申请书或审判请求书等以邮寄方式向特许厅提交时，采用发信主义，即将邮政日戳显示的日期视为到达特许厅的时间（特 19 条），但是，应注意的是，以邮寄方式向知财高院提交诉状时，采用到达主义，即以诉状到达知财高院的日期为准（民 97 条）。

（3）诉状的书写方法

诉状中必须写明当事人、法定代表人，以及请求的宗旨和请求的原因（民诉 133 条 2 款）。知财高院 HP 中公开了当事人系案件（对于无效审理决定的撤销诉讼、对于无效不成立审理决定的撤销诉讼）的诉状和对方为特许厅时（对于驳回决定不服审判的审理决定的撤销诉讼）的诉状的书写格式❶。

（ⅰ）诉讼标的的价额以及粘贴用印花税票

特许权以及获得特许的权利等是财产权，因此，撤销审理决定诉讼是财产权诉讼，但是，计算其价额有些困难，因而一律视为 160 万日元，附加印花税票的价额是 1.3 万日元。需要注意的是，附加的印花税票并不是特许印花税票，而是收入印花税票。

另外，原告必须预付诉状以及文件送达所需的必要邮票的费用。平成 23 年（2011 年）4 月 1 日起邮票的预付金发生变更，平成 26 年（2014 年）4 月 1 日起，预付的邮票的金额在被告为一人时是 6000 日元❷。

（ⅱ）请求的宗旨

为了明确请求撤销的审理决定，在请求的宗旨中应写上审判案件的编号❸和审理决定日（不是审理决定的送达日，而是审理决定末尾记载的日期）。另外，对诉讼费用的负担一并进行申述时，需将其记载于请求宗旨中。

无效审判的审理决定中，存在审判请求容许一部分权利要求而驳回其他权利要求的情况。此时，只对具有不服的权利要求相关的部分，例如，记载为

---

❶ 点击知财高院 HP 首页（http：//www. ip. courts. go. jp/tetuduki/form/form_teish/index. html）→“程序指引”→“审理要领、书写格式”→“提交文件等的要求”。

❷ 平成 26 年 4 月 1 日预付邮票一览表发生变化，邮票 6000 日元的明细是：500 日元邮票为 8 张，100 日元邮票为 6 张，82 日元邮票为 10 张，52 日元邮票为 5 张，20 日元邮票为 10 张，10 日元邮票为 10 张，1 日元邮票为 20 张。另外，当事人增加 1 名时补充 1072 日元 2 组的邮票。

❸ 无效审判的案件编号表示为“无效○○○○－○○○○○”，驳回决定不服审判的案件编号表示为“不服○○○○－○○○○○”，订正审判的案件编号表示为“订正○○○○－○○○○○”。

“……的审理决定中，撤销‘无效特许第○○○○号的权利要求○～○所涉及的发明相关的特许’的部分”，明确撤销审理决定诉讼中请求撤销的范围。

另外，在无效审判的审理决定中，审判程序中提出订正请求时，判断是否容许订正请求之后，示出对无效请求的判断。此时，为了不让特许权人将包含着“认可订正”的部分请求撤销审理决定，应以只对其他部分请求撤销的方式进行记载。

（ⅲ）请求的原因

在请求的原因中记载：①特许厅中的程序经过；②审理决定的理由；③审理决定的认可与否；④审理决定的撤销事由。

（A）特许厅中的程序经过

对任何一种审判的撤销审理决定诉讼，作为特许厅中的程序经过，均记载申请人、申请日、申请号、发明的名称、审判请求日、审判编号、审理决定日、审理决定的结论以及审理决定副本的送达日。此外，对象为驳回决定不服审判的审理决定时，还要记载驳回决定日；对象为无效审判的审理决定时，还要记载特许编号、设定注册日以及审判请求人；对象为订正审判的审理决定时，还要记载特许编号以及设定注册日。

作为对象的特许（或者特许申请）是基于分案申请时，需记载该申请的母案申请的申请日和申请号。因为，在分案申请中，原则上，母案申请的申请日为新颖性或创造性等的判断基准时间，在撤销审理决定诉讼的认定判断中具有重要的意义（特44条）。基于同样的理由，作为对象的特许（或者特许申请）为国内优先权主张申请时，需记载作为优先权主张基础的在先申请的申请日和申请号；作为对象的特许（或者特许申请）为巴黎公约4条规定的优先权主张申请时，需记载作为优先权主张基础的申请的申请国家、申请日以及申请号。

另外，在作为对象的特许（或者特许申请）的申请过程中作出过补正或订正时，根据需要记载其过程。

（B）审理决定的理由

填写审理决定的理由时不需要引用审理决定的记载，只要写上“如审理决定副本记载所示”即可。

（C）审理决定的认可与否

审理决定的认可与否是明确审理决定中认可的部分、未知以及争论的部分，以用于明确争议焦点。为了明确诉讼中的争议焦点，优选具体记载。例如，如下记载“认可审理决定的‘1. 程序的经过’‘2. 本发明’以及‘5. 证据的内容’，不认可‘6. 本审的判断’”，优选对构成审理决定的每项记载是否认可审理决定。另外，存在审理决定的“本审的判断”的项目中混有原告认可的部分和争论的情况，需以明确两者区别的方式进行具体记载。审理决定的认可与否的记载方法没有特别规定，可以以页数和行数进行限定，也可以以项目、细目进行限定。

(D) 审理决定的撤销事由

撤销审理决定诉讼为请求撤销行政厅即特许厅作出的行政处分的诉讼(特 178 条)。因此，审理决定中认定判断的缺陷成为审理决定的撤销事由。但是，不影响审理决定结论的缺陷不构成审理决定撤销事由，影响审理决定结论的缺陷才构成审理决定撤销事由。

审理决定撤销事由可以分为程序性缺陷和实体性缺陷。

程序性缺陷是指审判程序相关的缺陷。审理决定撤销事由的程序性缺陷极少出现，例如：

①对于在合法期限内提出的审判请求，以该请求未在合法期限内提出为由，作出拒绝受理的审理决定；

②不给予提交答辩书的机会就作出审理决定；

③依职权审理当事人或者参加人未申述的理由时，未通知其审理结果且未给予申述意见的机会就作出审理决定；

④在审理决定的事先通知之后未给予订正请求的机会就作出审理决定。

实际上，将未通知需要作出新的通知的驳回理由就作出审理决定的作为审理决定的程序性缺陷而主张撤销事由的情况较多。具体而言，就是将对于审理阶段中未通知的证据，在审判阶段中未通知的新的驳回理由就作出审理决定的理由加以采用的情况。在这种情况下，考虑到有可能会对审理决定结论带来影响，也有可能没有影响，因此，是否属于审理决定撤销事由需要根据每个案子的具体情况进行判断[1]。

作为实体性缺陷，除了新颖性（特 29 条 1 款）、创造性（该条 2 款）、记载要件（特 36 条）、说明书等的补正的合法性（特 17 条之 2）引起的缺陷以

---

[1] 最三小判平成 14・9・17（平成 13 年（行ヒ）第 7 号）判时 1801 号 108 页中判示为“即便审判中存在欠缺特许法 153 条 2 款规定程序的缺陷，认定为对当事人未申述的理由进行审理的事宜对当事人不构成突然袭击时，上述缺陷不属于应撤销审理决定的违法事宜”。

外，还有分案申请的合法性（特 44 条）、国内优先权的优先权主张的合法性（特 41 条）引起的缺陷等。实际上，在大多数的撤销审理决定诉讼中，实体性缺陷是否给审理决定的结论带来影响，即是否属于审理决定撤销事由成为争议焦点，对该问题在后述第 3 章“撤销特许审理决定诉讼的建议（各论）”中详细叙述。

（E）具体撤销事由的主张时期的运用

如上所述，诉状中虽然记载了：①特许厅中的程序经过；②审理决定的理由；③审理决定的认可与否；④审理决定的撤销事由，但是，实际上，大多数案件对于③审理决定的认可与否，以及④审理决定的撤销事由，如知财高院 HP 公开的书写格式记载那样，对其只以“审理决定的认可与否以及撤销事由是在随后的庭前书面文件中予以主张”的方式形式性地记载，原告提交的第一次庭前书面文件中具体记载这些，知财高院也认可了这样的运用。认可此类运用的原因在于，在有限的起诉期限内难以完成如下操作：自审理决定送达之日起对其内容进行分析并收集需要的证据，明确审理决定中的争议焦点并整理审理决定撤销事由，以此作出起草操作❶。对于审理决定的认可与否以及审理决定的撤销事由而言，作为原则，毫无疑问地优选在诉状中对其进行具体记载。

（ⅳ）附加文件

诉状中，附加诉讼委托书（任命诉讼代理人时）、资格证明书以及审理决定正本。

（A）诉讼委托书

虽没有特别规定诉讼委托书的形式，但是，知财高院 HP 中有公开的诉讼委托书的书写格式❷。

另外，当事人为外国人的情况下，通常使用外文委托书，但是，此时，还需要附加日文译文。应注意，即便在当事人为外国人的情况下，诉讼委托书仍需与诉状同时提交（民诉规 23 条）。

（B）资格证明书（登记簿副本）

当事人为日本国内的法人的情况下，附加作为资格证明书的登记事项证明

---

❶ 竹田稔、永井纪昭编：《特许撤销审理决定诉讼的实务和法理》，第 102 页。

❷ 点击知财高院 HP 首页（http://www.ip.courts.go.jp/tetuduki/form/form_teish/index.html）→“程序指引”→“审理要领、书写格式”→“提交文件等的要求”。

书（登记簿副本）。此外，需要注意，当事人系案件中，原告还要提交对方的资格证明书。另外，当事人为外国人的情况下，诉状中附加公证人制成的资格证明书❶。外文的资格证明书中，还需要附加其日文译文。应注意，即便在当事人为外国人的情况下，资格证明书仍需与诉状同时提交（民诉规 15 条）。

（C）审理决定正本

诉状中应附加由特许厅送达的审理决定正本的复印件。审理决定是诉状的附加文件，没必要作为证据提交，因此，对审理决定没有必要附上证据编号（甲第 1 号证等），并且不需要证据说明书。

（黑川　惠・古桥伸茂）

❶ 一般而言，附加名为“Corporation Certificate”的文件为资格证明书。

5 答辩书、庭前书面文件、证据提交

在被告提交的答辩书以及原告和被告分别提交的庭前书面文件中，陈述攻击或者防御的方法、对方的请求以及对方的攻击或者防御的方法（民诉 161 条 1 款）。

(1) 答辩书

答辩书是记载针对原告提交的诉状作出的反驳的、被告最初提交的文件。答辩书中记载对诉状中记载的请求宗旨作出的答辩等（民诉规 80 条 1 款）。具体而言，答辩书中记载有：①对请求宗旨的答辩；②对请求的原因的认可与否；③被告的主张。

对于请求宗旨的答辩，通常记载“1. 拒绝原告的请求；2. 诉讼费用由原告负担”。

对于请求的原因的认可与否的答辩，具体记载对诉状中记载的事实的认可与否以及抗辩事实，并且，要求举证的每个事项中，必须记载该事项关联事实中重要的事宜以及证据（民诉规 80 条 1 款）。即具体记载对诉状中记载的审理决定的撤销事由相关的原告主张作出的反驳。但是，因不得已的事由无法记载时，答辩书中应记载“随后文件中作出对于请求的原因的认可与否”等，答辩书提交后及时提交对于这些记载的庭前书面文件（同款）[❶]。另外，对于要求举证的事项，必须附加重要的复印件（同条 2 款）。但是，因不得已的事由无法附加时，提交答辩书后必须及时对其进行说明（同款）。

对于请求的原因的认可与否的答辩是整理出对记载内容的认可项目和否认项目，并且，优选在各项目中整理并记载认可的内容和否认的内容。

例如，在诉状的请求的原因中记载了“特许厅中的程序经过”“本发明的宗旨”“审理决定的理由”，以及“审理决定的撤销事由”的情况下，答辩书中记载“认可‘特许厅中的程序经过’‘本发明的宗旨’，以及‘审理决定的

---

❶ 撤销审理决定诉讼是指与特许厅的审决即公权力行使相关的不服诉讼或者与公法上的法律关系相关的诉讼，因此，除了特许法及其他法律特别规定的情况以外，其受行政案件诉讼法的规定的约束（行诉 1 条、2 条、3 条 1 款、4 条）。因此，对于行政案件诉讼法未规定的事项而言，依据民事诉讼的规定处理（行诉 7 条）。

理由'"的同时，还应记载"对于'审理决定的撤销事由'，认可在先文献的解释，否认创造性的判断"等。

多数情况下，撤销事由并不记载于诉状中，而记载于原告第一次提交的庭前书面文件中。此时，针对撤销事由的被告的主张并不记载于答辩书中，而记载于被告第一次提交的庭前书面文件中。

知财高院 HP 公开了答辩书的书写格式的样本，可以此为参考❶。

（2）庭前书面文件

被告通过答辩书进行反驳的情况下，原告在法院指定的提交期限之前，必须提交具体记载有对于答辩书记载的事实的认可与否、对于原告主张的事实的反驳，以及与每个要求举证的事项相关重要的事宜及证据的庭前书面文件（民诉规 81 条）。

庭前书面文件中，记载有攻击或者防御的方法、对于对方的请求以及其攻击或者防御的方法的陈述（民诉 161 条 1 款、民诉规 79 条）。具体而言，原告庭前书面文件中主要记载应撤销审理决定的事由，被告庭前书面文件中记载对于该原告主张的反驳。

对于应撤销审理决定的事由，为了让自己的主张变得有说服力，首先，向法院以准确且容易理解的方式说明权利要求书记载的发明以及在先文献记载的发明等是关键。权利要求书中记载的发明虽在说明书中有说明，即便这样的说明对于本领域技术人员来说容易理解，但是，还有很多情况对于首次接触该技术的法官来说是难以理解的。

因此，在仅通过说明书的记载难以准确理解权利要求书记载的发明的技术的情况下，与应撤销审理决定的事由或者对于原告主张的反驳不同，单独正式说明权利要求书记载的发明所属的技术领域、权利要求书记载的发明、在先文献记载的发明等，其可能有利于法官理解当事人的主张。较多的情况是，根据技术的内容，不仅可以通过文章方式进行说明，还可以使用制图、照片、图片等进行说明。

如前述 4（3）（ⅲ）（E）"具体撤销事由的主张时期的运用"所示，实务上，较多案件采用如下记载方式：诉状中，即使作为请求原因的事实对特许厅

---

❶ 点击知财高院 HP 首页（http：//www. ip. courts. go. jp/tetuduki/form/form_teish/index. html）→"程序指引"→"审理要领、书写格式"→"提交文件等的要求"。

中的程序经过进行过记载，对于审理决定的认可与否以及撤销事由，形式性记载为“在随后的庭前书面文件中主张”等。这样的案件中，原告提交庭前书面文件以具体记载本应记载于诉状的审理决定的认可与否和审理决定的撤销事由。

庭前书面文件可以通过传真向法院提交（民诉规3条）。向法院提交庭前书面文件的当事人直接向对方送达庭前书面文件（不经由法院直接向对方当事人送达）（民诉规83条1款）。直接送达是可以利用传真的方式来进行的（同规47条）。

知财高院HP公开了庭前书面文件的书写格式的样本，可以此为参考❶。

（3）证据提交

（ⅰ）证据提交

作为证据可列举当事人询问、鉴定、书证、验证，撤销审理决定诉讼中使用的大多数证据是书证❷。

书证的调查原则上是依据原件的提交来进行的（民诉219条、民诉规143条），但是，需要事先向法院提交原件的复印件（民诉规137条），在答辩准备程序期间（参考后述6“审理方式（辩论准备程序、口头辩论）、主张、举证责任与证据调查”）携带原件并提交（民诉170条2款）。法院调查原件后，通常将其退还给当事人，但是，有需要时存留原件（民诉227条）。另外，不存在原件时，可以将复印件作为书证进行提交。

例如，使用书籍的一部分作为证据时，应向法院提交下列文件：①该部分页的复印件；②首页的复印件；③记载有著者、发行日等的版权页的复印件。并且，将该证据作为原件提交时，辩论准备程序期间携带原件即书籍，并执行上述程序。

另外，使用记载有外文的书证作为证据时，还需要附加其日文译文（民诉规138条1款）。译文自身并不是证据，因此，并不附上“甲○号证”等的证据编号。

需要注意的是，对于审理决定而言，其并不作为证据提交，而在诉状中附

---

❶ 点击知财高院HP首页（http://www.ip.courts.go.jp/tetuduki/form/form_teish/index.html）→“程序指引”→“审理要领、书写格式”→“提交文件等的要求”。

❷ 将文件的记载内容，即思想、宗旨作为证据资料的证据调查。

加审理决定正本的复印件作为附件。

（ⅱ）证据说明书

准备提交的证据以及具体说明这些证据的说明书，并向法院提交。

证据说明书通常以表格形式记载。具体而言，从左列开始设置，分别为号证、标题（原件、复印件的区分）、制作年月日、制作人、举证宗旨、备注。

“号证”中记载甲○、甲○的○、乙○等证据编号。撤销审理决定诉讼中，为了避免与审判程序中的证据编号发生混乱，审判程序中的证据编号和审理决定撤销程序中的证据编号相同。“标题”中记载书证的名称并记载原件或者复印件的区分。“举证宗旨”中记载诉状、答辩书以及庭前书面文件的主张中所需的举证宗旨。

知财高院HP公开了证据说明书的书写格式的样本，可以此为参考❶。

（古桥伸茂）

❶ 点击知财高院HP首页（http://www.ip.courts.go.jp/tetuduki/form/form_teish/index.html）→“程序指引”→“审理要领、书写格式”→“提交文件等的要求”。

6　审理方式（辩论准备程序、口头辩论）、主张、举证责任与证据调查

(1) 审理方式

撤销审理决定诉讼中采用如下审理方式：在口头辩论之前，案件首先进入辩论准备程序，在该程序中由受命法官整理争议焦点。

知财高院 HP“关于撤销审理决定诉讼（特许、实用新型）的进行”中公开了实务中运用的审理方式，因此，以下基于其公开的审理方式的说明，对撤销审理决定诉讼的审理程序进行解说。

宣告判决为止的程序流程如图 1 所示。

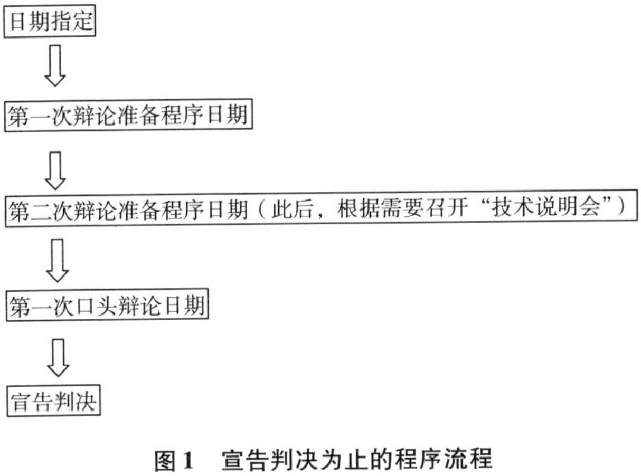

图 1　宣告判决为止的程序流程

(ⅰ) 日期指定

原告提交诉状、法院进行诉状审查之后，指定第一次辩论准备程序日期。原告在第一次辩论准备程序日期（由法院指定的期限）之前，提交基本书证以及证据说明书。即在诉状中附加的审理决定，将审理决定中引用的证据作为基本证据予以提交。

此外，第一次辩论准备程序日期的 10 日前（法院还可以另行规定期限），提出记载撤销事由的第一庭前书面文件、书证等证据以及证据说明书。

被告在诉状送达之后，迅速向法院提交答辩书。

（ⅱ）第一次辩论准备程序日期

辩论准备程序是指，在口头辩论日期外的日期中，由受诉法院或者受命法官主持，并由双方当事人参加的争议焦点整理程序（民诉 168 条、169 条 1 款）。具体规定为：法院认为有必要对争议焦点以及证据进行整理时，则应听取当事人的意见，并可启动辩论准备程序（民诉 168 条）。通过争议焦点整理，一方当事人撤回不需要的主张，或者相反地认可对方的主张，由此通过整理和压缩争议焦点，法院能够进行有效的证据调查。另外，辩论准备程序本来并不是证据调查的程序，但是，整理争议焦点的过程中不可缺少证据的整理，而且文书的调查必须在公开法庭中进行的意义并不大，基于这些考虑法院可以进行证据申请相关的裁判以及文书的证据调查（民诉 170 条以下）。

辩论准备程序由于是在不需要公开的日期，在法庭外的询问室进行，因此，具有当事人以及法院能够密切进行意见交换的同时进行争议焦点整理的优点。现在的撤销审理决定诉讼实务中，几乎对所有的案件首先在辩论准备程序中进行争议焦点整理。

此外，根据案件的内容、性质，法院认为有必要，则进行原告以及被告双方说明各自的技术内容的“技术说明会”。近期还增加了技术说明会中让后述的“专业委员”参与的案例（参考民诉 92 条之 2 以下、高部真规子《实务详说特许关系诉讼（第 2 版）》358 页以下）。

第一次辩论准备程序的日期由受命法官主持。在此期间，原告陈述诉状以及第一庭前书面文件，被告陈述答辩书（对请求宗旨的答辩，以及对请求原因的认可与否）。在此日期之后，法院规定的期限之前，被告提交反驳的庭前书面文件、书证等证据以及证据说明书。根据需要，法院指定原告再反驳的庭前书面文件等的提交期限等。

（ⅲ）第二次辩论准备程序日期以及技术说明会

第一次辩论准备程序日期的约 1 个月之后，指定第二次辩论准备程序日期。被告在第二次日期（法院指定的期限）之前，提交第一庭前书面文件和证据。第二次辩论准备程序中，完成被告的反驳主张，原告根据需要，对被告的第一庭前书面文件有应反驳的、应补充的内容时陈述第二庭前书面文件。

之后，法院认为有必要时，召开技术说明会。在技术说明会中，原告以及被告双方以报告形式利用 PPT（Power Point）或模型等向法院说明技术要点。

另外，作为知识产权诉讼的特殊性，随着专业技术的多样化、专业化，为了在正确把握争议技术的内容之后进行争议焦点整理，需要灵活运用各技术领域的专家意见，为此技术说明会中还采取“专业委员”参与的方法。

“专业委员”是指最高院从具有专业知识、经验的专家（来自专利代理人协会、日本机械学会、电子信息通信学会、应用物理学会等的推荐）中任命的非常设国家公务员，任命之后，由最高院规定其所属法院，参与由其所属法院指定的每个案件。法院认为需要专业委员参与的情况下，听取当事人意见之后决定专业委员是否参与，决定参与的情况下，从该法院的专业委员中，考虑技术内容等的情况下选出适合的委员。知财高院的技术说明会中，原告以及被告的技术说明终止之后，展开如下议论：由专业委员向各当事人进行质问，或者专业委员对来自当事人的质问进行回答等（“法院和日本律师协会知识产权中心之间的意见交换会（平成21年度）”判タ1324号40页）。

辩论准备程序以第二次（召开技术说明会时以第三次）为终止的情况较多。

（iv）第一次口头辩论日期

口头辩论日期通常是一种形式性程序，只陈述辩论准备程序日期的结果，并递呈辩论准备程序中进行的内容，限于一次终止。

（v）判决宣告

一般在第一次口头辩论日期起约2周后宣告判决。

（2）主张、举证责任

（i）总论

撤销审理决定诉讼原则上是在辩论主义下进行审理的程序（行诉24条、7条，民诉159条、179条）。

辩论主义是指，将确定构成诉讼标（构成法院审判对象的权利关系）的基础的事实所需的裁判资料的收集，作为当事人的职能和责任的原则。

因此，在辩论主义下，某事实在口头辩论中未被主张的情况下，法院不容许认定此事实，且不认可以此事实的存在为前提的法律效果的发生。作为其结果，对于试图援引其法律效果有利于自己的当事人而言，将会受到损失。这就是主张责任。主张责任是指在未主张某事实的情况下，法院认定该事实不存在，其结果是使当事人处于受到损失的地位以及承担相应责任。

并且，对于某事实，应由哪一方当事人负有主张责任，原则上取决于对该事实的举证责任所在。

举证责任（也可以称为证明责任）是指，作为法令适用的前提所需的事实在诉讼中处于真伪不明的状态时，由不发生基于该法令适用的法律效果的当事人负担。

基于原告的诉讼提起、接受诉讼标的的审判请求的法院在具备诉讼要件时，负有宣告本案判决的义务。法院作出判断的原则在于，首先需要确定事实关系，原则上是基于作为当事人申请的证据调查的结果所获得的证据资料进行该确定。而且，有可能会发生基于提交的证据，法院无法形成心证、无法确定事实关系的情况。在这样的情况下，法院不得在真伪不明的状态下作出裁判，必须确定其中某个事实。因此，法确定了真伪不明的结果自己主张的事实并不存在就此不能产生其法律效果的立场，以试图消除上述情况。即举证责任为如下地位，接受在真伪不明的情况下自己主张的事实并不存在的不利的认定❶。

举证责任原本在举证阶段成为问题，但是，因辩论主义的原因，事实的提出本身成为当事人的责任，其结果，对该事实负有举证责任的当事人，原则上也负有主张责任。

（ⅱ）举证责任的分配

对于何种事实应由哪一当事人负有举证责任而言，法律条文中对其没有明示的情况较多，此时取决于解释。

（A）民事诉讼中举证责任的分配

首先，对于民事诉讼中举证责任的分配而言，法律效果大致分为权利发生、权利阻碍、权利阻止或者权利消灭三种，以诉讼标的即权利关系为基准、以对自己有利的方式发挥各自的法律效果的当事人，对构成该法律效果的基础的要件事实负有举证责任（法律要件分类说）。具体而言，主张权利的当事人，对构成权利的依据的事实（权利发生事实）负有举证责任，否定权利存在的当事人，对妨碍发生基于权利依据规定的法律效果的事实（权利阻碍事

---

❶　此外，负有证明责任的一方当事人的、必须得到法院心证确信的举证（或者其证据方法）称为本证；不负有证明责任的一方当事人的、只要使法院的心证达到“均无法确定”（存在与否不明、真伪不明）的阶段就足以的举证（或者其证据方法）称为反证。

实）、对发生过一次的法律效果之后再次否定的事实（权利消灭事实）等负有举证责任。例如，基于买卖合同的付款请求权的存在与否成为审理对象的情况下，主张存在该请求权的当事人（原告），对买卖合同成立事实（权利发生事实）负有举证责任，相对于此，该权利时效消灭的事实（权利消灭事实）是主张存在权利消灭事实的当事人（被告）负有举证责任。

（B）行政诉讼中举证责任的分配

对于以撤销审理决定诉讼为首的行政诉讼中举证责任的分配而言，有各种不同的见解，但是作为代表性的见解如下：与民事诉讼中的法律要件分类说一样，应基于实体法即行政法的诸多规定决定举证责任的分配（法律要件分类说）；请求撤销限制国民自由并对国民赋予义务的行政处分（侵害处分）的诉讼中，行政厅对于该侵害处分为合法的事宜负有举证责任，国民向国家请求撤销对扩张自己的权利领域、权益领域的申请的拒绝受理处分（受益处分的拒绝与否）的诉讼中，原告（国民）对该申请符合法规的事实负有举证责任（侵害处分、受益处分说）；酌情考虑对当事人的公平、案例的性质、事务相关的举证难易等（参考南博方、高桥滋编《条解行政案件诉讼法（第3版补正版）》（春日伟知郎）213页以下）。

（ⅲ）撤销审理决定诉讼中举证责任的分配

（A）学说

对于撤销审理决定诉讼中举证责任的分配而言，大致分为基于民事诉讼中的法律要件分类说的观点（A学说）和基于行政案件诉讼中的侵害处分、受益处分说的观点（B学说）。

首先，在A学说的情况下，具体负有举证责任的当事人，无论何种诉讼，同一立场的人员一贯地对相同事实负有证明责任（参考石原直树《主张责任、证明责任以及证据调查》，竹田稔、永井纪昭编《特许审理决定撤销诉讼的实务和法理》178页以下）。

①特许法36条4款、6款（具备在请求书中所附加的说明书的详细说明、权利要求书等的记载相关要件）。

具备该要件是特许权的发生要件，因此，申请人在审理、审判中负有举证责任。即使处于撤销审理决定诉讼的阶段，申请人或者赋予特许后的特许权人负有举证责任。

因此，在特许申请的驳回决定审判的不成立审理决定（驳回审理决定）

的撤销诉讼、基于特许异议申请的特许撤销决定的撤销诉讼、特许无效审判的无效审理决定的撤销诉讼中，原告即申请人或者特许权人负有举证责任，特许无效审判的不成立审理决定的撤销诉讼中，被告即特许权人负有举证责任。

②特许法 29 条 1 款 1 项至 3 项（缺乏新颖性）、同条 2 款（容易想到性）、29 条之 2 本文（与在先申请相同）、32 条（违反公序良俗等）。

这些均可解释为阻碍特许权发生的事由，成为被告的特许厅或者无效审判请求人负有举证责任。

驳回审理决定的撤销诉讼以及特许撤销决定的撤销诉讼中，作为被告的特许厅长官负有举证责任。另外，无效审理决定的撤销诉讼中成为被告的、无效不成立审理决定的撤销诉讼中成为原告的无效审判请求人负有举证责任。

在 B 学说下，例如，对于申请相关的发明并不属于特许法 29 条 1 款各项规定的事宜、申请相关的发明基于同款各项的发明对于本领域技术人员来说并不容易想到的事宜（同条 2 款）而言，拒绝撤销审理决定诉讼中申请人为负有证明责任的当事人，但是，无效不成立审理决定的撤销诉讼中无效审判请求人为负有证明责任的当事人。驳回审理决定的性质是由国民向国家申请的申请设定作为特许权的权利（受益处分）被拒绝的处分，驳回审理决定撤销诉讼是请求撤销对其处分的诉讼。相对于此，无效审理决定是剥夺国民已经拥有的作为特许权的权利的处分（侵害处分），无效审理决定撤销诉讼是请求撤销对其处分的诉讼，并且，无效不成立审理决定撤销诉讼是通过请求撤销无效不成立审理决定来间接地、实质地请求无效审理决定的诉讼（参考石原，前述 183 页以下）。

（B）举证责任和实务

但是，在实际的撤销审理决定诉讼中，并不直接关乎证明责任的所在，主张审理决定违法的原告将认为审理决定中具有错误的内容作为“审理决定撤销事由”并先行主张，同时，原告并未作为“审理决定撤销事由”进行主张的内容，对于被告而言，即使是负有证明责任的审理决定的合法要件，通常被告不主张的情况较多。并且，此时，该合法要件在并未主张、举证的状态下，被推定为成立，以此作出判决。

而且，诉讼开始时，法院的心证通常处于“均无法确定”的状态，因此，此时暂时负有证明责任的一方具有举证的必要性，但是，在其举证成功且确切能够获得法院心证的情况下，不负有证明责任的一方，需要作出举证以使法院的心证回到“均无法确定”的阶段。以此，“举证的必要性”在诉讼审理中的当事人之间进行移动，并且，举证的必要性处于哪方当事人多受当事人主观性判断的影响（以上参考石原，前述 176 页以下）。

因此，对于当事人而言，有必要在考虑上述举证责任分配的同时，无论其存在与否，应充分做好主张、举证的准备，以能够说服法官。

（3）证据调查程序

（ⅰ）总论

如上所述，日本的民事诉讼法采用辩论主义，其原则是对当事人提交的证据进行证据调查。并且，在自由心证主义❶之下，法官对由当事人提交的证据作出评价，并进行事实认定，对认定的事实适用法律导出结论（判决的主文）。

对于证据调查程序，行政案件诉讼法援用民事诉讼法的规定（行诉 7 条），因此，在作为行政诉讼的撤销审理决定诉讼中，同样，证据调查的结构与基于民事诉讼法的上述民事程序基本相同。但是，其在案件的性质以及惯例上，如下所述，实际采取与通常的民事诉讼程序稍微不同的证据调查程序。

此外，对于诉讼中当事人坦白的事实（裁判上作出的坦白）以及显著的事实，不需要依据证据进行证明，法院可以将其作为判断的基础（民诉 179 条）。裁判上作出的坦白是指，一方当事人在口头辩论或者辩论准备程序中进行的与主要事实❷相关的事实陈述与对方作出的事实的主张一致，并且，基于该事实的法律效果对坦白当事人不利的诉讼行为，作为其效果，该事实是并不成为基于证据的法院的事实认定的对象，法院必须将其作为判决的基础（最三小判昭和 30・9・27（昭和 27 年（オ）第 882 号）民集 9 卷 10 号 1444 页），而且，原则上不可撤回。显著的事实是指，不需要基于证据进行证明就可成为判断的基础，即便这样，当事人以及一般人对其存在不会抱有疑惑，其由公知的事实和法院在职务上能够获知的事实构成。公知的事实是指，历史上有名的案件、天灾地变，或者大事故的时期或内容等，不特定的多数人相信并认知到没有疑惑的程度的事实。法院在职务上能够获知的事实是指，法官在履行其职务过程中知晓的事实，确保该事实的可靠性，例如，自己作为成员（指合议庭成员）作出的法院的判决内容等属于上述事实。

---

❶　法院在作出判决时，斟酌口头辩论的全部宗旨以及证据调查的结果，作出是否应将主张的事实认定为真实的事实的判断，即自由心证（民诉 247 条）。

❷　主要事实是指符合规定权利的发生、变更、消灭的法规的法律要件的事实，即直接以权利关系为基础构建的事实。

（ⅱ）证据请求

为了特定事实的举证，当事人出示具体证据，据此要求法院进行证据调查的申请称为证据请求。

法院在诉讼当事人作出证据请求的情况下，判断是否需要进行证据调查（民诉 181 条 1 款）。

证据请求时需指定证据方法❶以及举证事项，且须具体地明确举证宗旨（民诉 180 条 1 款、民诉规 99 条 1 款）。此外，请求书证以及在后提交的准文书时，需提交记载有文书标题、制作人以及证明宗旨的证据说明书，并提交作为书证的文书或者准文书的复印件（民诉规 137 条、147 条）。

针对一方当事人的证据请求，给予另一方当事人陈述意见的机会（民诉 161 条 2 款、民诉规 88 条 1 款）。

证据请求的撤回在调查开始之前随时都可以作出，但是，证据调查终止时，本质上不容许撤回。

（ⅲ）证据调查的实施

如上所述，特许撤销审理决定诉讼在原则上基于辩论准备程序作出处理。并且，作为证据的文书或法院用的复印件（正本）也在辩论准备程序中提交，但是，辩论准备程序是用作口头辩论准备的程序，进行辩论准备程序的受命法官并不进行证据调查。证据调查是在口头辩论日期由受诉法院（合议庭）进行。因此，原则上，辩论准备程序终结后的口头辩论日期中，通过文书（原件）的阅读来进行证据调查，但是，如上所述，实际上该阅读已形式化，以至于确认正本是否无误地复印了原件，辩论准备程序中受命法官已经对其了解时，口头辩论日期中的文书（原件）的阅读实际被省略的情况较多（参考石原，前述 173 页以下）。

法院采用当事人的证据请求，实施证据调查时，就是否有必要进行其决定存在争论，但是，判例中并不一定需要进行证据决定。

（ⅳ）书证

（A）书证的种类

在撤销审理决定诉讼中，证据以书证（民诉 219 ~ 230 条，民诉规 137 ~

---

❶ 成为证据调查对象的事宜称为证据方法，证据方法的种类有证人、鉴定人、当事人本人、文书、验证物等 5 种。

146 条）以及准文书（民诉 231 条，民诉规 147 条）为中心。书证[1]是指将文书作为证据方法，将其中记载的内容作为证据资料的证据调查[2]。在撤销审理决定诉讼中，询问证人或当事人本人的情况较少，大部分是提交陈述书（书证）。准文书是指图、相片、录音带、录像带、其他用于表示信息而制作出的物件，虽然不是文书，但是，对于图、相片而言，大多情况下被视为与书证相同。

文书的复印件、证据说明书中，一份装订在法院的诉讼记录中，其他交付于对方。交付于对方的那一份可以直接送达对方（民诉规 137 条 2 款、138 条 1 款），一般直接送达对方代理人。实务中，提交文书的复印件、证据说明书、庭前书面文件等中，法院用的称为“正本”，对方用的称为“副本”。

（B）书证的调查

例如，证人询问需经过证据申请（民诉 180 条）、法院的证据采用（参考民诉 181 条 1 款）、用于实施证据调查的日期的开庭（证人询问日期）的阶段。相对于此，除了文书提出命令（民诉 220 条以下）或者文书送达嘱托（民诉 226 条）的情况外，书证不会开启另外的证据调查日期，通常是与一般的辩论同时进行，不采用书证申请的情况几乎不存在。这是因为，书证中证据调查的方法简便且不需要时间，也不需要特别的准备等，但是，观念上可以认为仍需经过书证申请（民诉 219 条）、法院的（暗示性）采用、证据调查的实施（参考石原，前述 186 页）。书证申请也可以以法院命令文书的持有者提出（文书提出命令）或者向文书的持有者嘱托文书送达的方式（文书送达嘱托）来进行，但是，在撤销审理决定诉讼中不怎么被实行。

（C）文书的证据力

对于文书而言，并不存在对其证据能力（能够成为证据调查对象的资格）的限制，问题在于其证据力即与需要证明事项之间的关系中持有何种程度的证据价值。并且，从记载制作人的思想的证据方法即文书的性质中，第一，需要确认记载内容是否真实地表现了制作人的思想；第二，需要确认该思想内容的真实性，即对举证事项相关的心证形成的影响度。可以说，前者为形式性证据力的问题，后者为实质性证据力的问题。

---

❶ 如上所述，“书证”意味着特定的证据调查（证据调查的种类），但是，实务中较多的情况是，还可指其证据调查的对象（证据方法）即文书为“书证”。

❷ 书证以其表现的含义、内容为证据资料，即便以文章为对象，对其性状（纸质、形状、笔迹等）进行检查的证据调查为验证。

作为形式性证据力的问题，必须确定文书的真实性。如对方就成立与否进行争辩时，举证人必须证明真实性（民诉 228 条 1 款），相关证明责任的减轻取决于法律规定以及判例。对于私人文书而言，有本人或者其代理人的署名或者印章时（其被证明时或者对方认可时），推定为其私人文书的真实性成立（同条 4 款）。并且，复印件通过本人的印鉴显现时（其被证明时或者对方认可时），推定该复印件为基于本人意图的显现（最三小判昭和 39・5・12（昭和 39 年（オ）第 71 号）民集 18 卷 4 号 597 页，称为“2 段推定”）。

此外，在撤销审理决定诉讼中，提交的文书大多为特许公报或技术文件等客观性的文书，因此，一般较少发生争论成立的真实性，或者当代替原件提交复印件时争论原件的存在的情况（参考石原，前述 191 页以下）。

（v）验证

验证是指，法官根据其视觉、听觉等的感观作用检查事物的形状、性质、现象等，并将其结果作为证据资料的证据调查。成为检查对象的物称为验证物。验证的程序以书证为准（民诉 232 条）。

在撤销审理决定诉讼中，提交基于特许权等作出的产品、说明用的模型等作为验证物。如上所述，作为辩论准备程序中的技术说明的一环，使用当事人携带的机器和材料进行实验，或者使用投影仪等进行说明，在技术说明之后有时将其中利用的机器和材料等作为验证物或书证提交。

（服部　诚・广濑史乃）

7 判决的内容、效力

(1) 判决的内容

撤销审理决定诉讼判决的内容有两种，一是“驳回原告的请求”即认可审理决定，二是“撤销审理决定”。如前述1（2）“撤销审理决定诉讼的种类”中所述，撤销审理决定诉讼的种类有很多，但是，以特许无效审判审理决定的撤销诉讼为例，可考虑如下判决。

①撤销无效审理决定的判决；

②认可无效审理决定的判决；

③以无效审判请求不成立为由的撤销审理决定的判决；

④以无效审判请求不成立为由的认可审理决定的判决。

(2) 判决的效力

(ⅰ) 既判力

判决一旦生效，对其判决的请求判断日后会成为约束当事人之间的法律关系的准则，针对同一事项再次产生争议时，不容许当事人提出与该判决矛盾的主张，争论判决之判断，同样，不容许法院作出与判决之判断相矛盾、相抵触的判断。将此类生效判决的判断所赋予的通用性以及约束力称为既判力（新堂幸司《新民事诉讼法（第5版)》679页)。在撤销判决中同样也认可既判力（南博方、高桥滋编《条解行政案件诉讼法（第3版补正版)》562页)。

撤销审理决定诉讼判决的既判力取决于民事诉讼的一般理论，因此，既判力涉及的主观性范围限于民事诉讼法115条规定的人。并且，在所谓的查定（决定）系的情况下，撤销审理决定诉讼的被告是特许厅长官（特许179条)，因此，既判力涉及被告即特许厅长官（民诉115条1款1项)。另外，虽有争论，但是，在作出审理决定的审判合议组为一个行政厅的情况下（参考东京地判昭和51・8・30（昭和50年（行ウ）第107号）判时845号46页)，因特许厅长官代替审判合议组成为被告，所以既判力还涉及审判合议组（同款2

项）。如后所述，进行再次审理的审判合议组同样受撤销判决的约束，因此既判力是否涉及审判合议组在实务上不构成问题。另外，当事人系撤销审理决定诉讼的被告是审判请求人或者被请求人（特 179 条），但是，因为审判请求人或者被请求人是代替本来应成为被告的特许厅长官而成为被告的，因此，基于民事诉讼法 115 条 1 款 2 项，既判力涉及特许厅长官。此外，如上所述，考虑到审判合议组为一个行政厅的情况下，还可解释为，审判请求人或者被请求人是代替特许厅长官以及审判合议组成为被告的，因此，基于同项，还可以认为既判力涉及特许厅长官以及审判合议组的思路成立。但是，如上所示，没有多少议论的价值。

对于撤销审理决定诉讼判决的既判力涉及的客观性范围而言，基于民事诉讼的一般理论，既判力在对诉讼标的进行判断时产生（民诉 114 条 1 款）。对于通常的行政诉讼，判例、通说的解释是：撤销诉讼的诉讼标的通常会构成行政处分的违法事由（参考最二小判昭和 49・7・19（昭和 46 年（行ツ）第 14 号）民集 28 卷 5 号 897 页），因此，由既判力确定撤销审理决定判决中的审理决定为违法，或由既判力确定认可审理决定判决中的审理决定为合法。

但是，对于一般行政处分的撤销诉讼而言，判决的既判力并不局限于诉讼中成为攻击或防御对象的违法事由，而通常在其诉讼标的违法时产生。但是，在撤销审理决定诉讼的情况下，最大判昭和 51・3・10（昭和 42 年（行ツ）第 28 号）民集 30 卷 2 号 79 页（织物编织机案件）解释为，不容许在撤销审理决定诉讼中主张在特许无效审判中未审理判断的与公知事实进行对比的特许无效理由，以此限定审理范围，因此，可视为对基于审理决定中判断的无效理由、驳回理由的审理决定的违法性产生既判力。此外，对于织物编织机案件的射程范围而言，与纠纷的一次性解决关系中存在争议，有必要注意学说、判例的动向。

（ii）形成力

因判决的生效使其所宣布的法律关系发生变动的效力称为形成力（新堂，前述 187 页）。撤销行政处分的判决也认可形成力，判决生效则被追溯处分失去效力，恢复成如当初未作出处分的状态（参考南、高桥编，前述 457 页）。在撤销审理决定诉讼中，同样，撤销审理决定的判决生效，则审理决定被追溯而失去效力，进而成为审理决定自始不存在的状态。因此，在这种情况下，审判官必须再次、进一步进行审理并作出审理决定（特 181 条 2 款）。

撤销判决还会对第三人产生效力（行诉 32 条 1 款），对撤销审理决定的判决也认可其对相关第三人的效力。

(ⅲ) 撤销判决的约束力

撤销判决的约束力是指，尊重对处分或者裁决作出违法判决的判断内容，对该案件按照判决的宗旨作出行动，发生与其矛盾的处分等时，应采取适当措施的对行政厅产生的义务性效力。

行政案件诉讼法33条1款规定“撤销处分或者裁决的判决就该案件作出处分或者裁决的行政厅及其他相关行政厅进行约束”，该规定还适用于撤销审理决定诉讼中的撤销判决。最三小判平成4·4·28（昭和63年（行ッ）第10号）民集46卷4号245页（高速旋转式滚筒研磨法案件）示出，“对于特许无效审判案件的审理决定撤销诉讼，撤销审理决定的判决生效时，审判官应根据特许法181条2款的规定对该案件进行再次审理，并作出审理决定，但是，因为撤销审理决定诉讼受到行政案件诉讼法约束的影响，因此，基于同法33条1款的规定，再次审理以及审理决定，受到撤销判决的约束力”。

撤销判决的约束力涉及的主观性范围是“作为当事人的行政厅及其他相关行政厅”，因此，无论撤销审理决定诉讼的被告是特许厅长官（所谓的查定系案件的情况），还是审判的请求人或者被请求人（所谓的当事人系案件的情况），对再次作出审理决定的特许厅（审判合议组）也会受到撤销判决的约束力。

撤销判决生效时，因撤销判决的约束力，不认可行政厅对同一事情根据同一理由对同一人实施同一内容的处分。前述最三小判平成4·4·28（高速旋转式滚筒研磨法案件）示出，“约束力经由导出判决主文所需的事实认定以及法律判断产生，因此，不容许审判官作出与撤销判决相抵触的认定判断。因此，再次审理程序中，审判官不应被容许以撤销判决的约束力涉及的判决理由中的认定判断存在错误为由重复与以前同样的主张，或者不应被容许作出用于推翻上述主张的新的举证”。另外，通说认为，对于判决主文、主要事实的认定以及理由中的判断会涉及约束力，对于与判决的结论没有直接关系的旁论或间接事实的认定判断不涉及约束力（参考南、高桥编，前述474页，园部逸夫编《注解行政案件诉讼法》428页）。此外，最二小判平成4·7·17（平成2年（行ッ）第181号）判时1432号133页判示为：对于作为审理决定撤销判决的旁论陈述的、订正后的权利要求的发明并不存在无效理由的判断，不具有约束力。

撤销判决的约束力仅对根据该撤销判决判断为违法的、成为该处分的撤销原因的每个具体事由产生，并不妨碍基于与其不同的理由或者事实对同一人作出具有同一效果的处分（园部编，前述424页）。针对这一点，前述最三小判平成4·4·28（高速旋转式滚筒研磨法案件）示出，“具体分析特许无效审判案件的撤销审理决定诉讼时，通过基于特定的对比文件在特许申请前本领域技术人员不容易想到该发明的理由，在以审理决定的认定判断存在错误为由确定撤销的情况下，再次审理程序中受到该判决的约束力，因此不容许审判官作出基于同一对比文件在特许申请前本领域技术人员容易想到该发明的认定判断”。一方面，同判决可解释为，容许基于“能够构成认定判断特许申请前本领域技术人员是否容易想到本发明时的独立的无效原因”，或特定的对比文件“不仅是简单的增强，能够与其结合首次成为无效原因”等的其他对比文件争论该发明的创造性。即在以基于特定的对比文件无法否定创造性为由撤销审理决定的判决生效的情况下，审判官基于同一对比文件否定创造性时，例如即便在提出增强否定创造性的新的证据的情况下，也因撤销判决的约束力无法实施。另一方面，在基于构成独立的无效原因或者与以往的对比文件结合首次成为无效原因等的全然不同的对比文件否定创造性的情况下，不会受到撤销判决的约束力。但是，实务中，难以判断是否为新的或不同的对比文件、是否为只是增强以往对比文件的情况较多。

此外，审理决定中，某对比文件作为主对比文件，其他对比文件作为副对比文件，以此否定创造性，而撤销审理决定诉讼中对该审理决定作出撤销后，再次审理决定中，将之前的审理决定中的副对比文件作为主对比文件，主对比文件作为副对比文件，以此再次否定创造性，该审理决定违反了撤销判决的约束力，构成违法（东京高判平成9·9·25（平成9年（行ケ）第87号）判时1633号136页（假捻加工法案件））。

个别案例中撤销判决的约束力涉及何种范围的问题，在理论上无法明确区分，在考虑一次性解决的情况下，必须慎重分析撤销判决相关的撤销审理决定诉讼中的审理判断的内容、范围。针对这一点，东京高判平成16·12·27（平成13年（行ケ）第278号）法院HP（纸牌游戏玩具案件）示出，“作为判决的既判力或约束力的效力涉及何种范围的问题，其并不限于基于诉讼制度的目的而纯粹理论性地、演绎性地导出的问题。根据诉讼在实际进行中通常审理判断至何种程度的实情，除了现实性地审理判断的范围以外，视为与其相同的范围应当包括何种范围可能存在相对性地、归纳性地导出的政策性问题”。

撤销判决的约束力所涉及的主观性范围是“作为当事人的行政厅及其他相关行政厅”，因此，对于撤销审理决定诉讼中的撤销判决生效之后的再次审理决定提出的撤销审理决定诉讼（第二次撤销审理决定诉讼）的程序而言，其并不直接约束法院或当事人。但是，根据撤销判决的约束力，再次作出的审理决定在该方面上是合法的，因此，第二次撤销审理决定诉讼中同样维持了合法性。前述最三小判平成4·4·28（高速旋转式滚筒研磨法案件）示出，“审判官根据撤销判决的约束力作出的审理决定在其限制内是合法的，显然，再次撤销审理决定诉讼中不能对其进行违法处理”。若违反撤销判决的约束力的再次审理决定是违法的，则第二次撤销审理决定诉讼中将会撤销该再次审理决定。

（江幡奈步）

第2章

特许撤销审理决定诉讼的建议（总论）

1 起诉、应诉准备

(1) 一般撤销审理决定诉讼——撤销审理决定诉讼的团队组成、代理人的选择

尽管撤销审理决定诉讼中，争论的是审理决定撤销理由的有无，但是，大部分情况下，具体的争议焦点与本发明或者引用发明的技术性理解有关。

法院法 57 条 2 款中规定，法院调查官（以下称为调查官）在接受法官的命令后，进行有助于审理及裁判的必要调查。在处理撤销审理决定诉讼的知财高院中，同样，调查官进行有助于法官理解审理对象即发明技术的必要调查。❶

因此，对于当事人而言，对包含该发明的技术性说明的主张、举证，根据需要作以下两个目标准备是很有用的。第一个是采用法官能够明确理解技术内容或议论的表现形式；第二个是即便针对作为技术专家的调查官，同样考虑作出准确的说明，进行主张、举证。因此，撤销审理决定诉讼团队由精通法律的律师和精通技术及特许法、特许实务的专利代理人组成为好。这样的团队中，例如，专利代理人详细分析技术相关的具体主张合适与否，律师对其内容是否便于法官理解进行确认，通过这样的方式，可对各方面的专业性各司其职。另外，在团队由律师、专利代理人等不同类型的专家组成的情况下，在其团队合作下进行议论时，即便是困难的案例，与只有相同类型的专家进行议论的情况相比，也容易提出崭新思路。

另外，在撤销审理决定诉讼中，有不少复杂的案例，其还包含技术性内容且作出主张、举证的期限有限等，还有较多情况是，关于案例紧急需要与多名当事人进行议论、协商。因此，作为代理人，与当事人做好沟通为好。当然，当事人为外国人时，代理人中至少一人可以用英语沟通为好。即便是外国人但不是英语圈的外国人的情况也会出现。但是，无论是何种非英语圈的人，与其

---

❶ 现在，为了让东京地方法院、大阪地方法院以及知财高院对产业财产权关系案件进行调查，配置调查官。调查官的职务是利用自然科学以及产业财产权相关的专业知识，根据法官的指示进行对产业财产权相关案件的审理以及法院需要的调查，以此协助法官。（参考司法研修所编：《工业所有权相关民事案件处理所涉及的诸多问题》，第 303 页）

进行交流的当事人的代表或者代理外国案件的代理人是可以用英语沟通的。因此，可以说能够用英语沟通就足矣。

此外，团队中有申请人/特许权人一方，如果可以的话，最好有发明人参加。可能会有发明人已经退职，不想再合作的状况。但是，特许发明是为解决相应的技术领域中的特定课题而作出的，因此，研究极其局限的课题时，随着探讨越来越深，可能会出现只以该技术领域的一般见解无法理解的问题。因此，企业为当事人的情况下，该企业中，至少有精通发明技术领域的人员参加团队为较好。

另外，当事人企业的知识产权人员必须参加。作为一种方法，根据案例，可以寻求当事人企业的外部专家的协作，求助专家能够提出建议以有助于代理人的文件制作、举证方法的分析等的日常分析操作中的技术性理解。

（2）无效审判审理决定的撤销诉讼

（i）原告

（A）起诉

撤销审理决定诉讼中，审判案件中受到不利的审理决定的审判请求人（请求人）或者审判被请求人（被请求人）成为原告。具体而言，在审判请求不成立的审理决定中，请求人成为撤销审理决定诉讼的原告；在审判特许无效的审理决定中，被请求人（特许权人）成为原告。

但是，还有一些情况是，请求无效的权利要求中，一部分的权利要求无效，且对于其余权利要求的无效请求不成立的审理决定，此时，双方当事人均可作为原告对审理决定中对自身不利的部分结论提出审理决定的撤销。

（B）起诉时以及起诉之后的程序中的准备

如第 1 章 4（2）“起诉期限”的说明，提起撤销审理决定诉讼的当事人必须在审理决定等的正本送达日起 30 日以内（外国当事人的情况下，依审判长的职权可追加 90 日的附加期限，因此一般是 120 日以内），通过向知财高院提交诉状进行起诉（特 178 条 3 款）。30 日以内是非常短的期限，受到不利审理决定的当事人必须迅速与代理人进行协商，并做好起诉的准备。但是，如第 1 章 4（3）“诉状的书写方法”的说明，撤销审理决定诉讼的诉状中，记载最低限的形式性事项足矣，没有必要记载具体的撤销理由。

对于原告而言，为了加长用在起诉自身的判断或撤销理由、证据等的准备期限，而在起诉期限最后一刻提起诉讼。但是，（虽不得有）为了避免出现起诉期限的认定错误、起诉期限当日发生了无法预测的事故而无法提交诉状等的情况，建议在期限的一日前或者两日前起诉。作为代理人，同样，要求当事人在诉状提交数日前要完成公司内部的起诉认可、诉状认定等程序，注意不要错过期限。

诉状提交时，特许撤销审理决定诉讼中，最初指定的并不是口头辩论日期，而是辩论准备程序日期（参考第 1 章 6“审理方式（辩论准备程序、口头辩论）、主张、举证责任与证据调查”）。第一次辩论准备程序日期多被指定为起诉后 1.5 个月至 2 个月之后的日期。

原告提交记载撤销理由等具体内容的庭前书面文件以及书证等。对于该庭前书面文件等的提交期限，知财高院的现行规定是第一次辩论准备程序日期的 10 日前（知财高院 HP“对于撤销审理决定诉讼（特许、实用新型）的进行”）。但是，根据法院的诉讼指导，从起诉起经过长时间后指定第一次辩论准备程序日期时，作出如下日程安排：原告的庭前书面文件的提交期限指定为起诉的 1 ~2 个月后的日期，被告的庭前书面文件应在第一次日期的数日前提交。在任何情况下，原告和代理人应在最初的庭前书面文件中作出准备，以不遗漏地主张、举证撤销理由（参考后述（D）“审理决定的分析、撤销事由的决定、撤销理由的构建”），并如期提交庭前书面文件以及书证等。

辩论准备程序与法庭中的口头辩论程序不同，一般不是公开的程序，适用法院允许合适的人员旁听的规则（民诉 169 条 2 款本文）。但是，对于申请人，除非有认为有可能阻碍程序进行的情况，否则必须容许其旁听（同款但书）。因此，实务上，当事人的员工（知识产权部或法务部的人员、针对技术性方面参加团队协商等的人员）出席的情况较多。另外，来自外国的委托诉讼中，委托人等想参与程序时，翻译人员也可以同时参加。在世界各国同时存在纠纷的案件中，也有负责其他国家诉讼的律师等参加的情况。也会有该特许的重要实施权者参加的情况。预设当事人的员工以外的上述关系者参加的情况下，最好是在日期前事先联系法院或对方，并了解关系者参加的情况，以避免当日发生旁听可否的纠纷。

（C）证据的收集

为了作出审理决定的分析、决定撤销事由、详细构建撤销的理由，需提前掌握需要怎样的证据。证据的收集需要时间，因此，重要的是分析是否需要收集新的证据及其需要多长时间。

提起撤销审理决定诉讼的案例中，大多状况是，几乎拿出全部的、能够成为证据或者补助证据的特许公报以及其他刊物，以否定作为争议焦点的特许发明的新颖性、创造性。此时，利用该发明的技术领域中的专家鉴定书等进行补充举证的需求增加。此时，对方也需要同样的对策。因此，重要的是提前寻找合适的专家并委托协助。合适的专家是指，首先，能够作出如后述的合适的鉴定书的专家。合适的专家中，较好的专家是指，在相应的产业领域以及技术领域中具有丰富的实绩（研究发表、论文、学位、受赏履历、所属机关或学会中的职位等）、受到高的客观性评价，且处于与任一方当事人无利害关系的中立立场的专家。但是，这样的专家对任一方当事人都有吸引力，因此，应尽早且尽可能地获得其对诉讼的协助。此处使用“先下手为强”的谚语较合适。

基于鉴定书为有力的专家作出就可作为充分的证据，但是，鉴定书中陈述的意见由其他书证客观性地推翻时，现实性地确保了举证。因此，有益的做法是，还要与专家讨论怎样的书证等可作为推翻意见。关于该方面，日本以外的国家，如美国等，因为存在认为有名声的专家陈述的意见则可靠性高的情况，担任这样状况下的委托人的代理人时，对于鉴定书，应向委托人说明，除了制作人的身份以外，客观性文献等的支持也很重要。

选定专家的同时应尽早分析是否需要进行实验。实验根据种类不同，需要的时间有所不同。需要长时间的情况下，尽管采用加速试验，时间缩短上也会受到局限，即便并不如此，准备实验装置以及获取实验试样都需要时间。因此，需要尽早识别出实验的必要性。

此外，在中立性、可信性方面，较为理想的是委托第三方机构来进行实验。但是，即便是当事人即企业的员工实施的实验，也要在报告书等中明确实验的方法、条件以使第三方（至少对方）能够进行追加试验，此时，可能会较少出现仅以实验的实施者为当事人的员工为由可信度被否定的情况。还有一些方法是，如果在实验的实施者为当事人的员工的事宜上发生争论，则向另外第三方机构委托实验。

(D) 审理决定的分析、撤销事由的决定、撤销理由的构建

(a) 审理决定中错误的识别、撤销事由的决定、撤销理由的构建

①分析审理决定的理由并识别审理决定的错误。

审理决定中审理、判断的所有无效理由均可以作为审理决定的撤销事由进行主张。

无效理由包括缺乏新颖性（特 29 条 1 款 3 项）、缺乏创造性（同条 2 款）、记载要件缺陷（特 36 条）等，但是，存在多个审理决定判断的理由时，

识别出全部判断中违法事项。

②怀疑有违法事项时，将其作为审理决定的撤销事由进行主张、举证，并分析学说、审判案例，以分析在知财高院的争论中是否可以获胜或者分析如何胜出。

此外，对每个无效理由进行的撤销事由分析方法而言，希望参考第 3 章各个部分的内容。

③分析审理决定理由，并识别出认为对审判程序中的主张、举证及其理论构成、证据不充分的地方或认为可能无法得到审判合议组正确理解的地方。对于该方面，分析用以增强的主张、证据。

④分析被告即审判程序中对方的主张、举证，以及双方当事人在和解交涉等的各种情况下的对方的主张、举证内容，并预测对方再次增强主张、举证的事项，以此准备反驳以及举证。

（b）注意事项

①作为非常罕见的案件，存在撤销审理决定诉讼的口头辩论日期被告并未出席，并未提交任何答辩书以及庭前书面文件的案例，即便在这样的情况下，原告仍败诉（例如，知财高判平成 21・11・26（平成 21 年（行ケ）第 10242 号）法院 HP、知财高判平成 19・10・18（平成 18 年（行ケ）第 10378 号）法院 HP）。即对于撤销审理决定诉讼中的自认对象而言，特许厅中的程序经过、发明的宗旨、审理决定的理由，在审理决定撤销事由上并不构成自认对象。因此，尽管被告缺席，在法院要求原告提交撤销事由的主张、举证的情况下，需注意，原告应根据其请求在提交的文件中尽可能地完成主张、举证。

②对撤销审理决定诉讼中的判决不服时，可以向最高院上告或者进行上告受理申请。但是，如第 5 章 2“上告理由、上告受理申请理由和起草理由书时的注意点”和 3（1）“撤销的比率和审理期限”所述，最高院在受理上告或上告受理申请时，对上告理由、受理申请理由有严格的限制，不作实质性审理的状态下拒绝受理或不受理的可能性较高。可以说最高院的上告审中上告人一方逆转胜诉的概率小于 1%，作为现实问题，不得不在撤销事由的主张、举证上作出充分的努力，以在知财高院中胜诉。

③原告为特许权人的情况。

如上所述，鉴于高院阶段实质为一次性审理的现状，在创造性成为争议焦点的案例中，特别是特许权人一方存在必须注意的地方。

关于撤销审理决定诉讼中的审理范围，织物编织机案件（最大判昭和 51・3・10（昭和 42 年（行ツ）第 28 号）民集 30 卷 2 号 79 页）中示出，在审判程序中对现实问题进行争论，并且，只有审理判断的特定无效原因相关事宜才会成为审理对象，新颖性判断中的、与公知事实进行对比的无效主张和与其他公知事实进行对比的无效主张应解释为分别构成不同的理由，但是，近年的知财高院判决中，基于特许有效性相关的纠纷一次性解决观点，灵活地解释了该大法庭判决的基准。例如，还有作出如下判断的案例：以至少保障当事人在实施撤销审理决定诉讼中可以进行新的驳回理由、无效理由的主张、举证等的程序为前提，替换对比文件的主副来进行判断，这并未超出织物编织机案件所称的“与特定的公知事实进行对比的无效主张”框架（对于详细内容，参考第1章3（3）“新主张以及举证的限制”。但是，即便是在知财高院中可以进行新的驳回理由、无效理由的主张、举证，也很难说基于其能够确保充分的程序保障。因为，无效审判中，基于当事人未主张的理由作出无效审理决定的情况下，作出无效理由通知，另外，对于驳回决定不服审判中新发现的驳回理由，作出驳回理由通知，但是对应这些通知的答复指定期限内，对于前者给予订正请求的机会，对于后者给予手续补正的机会）。

即便重视特许有效性相关的纠纷一次性解决，只要是以大法庭判决中的基准作为前提，就不应容许过度扩大审理范围，但是，考虑到知财高院的判断倾向，且为了在现实的撤销审理决定诉讼中获胜，作为特许权人，在创造性为争议焦点的案例中，除了审理决定中实际审理判断的理由外，最好还要做好准备能够反驳案例中能够预想到的、所有容易想到性的理论。

（ⅱ）被告

（A）代理人的选任和答辩书的提交

一般民事诉讼中，第一次程序日期被指定之后诉状送达被告，但是，在撤销审理决定诉讼实务中，审判程序代理人被选任的情况下，由法院联络被告即当事人的审判程序代理人，作出是否受托的询问。此时，代理人与当事人（审判程序时的委托人）联络，由当事人决定诉讼中任选相同代理人还是增加其他代理人来进行任选或者变更为其他代理人。受托的被告代理人向法院提交委托书等。同时，由法院主导并设定出原告、被告双方能够出席的时间作为答辩准备程序日期。之后，诉状送达被告代理人。

被告必须制作并提交记载有对诉状中记载的请求宗旨进行的答辩以及对请求原因的记载是否认可的答辩书，但是，如上所述，诉状是形式性内容，因此，同样，答辩以及认可与否的内容也为形式性即可。因此，一旦收到诉状，则应当迅速准备并提交答辩书。

（B）应诉的准备

如上所述，一般在诉状中并不存在实质性的撤销事由的记载，在第一次答辩准备程序日期临近之前（大多为 10 日前）提交记载原告的详细主张的庭前准备文件。针对被告的反驳在同日期上给予一定的期限来指定庭前准备文件的提交期限（通常是下一次日期的约 1 周前），因此，在此期限之前进行反驳的准备。但是，第一次的日期中，法院有时为了整理争议焦点要求被告说明预设的反驳内容重点，另外，在用以反驳的特定的主张上认为需要举证准备的时间时，有必要向法院请求更长的庭前准备文件的准备日期。此外，如上所述，还有一些情况如下：从起诉起隔着较长时间来设定第一次答辩准备程序日期时，原告的庭前准备文件提交后，接着被告也要在第一次日期之前提交庭前准备文件。此时，接到原告庭前准备文件后直接进行反驳的准备。

此外，已推测出作出对我方有利的审理决定，对方几乎确定要提起撤销审理决定诉讼的情况下，自接到审理决定起就开始作应诉准备较为有益。对于实验、鉴定委托，同样，在需要实施的盖然性较高的情况下，还可以考虑不等待原告的庭前准备文件送达而在适宜的时期内开始准备。

其他主张、举证准备的相关注意点与原告方共通的方面有很多，可以参考本章上述 1（2）（ⅰ）（C）“证据的收集”或（D）“审理决定的分析、撤销事由的决定、撤销理由的构建”。

（3）驳回决定不服审判审理决定的撤销诉讼

（ⅰ）是否起诉

无效审判中，一方面，在请求不成立审理决定的情况下，审理决定生效时，请求人一方可能会发生特许权人提起侵权诉讼（或者已经发生的审理中影响至侵权诉讼）的不利事情；另一方面，在无效审理决定的情况下，特许权人一方会发生支付了年费而维持的特许权将会丧失的不利事情。因此，无论如何，提起撤销审理决定诉讼的可能性较高。

相对于此，在驳回决定不服审判的情况下，受到驳回审理决定的申请人是否提起撤销审理决定诉讼，应分析该申请相关的发明在市场战略或研究开发战略中处于怎样的位置或者基于此想处于怎样的位置，并且，分析是否构成该申请系列中的特许或审理中的分案申请的有无以及权利要求范围等之后进行判断，相比于无效审判审查决定更加慎重判断起诉的情况较多。具体进行如下分析。

①如执行驳回决定不服审判程序那样，是否有必要维持该特许申请相关发明的权利？

特别是通过考虑市场趋势、竞争对手的研究开发趋势，以及之前的市场趋势或竞争对手将来的可能性来判断。如果明确认为自己公司、竞争对手无论如何均没有必要实施该发明且将来也不可能实施时，可以认为起诉的必要性低。但是，在现在需要实施该发明，或者即便不是现在而将来可能需要实施该发明等情况下，即在该发明重要或者可能变得重要的情况下，对于每个案例还要考虑如下②、③而慎重分析、判断起诉的必要性。

②该申请以外存在相关分案申请，或者该申请为分案申请，原申请或者使该申请与原申请相同的方式进行分案的申请等的分案申请的系列是否仍在审理中？这些审理的系列申请是否存在提交补正书的可能性？

该申请关联的分案申请在特许厅中全然未审理的情况下，在该申请相关的发明重要时，大多认为需要提起撤销审理决定诉讼。

③系列分案申请存在时，至今为止，这些申请中哪些权利要求被授权，这些权利要求的保护范围是否足够大？

此外，系列分案申请的任意一个在特许厅中审理时，特别是有机会对其中任意一个进一步提出分案申请时，考虑到一般撤销审理决定诉讼所需的费用比申请程序费用多，且对于平成 11 年（1999 年）1 月 1 日以后的已生效的驳回决定的申请不具有在先申请地位的情况等，能够更加灵活地思考是否提起撤销审理决定诉讼。基于上述对在先申请地位的修订，即便对系列分案申请中的其中一个申请的驳回决定不服审判的驳回审理决定不提起撤销审理决定诉讼，并且驳回审理决定生效时，考虑到该申请的权利要求的驳回不会对系列申请的其他申请的权利要求范围带来限制，可能就没有必要对系列分案申请中的全部驳回审查决定提起撤销审理决定诉讼。

另一方面，特许厅的审查、审理中，虽然有特许性相关的否定性意见，但是，在预测知财高院推翻特许厅判断的可能性高的情况下，即便是系列分案申请的其他申请仍在特许厅中审理时，提起撤销审理决定诉讼可能较好。

另外，判断是否提起撤销审理决定诉讼时，还要考虑如下事项：系列分案申请的任意一个申请中，是否有机会进一步提出分案申请，或者该申请被授权的情况下特许权存续期限的剩余时间的多少。总之，即便系列分案申请的任意一个在特许厅中审理，且即便有机会进一步对任意一个提出分案申请，该申请相关的发明重要且授权时权利的存续期限没有多少剩余时，例如少于一年时，提起诉讼的必要性也可能会提高。

（ⅱ）准备

（A）准备期限

针对驳回决定不服审判的撤销审理决定的诉讼，通常是申请人成为原告，其实质性主张、举证的准备期限，与无效审判的撤销审理决定诉讼的原告的情况相同。

（B）准备

驳回决定不服审判的撤销审理决定诉讼中，被告一般都是特许厅长官，与无效审判的撤销审理决定诉讼的被告不同，一般不可能制作实验成绩证明书。因此，作为原告用于实质性主张、举证的准备，通常是，可以采取分析审理决定、分析撤销事由、根据需要进行实验、制作鉴定书的正面进攻方法。即与无效审判的撤销审理决定诉讼中的多个案例中对方为民间企业的情况不同，无须尽早作出是否可以接受咨询的打探以防对方预备可以制作鉴定书的专家。另外，考虑到特许厅不太可能作出实验，因此，相比于无效审判的撤销审理决定诉讼，作战前景的构建可能并不复杂。

（小林纯子）

2 撤销审理决定诉讼实务中的沟通

（1）沟通的重要性

撤销审理决定诉讼实务的一般流程如下。

①对审理决定不服的当事人（委托人）向专利代理师、律师（代理人）委托撤销审理决定诉讼代理。

②代理人分析审理决定内容，听取委托人的案件说明，构建战略。

③代理人进一步听取委托人对问题点等的说明，并取得证据等。

④代理人起草庭前书面文件，获取委托人的建议。

⑤基于委托人的建议完成并提交庭前书面文件。

⑥代理人（以及委托人）出席法院的口头辩论、准备程序，向委托人报告其结果。

⑦对于对方的文件重复②~⑤，进一步重复⑥。

⑧审理终结后，接受判决的送达，向委托人报告。

如上，撤销审理决定诉讼实务中，不可缺少代理人和委托人的沟通（①~⑦）。另外，存在多个代理人的情况下，不同代理人之间的沟通同样重要（②~⑤、⑦）。并且，可以毫不过分地说，这些沟通的好坏会对撤销审理决定诉讼的结论带来很大影响。

此外，准备专家等的意见书时，选择专家以及意见书制作时，代理人和委托人之间、代理人和专家之间的沟通也非常重要。

（2）沟通方法之电子邮件的利用

10 年以前用电话、传真进行联系，现在大部分用电子邮件进行联系。庭前书面文件草案的电子文件、图或相片、资料等也可做成 PDF 文件附加在电子邮件中，这样就可以即时传送至对方。

虽不限于撤销审理决定诉讼，但此处仍想叙述诉讼准备时利用电子邮件时的想法。

首先，收到电子邮件后，原则上首先应在 24 小时以内作出回信。即使是

“已收到邮件，会在 2 ~3 日内作出回复”这样的未满 1 行的内容，也可以让对方放心。

其次，电子邮件中添加合适的标题很重要。例如，相比于“撤销审理决定诉讼的邮件”的方式，“脂肪酶撤销审理决定诉讼的第一庭前书面文件（10 月 31 日为提交期限）”的方式在之后查找时更加方便。

对于附加文件，进行文件的补正时，通过补正标记，可一目了然地找到针对以前版本的补正位置。另外，多数人分别作出补正时，需要进行调整以防作出两个补正版本。

电子邮件的沟通是方便，但是在如下情况下，电子邮件的利用可能并不合适。

（ⅰ）需要讨论的情况

虽然电子邮件便于进行意见交换，但是无法作出集体自由讨论（Brainstorming）。

作为撤销审理决定诉讼实务的一般流程，如本章 2（1）“沟通的重要性”中叙述的“②代理人分析审理决定内容，听取委托人的案件说明，构建战略”“③代理人进一步听取委托人对问题点等的说明，并取得证据等”“④代理人起草庭前书面文件，获取委托人的建议”那样，其并不是简单的联络，需要相互提出想法，即集体自由讨论。

例如，较多情况下，撤销审理决定诉讼准备所需的各种信息是只有委托人持有的信息，或者除委托人外，其他人很难得到的信息。在无效撤销审理决定诉讼的情况下，预设侵权诉讼或者侵权诉讼已处于审理时，疑似侵权产品相关信息也很重要。另外，较多情况是只能从委托人那里得到发明相关的详细说明、数据等重要的信息，但是，有些情况是代理人不知晓这些信息本身的存在。委托人知晓这些信息，或者能够立即查到，但是因为不知道这些信息对撤销审理决定诉讼有用，因此，代理人不问起时委托人并不会特意告知。这样的情况下，委托人和代理人之间沟通的好坏会直接影响诉讼的内容。

理想的状态是，抽取一定时间大家面对面讨论成为对象的发明以及撤销审理决定诉讼的程序。这样的话，大多情况下就可明确至今为止没注意到的重要信息。

因此，如下所述，在委托人并不是日本人的情况下，同样建议有机会委托后尽早见面进行讨论。如果在不可能的情况下，如上所述，还可以进行电话会议或视频会议等。

存在多位代理人时，代理人之间的讨论、集体自由讨论同样极其有用。此时，并不是为了找出有用的信息，而是为了找出各种主张、举证的可能性。从不同的观点讨论各种主张、举证的可能性，进而找出好的想法。

讨论之后，实质性地起草文件，但是最好在有时间的情况下，在制作文件的时候能够再次见面进行讨论。如有突然想起的疑问等，在邮件中无法传递其真实含义。见面讨论时，在确认对方是否理解自己所说的情况下进行说明，电话中通过对方的答复、语调也能够确认。但是，邮件只能是转出，无法看出对方的反应。

同样，在有专家作出意见书的情况下，最好是尽量直接约见专家听取意见。

对于发掘信息方面的意义而言，效率由高到低的顺序是见面会议、电话会议、邮件交换。但是，委托人在外国等无法进行见面会议的情况下，可以通过电话会议和邮件交换的组合来进行密切沟通。

（ⅱ）没有多余时间的情况

电子邮件与信件、传真一样，即使发送成功，也无法保证对方已读。即便在通过自动打开通知来确认打开的情况下，也无法知晓对方是否实质已读，因为有可能是秘书打开了邮件。

没有多余时间时，由于实际见面需要时间，因此容易想到通过电子邮件进行联系。但还有的情况是，没有多余时间的情况下反而设定会议，以此读取至今为止的所有电子邮件以及所附文件。在最坏的情况下，还可通过会议见面来以口头方式说明所附文件，以此确保可靠性。

每个人都有很多事情，但重视撤销审理决定诉讼的重要性时，不只进行电子邮件交换，还进行见面讨论或者至少进行电话说明是很有意义的。

（日野真美）

3 与外国的合作

在撤销审理决定诉讼的委托人为外国人、需要与外国代理人等沟通的情况下，需要特别注意的事项有哪些？

如前述2“撤销审理决定诉讼实务中的沟通”所述，撤销审理决定诉讼中，委托人和代理人以及代理人之间的密切沟通是很重要的。但是，在委托人是外国人、需要与外国代理人联系的情况下，两者之间存在物理性距离、时差差距、语言差距等各种障碍，因此，若未意识到沟通的重要性，联系容易变成形式性联系、最小限度的联系。主要注意的事项如下。

①及时回信。

通过邮件收到委托人对复杂内容的疑问，对此用英文答复时容易变得麻烦。此时，最好答复为“收到疑问，下周初之前会给答复”。

②适时地回答、建议。

在有约定期限的情况下，显然要按时作出回答、建议。如果实在有其他情况，应作出中间报告。

③简洁。

除了特别紧急的情况外，推敲回答、建议，并尽量以简单且短的形式给出回答，这是非常有效的。日语文章也是如此：越长越难读，要点不清楚。简洁写出一句话、简洁写出文章整体对双方都有效。

④从结论开始。

与日语文章相同的顺序书写时，长长的理由构建之后才得出结论的情况较多。有意识地从结论开始叙述，至少在早期阶段叙述结论，之后叙述理由则容易理解。

⑤提案。

作出事情的说明，且不能漏掉重要的事宜，即作为日本的代理人或者作为日本的负责人建议怎么做的事宜。与④同样，尽量最先叙述其提案，这样说明就会变得非常容易。

⑥再次检查（拼写、语法）。

认为回答、建议的内容是重要的，拼写、语法等是次要的，这样的想法是错误的。日语的法律建议书中全都是错字、漏字时，无法确定是否应该遵循该建议书。另外，语法错误会造成含义不明确，无法传递真实含义。

⑦在认知日本和外国的区别的情况下进行说明。

在预先知晓日本和外国的区别的情况下进行说明则会减少误解。例如，相比于日本，美国在非显而易见性的判断方面，较大评价商业性成功等的二次效果，因此，有必要对突出强调二次效果的美国委托人作出说明。

⑧电话会议。

①~⑦是通过电子邮件等进行沟通时的注意事项，如果能够进行电话会议，应尽可能地尽早进行谈话。在准备回答、建议时错误判断对方想知道的内容的情况下，不仅会使准备工作变得无用，还需要大量的时间来再次答复对方再次提出的疑问。在电话会议的情况下，如果代理人一方的答复不充分，当场就可指出，以此再次补充答复。

某种程度上，建议代理人一方对会议进行控制为好。代理人一方叙述议题的设定，状况说明，对有疑问的一方的回答、建议等，对方对其进行补充提问。与同对方进行随意讨论的情况相比，这样更容易商谈。但是，如上所述，需要作出努力引导对方进行商谈。

另外，通过电话会议问题点变得明确化，且讨论完成后，有可能仍需要书面（可以是电子邮件）回答、建议。

除电话会议以外，最近利用网络会议的情况也较多。在不同地方看着相同的幻灯片的同时进行通话，十分方便。

（日野真美）

4　与审判的关系

(1) 与订正审判*的关系

撤销审理决定诉讼有对于驳回审理决定的撤销诉讼、无效审判审理决定的撤销诉讼等的多种撤销审理决定诉讼。

这些撤销审理决定诉讼中，对于无效宣判审理决定的撤销诉讼和订正审判之间的关系成为问题。

平成15年法（平成15年法律第47号）规定，为了防止特许厅和知财高院之间所谓的“Catch－ball 现象”，不认可无效审判审理期间的订正审判请求，无效审判程序中认可更正请求，并审理更正的认可与否（特126条2款），除了无效审判的撤销审理决定诉讼的提起日起90日以内，不认可无效审判审理期间的订正审判请求（同款）❶。但是，平成15年法中，认可了撤销审理决定诉讼的提起日起90日以内的订正审判请求，导致撤销审理决定诉讼被撤销后再次开始无效审判，从而无法充分防止“Catch－ball 现象”。

因此，为了进一步防止出现“Catch－ball 现象”的发生，平成23年（2011年）修订❷（平成23年法律第63号）中，禁止了对无效审判审理决定的撤销审理决定诉讼提起之后的订正审判请求，无效审判的程序中，审理决定之前由审判合议组以书面形式公开心证，以作为“审理决定的预告”，以此给予更正请求的机会（特164条之2）❸。

因此，需要注意的是，通过平成23年修订，无效审判的撤销审理决定诉讼提起后不认可订正审判请求。

---

* 订正审判，专指专利权人在获得授权后修改权利要求的程序。——译者注

❶ 订正请求只限于如下情况被认可：答辩书提交期限内、无效审判的请求不成立审理决定的撤销诉讼中审理决定被撤销的情况（特134条之3第1项），基于特许法181条2款作出撤销决定的情况（特134条之3第2款），依职权发出无效理由通知的情况等。

❷ 适用于平成24年（2012年）4月1日之后请求的无效审判（特附则2条）。

❸ 因为审理决定的预告是给予被请求人更正的机会，因此，在完全支持被请求人的主张，而没有必要给予订正的机会时，不作出审理决定的预告。

（2）撤销审理决定诉讼审理中确定容许更正审理决定的情况

在无效审判审理决定的撤销审理决定诉讼的审理中，在确定了以减少权利要求范围为目的的更正审理决定的情况下，不得不撤销无效审理决定（最三小判平成11・3・9（平成7年（行ツ）第204号）民集53卷3号303页（大径四边形钢管案件））。其原因在于，在确定了以减少权利要求范围为目的的更正审理决定的情况下，视为申请、特许权的设定登记等取决于特许权相关的特许发明（特128条），因此，基于更正前的权利要求书记载的发明判断特许的有效性的无效审判的审查决定，终究作出发明要旨认定错误。

但是，如上所述，平成23年修订中，新设审理决定预告制度的同时，对无效审判审理决定的撤销诉讼提起后禁止订正审判请求，因此，除了特别的事实关系外，不会发生对无效审判审理决定的撤销诉讼被提起后确定更正审查决定的事态❶。

（3）订正审判的审理中无效审理决定生效的情况

订正审判的审理中，无效审理决定生效时，订正审判请求变得不合法，会被拒绝受理（最三小判昭和59・4・24（昭和57年（行ツ）第27号）民集38卷6号653页）。

因为无效审理决定生效时，视为特许权自始不存在（特125条）。

（4）作出撤销无效审判的请求不成立审理决定的判决时的更正请求

无效审判的请求不成立审理决定的撤销诉讼中，该审理决定被撤销时，即特许厅中认可特许有效性的审理决定在知财高院中被撤销时，在特许厅再次进行的无效审判程序中可能会认可更正请求（特134条之3）。

需要注意，该更正请求在无效审判请求成立审理决定的撤销审理决定诉讼被撤销时不被认可。另外，为了使该更正请求被认可，需要向审判长提出申

---

❶　塚原朋一：《〈更正审理决定的确定和无效审理决定撤销诉讼的动向〉判例百选》，第100～101页。

请。是否指定更正请求的期限，取决于审判长的裁量。标准的指定期限为 10 日，该期限较短❶，因此，有更正请求的可能性时，最好是在进行特许法 134 条之 3 规定的申请之前准备更正请求。

（古桥伸茂）

❶ 特许厅审判科审判企划室："审判制度相关的 Q & A"（平成 22 年 6 月）3. 无效宣告 Q24 特许厅 HP。

5　与侵权诉讼的关系以及与侵权诉讼代理人的合作

特许权人以A公司的产品制造销售构成特许权侵权为由向地裁提起侵权诉讼时，或者此类权利行使的盖然性高时，A公司除了在侵权诉讼中主张不侵权进行防御之外，还可在特许中存在无效理由时请求无效审判，并经由审理决定，进入知财高院中的撤销审理决定诉讼。并且，即使在侵权诉讼中，该特许通过特许无效审判应被认定为无效时，特许权人无法行使权利（特104条之3第1款），因此，对于A公司而言，主张不侵权的同时，也可以主张特许无效抗辩。

如上所述，会发生法院审理侵权诉讼和撤销审理决定诉讼的两个诉讼的情况，但是，通常两个诉讼的审理范围、进程不同，并且，由于出发点本来是地裁的侵权诉讼和特许厅的无效审判，因此，还会出现开始时间、代理人构成不一致的情况。特别是，代理人不同时，撤销审理决定诉讼的代理人在并未对侵权诉讼的进程或主张、举证获得充分的信息且自行分析时，会受到侵权诉讼中的攻击防御的影响而在撤销审理决定诉讼中败诉，或者在与侵权诉讼之间的有效性判断中产生矛盾而陷入完全未解决纠纷的事态，或者失去更正或和解的机会的危险性高。因此，侵权诉讼程序的进程掌控，以及与侵权诉讼的代理人的合作对于撤销审理决定诉讼的代理人而言，是不可或缺的活动。

（1）与侵权诉讼的关系

撤销审理决定诉讼的对象是无效审判中作出的审理决定的判断是否违法，侵权诉讼中的无效抗辩采纳与否是判断“认定为通过无效审判应被无效”的关键，因此，可以说双方均对无效审判中的判断提出疑问，在此意义上对象是共同的。但是，两个诉讼是不同的程序，对有效性的判断有可能会导出一方认为有效、另一方认为无效的结论。

首先，侵权诉讼是在地裁中进行的第一审程序，判决之后，提起上诉时，在知财高院中进行控诉审的程序。对此，撤销审理决定诉讼是经过特许厅的无效审判程序，对审理决定不服，向知财高院提起的诉讼。

同一时期在知财高院中审理侵权诉讼和撤销审理决定诉讼时，知财高院在运行上考虑由相同的合议组进行审理[1]。但是，侵权诉讼的被告（疑似侵害人）进行无效审判请求的时期几乎与侵权诉讼同时开始，或者在侵权诉讼审理进行之后，或者根据情况在侵权诉讼之前。根据侵权诉讼的主张、举证内容，还可以进行第 2 次、第 3 次的无效审判请求。并且，特许厅的无效审判程序并不按照地裁的侵权诉讼节奏来进行，因此，不同案件会有不同审理终结或审理决定时期，较多情况是与地裁中的侵权诉讼的判决时期不一致。因此，很多情况是，并不在同一时期在知财高院中审理侵权诉讼和撤销审理决定诉讼。此时，在知财高院的不同部门或合议组中分别进行侵权诉讼和撤销审理决定诉讼的审理，可能会产生不同的判断。

此外，还有一些案件是，在侵权诉讼还处于第一审阶段，撤销审理决定诉讼审理在知财高院时，侵权诉讼的第一审法院采取等待撤销审理决定诉讼的结果之后再进行审理的方针。但是，还有较多的案件反映近年诉讼的迅速化倾向，并且，不管撤销审理决定诉讼的动向如何，地裁均作出特许性的判断，即便有可能与撤销审理决定诉讼的结果相矛盾，仍认为高院阶段中进行统一性判断的方式对纠纷的最终解决有利，以此在与通常的侵权诉讼相同时机时作出判决（参考东京地判平成 15・7・30（平成 14 年（ワ）第 2473 号）法院 HP)。

并且，侵权诉讼和撤销审理决定诉讼的审理范围不同也很重要。例如，撤销审理决定诉讼中，不能主张与无效审判中未审理判断的对比文件相关的无效理由（最大判昭和 51・3・10（昭和 42 年（行ツ）第 28 号）民集 30 卷 2 号 79 页（织物编织机案件））；相对于此，在侵权诉讼中，即便在第一审中未认可无效抗辩，控诉审中可以主张与新的对比文件相关的无效抗辩[2]。因此，撤销审理决定诉讼中与公知文献甲进行对比时认定了具有创造性，无效审理决定被撤销，相对于此，侵权诉讼的法院与公知文献甲进行对比时同样认定了具有创造性，但是，同时与其他公知文献乙的关系中认定为没有创造性，或者基于违反可实施要件等的其他法条认定无效理由，以此可以驳回请求。

两个诉讼中特许有效性结论不同的情况的动向如下。

①侵权诉讼的一审或控诉审中基于特许有效的判断作出判决，但是未确定权利人胜诉的判决期限。无效审理决定生效时，会造成权利自始不存在（特 125 条），侵权诉讼中会作出驳回请求的判决（或者特许权人预想到该结果而撤回诉讼）。

---

[1] 高部真规子：《特许诉讼实务》，第 282 页。

[2] 但是，还有以超出攻击防御方法的提交期限为由被拒绝受理的情况（民诉 157 条 1 款）。

②侵权诉讼中基于特许有效的判断认定侵权的判决生效之后，无效审理决定生效时，以往该事由构成侵权诉讼的再审事由（民诉 338 条 1 款 8 项），但是，通过平成 23 年的特许法修订（平成 23 年法律第 63 号），在再审中无法主张无效审理决定的生效（特 104 条之 4）。

③侵权诉讼中基于特许无效的判断驳回请求判决生效，但是，之后无效审判中无效不成立的审理决定生效时，侵权诉讼中并不能将其作为再审事由，权利人不能行使权利。

④与③不同，侵权诉讼的审理中无效不成立的审理决定生效时，鉴于特许法 167 条的宗旨，可以解释为，无效审判请求人即侵权诉讼的当事人不容许诉讼中基于同一事实以及证据进行无效主张[1]，因此，基于与无效审判中相同的事实以及证据进行无效抗辩时，法院通常判断为无效抗辩不成立。

此外，特许法应试图调整法院与特许厅：

①法院在有侵权诉讼提起时，以及诉讼完结时，将其主旨通知于特许厅长官；

②接收到①的通知的特许厅长官向法院通知对有无其特许权的审判请求以及驳回受理决定、审理决定或者请求撤回；

③接收到②的审判请求的通知的法院在侵权诉讼中作出特许无效的主张时，向特许厅长官通知其主旨；

④接收到③的通知的特许厅长官，可以向法院请求传送侵权诉讼的诉讼记录中审判官认为在该审判中必要的文件副本传送（特 168 条 3 款 ~6 款）。如上，特许法制定出方法以达到如下程度：法院和特许厅之间在侵权诉讼和无效审判的进展等方面进行信息交换，相互能够把握无效主张、审判请求的有无以及内容。

（2）用于获得适宜的有效性判断的对策

（ⅰ）权利人、疑似侵权人的共同注意点

如上所述，现在认可侵权诉讼中主张的无效抗辩，实际上，大多情况是，同时讨论无效审判、撤销审理决定诉讼中的无效主张和侵权诉讼中的无效

---

[1] 市川正巳：“特许权侵权诉讼中的无效理由的判断”，载于牧野利秋等编：《知识产权法的理论和实务（2）特许法［Ⅱ］》，第 109 页。

抗辩。

自无效审判阶段开始，应注意侵权诉讼和无效审判在特许的有效性主张、举证上不能产生矛盾。

如上所述，侵权诉讼和撤销审理决定诉讼在同一时期在知财高院审理时，知财高院在运行上考虑由相同的合议组进行审理。一方面，由相同的合议组进行审理时，共同的争议焦点相关的判断在各诉讼中不会产生矛盾。但是，另一方面，两诉讼中的当事人的主张、证据有抵触时，在相同的合议组进行审理时反而会显露其差异。在高院的审理阶段中，可能同时进行的两诉讼中提出的主张、举证相抵触的情况很少见，但是，可能会发生侵权诉讼的第一审与无效审判案件中的主张、举证不一致的情况。可能在知财高院的阶段同时审理时，应该考虑上述危险，尽快消除这种差异。特别是在无效审判、撤销审理决定诉讼是专利代理师单独作为代理人，侵权诉讼与无效审判、撤销审理决定诉讼的代理人的构成不同。这样的情况下，如本章 2、3 所述，代理人之间的沟通是重要的。

撤销审理决定诉讼的代理人需要作出努力，以理解与侵权诉讼在程序、审理范围上的不同、侵权诉讼中的心证形成，同样，侵权诉讼的代理人有必要意识到撤销审理决定诉讼在审理范围、撤销理由、程序进展上与侵权诉讼的不同。

（ⅱ）疑似侵权人一方的注意点

基于特许法 104 条之 3，侵权诉讼中应进行特许无效的主张（或者让侵权诉讼的代理人作出），应积极进行包含技术性事项的无效理由的主张、举证。

一方面，即便在侵权诉讼中可以进行无效主张，也不能说明无效审判或撤销审理决定诉讼失去了重要性。为了防止通过订正再一次尝试权利行使的风险，要求具有对世性的无效审理决定的生效，如果限制订正的时间，则无效审判程序是有效的。另一方面，即便侵权诉讼中的无效理由的主张以时间上延误的攻击防御方法为由被判为不合适，有时也可以在无效审判中进行主张。因此，无论侵权诉讼中的无效主张成立与否，重要的是努力达到无效审判、撤销审理决定诉讼中的胜诉。

（ⅲ）权利人一方的注意点

与疑似侵权人相反，根据特许法 104 条之 3 认定为特许无效时，侵权诉讼的请求有可能会被驳回。作为撤销审理决定诉讼的代理人，首先，对侵权诉讼同样完成与撤销审理决定诉讼相同的主张、举证，以防发生所持有的权利行使被否定的情况。并且，在其与侵权诉讼的代理人不同的情况下，要求两者进行合作。特别是为了避免发生对于法院作出的容易想到性等相关的技术水准的主张、举证并不充分，但其并不以申请时而是以裁判时的技术水平判断容易想到性的情况，对该方面必须作出充分的举证。

另外，基于平成 23 年的特许法修订，提起撤销审理决定诉讼后是不认可订正审判申请的。在侵权诉讼中，还有一些情况是，需要根据对方的无效主张的内容分析是否请求更正，但是，在无效审判过程中，只有在无效审判程序的一定期限内才可进行更正请求。因此，对于无效审判以及撤销审理决定诉讼的代理人而言，对于侵权诉讼中以“因更正的原因无效抗辩不成立，并且侵权产品属于更正后的权利要求书内”为主旨的主张，需要适宜决定其需要与否以及提出时机。另外，在进行更正的情况下，同样，应与侵权产品进行充分的对比分析之后确定更正的内容，以避免更正后的范围在侵权诉讼中会导致非侵权的结论。

（本多广和・江幡奈步）

第3章

特许撤销审理决定诉讼的建议（各论）

1　撤销事由的分析

(1) 前言

对审理决定结论不服的当事人需要充分分析审理决定的结论是如何导出的，更具体而言，需要充分分析审理决定理由中的哪些部分有怎样的认定判断错误。因此，重要的是，需要分析审查决定理由中具体认定判断是否存在影响审理决定结论的缺陷。即便审理决定存在缺陷，但该缺陷不会对审理决定结论产生影响时，也无法撤销审理决定[1]。

下面对审理决定的结构进行概述之后，详细叙述撤销事由的提取方法以及主张要点。

(2) 审理决定的结构

为了分析审理决定的撤销事由，首先需要理解审理决定的结构[2]。审理决定由结论和理由构成，但是，在撤销审理决定诉讼的诉状中，“请求宗旨”中记载有对“审理决定结论”部分撤销的请求，诉状的“请求理由”中对“审理决定理由”的不服具体记载为撤销事由。

对于典型的审理决定的所谓没有创造性的驳回理由、无效理由而言，对此判断的“审理决定理由”部分是遵循创造性的判断方法，一般是如下结构。

①本发明；

②引用发明的认定；

③本发明和引用发明的对比（相同特征、区别特征认定）；

④区别特征判断；

---

❶ 最一小判昭和51·5·6（昭和45年（行ツ）第32号）裁判集民117号459页有如下判示：审理决定撤销诉讼中，对于构成对象的、作为行政处分的审理决定而言，一般来说，尽管被认定为具有影响审理决定结论性质的程序上的缺陷的情况下，明确其缺陷并不影响审理决定结论时，即这种特别的事情存在时，应解释该缺陷并不构成审理决定撤销的原因。

❷ 审理决定的电子数据可以通过从特许厅电子图书馆（IPDL）的“审判检索”中选择“审决公报”或“审决速报”，并输入审判编号，从而简单获取。

⑤作用效果判断；

⑥总结。

"①本发明"中，通常直接引用权利要求书的记载❶。此外，大多数情况下，驳回决定不服审判的审理决定中记载为"本申请发明"，特许无效审判的审理决定中记载为"本发明"，但是，本部分中统一使用"本发明"。本发明的认定有时称为"发明要旨的认定"❷。

"②引用发明的认定"中，作为主对比文件的一个出版物（驳回决定不服审判的审理决定中，通常以出版物 1 举出，但是，无效审判的审理决定中，并不限于请求人以甲第 1 号证据提出的文献）的具体记载被引用之后，该出版物中记载的发明按照本发明的构成进行认定。

"③本发明和引用发明的对比"中，对比在上述①中认定的本发明和②中认定的引用发明，认定相同特征和一个或多个区别特征❸。

"④区别特征判断"中，判断本领域技术人员是否从引用发明中容易想到一个或多个区别特征。具体地，可作如下判断：例如，还引用了与主对比文件不同的其他出版物（副对比文件），并认定为"甲第 2 号证据中记载的发明"等，以区别特征记载在甲第 2 号证据等为由，在引用发明中组合甲第 2 号证据等中记载的发明而容易想到该区别特征。还可作如下判断：通过引用更多的出版物来代替副对比文件中记载的发明，或与副对比文件同时引用，认定某技术性事项为公知技术之后，区别特征从副对比文件以及公知技术容易想到，或者区别特征自身为公知技术（本发明的特许申请时的技术水平）。对于该判断而言，大多在审理决定中记载有组合引用发明、副对比文件记载的发明或公知技术的具体动机分析，或记载有组合两者的阻碍事由分析。

"⑤作用效果判断"中，在发明属于化学等效果预测性低的领域的情况下，有时需对其进行补充。在此，判断本发明的作用效果是否显著，大多数情况是，如果并不显著则否定创造性，如果显著则肯定创造性。

"⑥总结"中，记载有由上述认定判断导出的、符合具体法条规定的结论。

---

❶ 偶尔有并不是直接引用权利要求书的记载，通过补正明确的笔误或参照说明书记载等补正词语的使用。

❷ 最二小判平成3・3・8（昭和62年（行ツ）第3号）民集45卷3号123页，竹田稔：《〈发明要旨认定和权利要求的记载〉判例百选》（3版），第138页"甘油三酯的测定方法"（脂肪酶案件）。

❸ 只有相同特征没有区别特征时，新颖性（特29条1款）会被否定。另外，还有较多情况是，暂且确定区别特征之后，经过判断，该区别特征并不是实质性区别特征，因而新颖性被否定。这种新颖性认定判断程序，同样适用特许法29条2中的与在先申请发明相比的同一性判断。

（3）撤销事由的提取和主张要点

（i）前言

撤销审理决定诉讼的诉讼标的是审理决定的违法性。在诉状或者庭前书面文件中，对于审理决定的认定判断作出具体性地认可与否之后，提出审理决定的撤销事由，并指出审理决定在结论中违法事项。

首先，想要提起撤销审理决定诉讼的人，需要从审理决定得出结论的理由的具体认定判断中提取出审理决定的错误，并将此作为审理决定的撤销事由❶。即参照上述的创造性判断方法时，可能会在审理决定中实施创造性判断方法的各阶段中产生认定错误、判断错误，因此，典型的创造性相关审理决定的撤销事由其形式如下：

①本发明认定错误
②引用发明认定错误
③本发明和引用发明对比（相同特征、区别特征认定）错误
④区别特征判断错误
⑤作用效果判断错误

对此，还可分类为：①～③是事实认定错误，④和⑤是法律判断错误。一般而言，作为事实认定错误，假设有如下案例：审理决定基于引用发明认定错误，在本发明和引用发明对比中作出错误的相同特征认定。此类案例中，本发明和引用发明的区别特征被忽略，因此，审理决定对该被忽略的区别特征不进行判断，因而审理决定被撤销的可能性会高，实际上，撤销的审理决定大多属于这样的事实认定错误❷。

---

❶　下面主要阐述接受驳回审理决定的审判请求人或者接受无效审理决定的特许权人找出撤销事由时的注意点，但是，适当地也会提到接受无效不成立审理决定的无效审判请求人分析撤销事由时的注意点。

❷　产业构造审议会知识产权政策部会特许制度小委员会审查基准专门委员会在“《创造性》的案例研究”中，同样记载着：“在创造性成为论点的裁判中，对判示为特许厅判断错误的情况而言，从对比文件中认定引用发明时，过分地接近本申请发明来认定引用发明的情况较多”〈http：//www.jpo.go.jp/shiryou/kijun/kijun2/pdf/tukujitu_casestudy/progre_jp.pdf〉。

关于具体的撤销事由，假设从以缺乏创造性为由判断本发明无效的特许的审查决定中提取撤销理由，这时应考虑分析一个或多个案例。此外，除上述的审理决定结构对应的撤销事由之外，还可以考虑如审判阶段中采取了依职权审理时未通知无效理由的违法行为。

撤销事由 1　引用发明认定错误
撤销事由 2　本发明和引用发明的相同特征的认定错误
撤销事由 3　本发明和引用发明的区别特征忽略
撤销事由 4　区别特征 1 判断错误
撤销事由 5　显著作用效果忽略

在这里，将撤销事由 1、2 单独作为撤销事由来进行主张，此时，即便审理决定的“引用发明认定”以及“本发明和引用发明的相同特征的认定”存在错误，其自身并不会对审理决定的结论产生影响。这是因为，审理决定是基于引用发明认定错误，错误地作出本发明和引用发明的相同特征认定，因此两者的区别特征被忽略，其结果是区别特征判断的遗漏才会对该审理决定的结论产生影响。因此，将上述撤销事由 1～3 总结成一个撤销事由（能够对审理决定的结论产生影响的事由）的方法较为优选。

由此，审理决定的记载例和实际撤销事由的关系如图 2 所示。

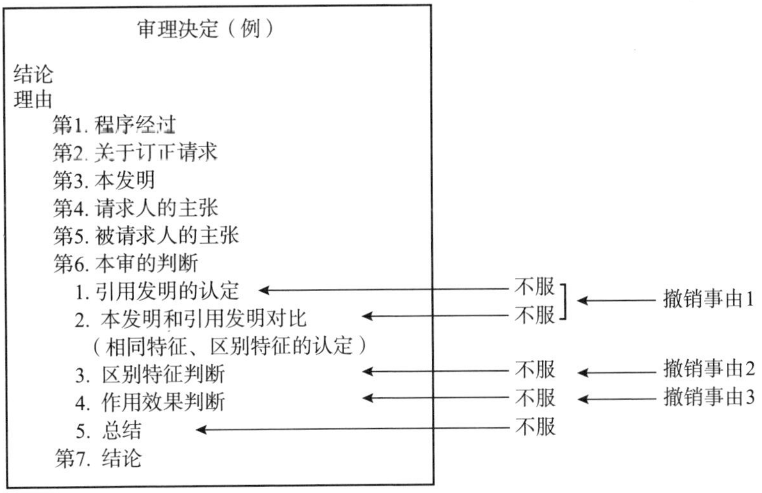

图 2　审理决定的记载例和撤销事由的关系

此外，关于撤销事由的构成，还有如下见解："只有'基于特定对比文件记载的发明，是否容易想到本发明'这样的一个无效理由成立与否的判断存在错误时，才会构成独立的撤销事由"（高部真归子《实务详说　特许关系诉讼（第 2 版）》325 页）❶。依据此见解，上述的撤销事由 1 ~ 5 最终要成为一个撤销事由。

（ⅱ）各论

（A）"①本发明认定"的错误

在审理决定结构中，如上述所示，在"本发明"栏里，通常直接引用权利要求书的记载，因此，一般在创造性判断中的如下步骤即"本发明和引用发明对比"、"区别特征判断"中，即便对权利要求书中的特定术语进行的解释存在问题，也很少出现"本发明认定错误"单独构成撤销事由的情况。

本发明在技术上难以解释时，审理决定可能错误地作出"本发明认定"。如果解释成本发明的理解在技术上存在困难时，需要作出努力使法院能够理解本发明的内容。具体而言，在记载撤销事由之前设定"本发明说明"等项，除本案说明书、附图之外，引用其他特许公报、论文、大学教授的意见书等（需要将这些同样作为证据提出），且运用图表来说明本发明的背景技术、本发明相关的权利要求书各构成要件的技术性意义。在之后进行技术说明会时也可以使用这些技术性意义的说明。

收到驳回审理决定的审判请求人或者收到无效审理决定的特许权人，在主张自己的特许申请相关的发明或者特许发明的独特效果时，必须注意不宜进行如下主张：在脱离权利要求的措辞且权利要求包含现有技术的情况下，主张实施例级别的发明和引用发明的构成之间的区别特征，或者以具有此区别特征为前提主张独特的作用效果。无效审判请求不成立时对审理决定不服的请求人，需要分析审理决定中的发明要旨认定是否脱离权利要求措辞以实施例级别进行认定。

此外，"本发明"在审理决定确定订正被认可的情况下，或者在审理决定确定在先进行的特许无效审判中订正请求被认可的情况下，订正后的发明自然

---

❶ 塚原朋一："无效审理决定撤销诉讼的审理范围及其限制事由"，载于牧野利秋等编：《知识产权法的理论和实务（2）特许法（Ⅱ）》，第 342 页，其作出如下记载："基于某引用发明容易想到特许发明的撤销审理决定诉讼中，容易想到这部分是主要事实，其他个别具体性推理过程相关的主张并不是主要事实。"

会被认定。但是，在特许无效审判的审判程序中提出订正请求，但此订正请求未被认可，并对特许进行无效判决时，在对这样的特许无效审理决定提起诉讼的情况下，对订正请求未被认可不服则也可将“订正请求判断错误”作为撤销事由进行主张。此时，依据原告的主张，“本发明”需是“（虽未确定）订正后的发明”，即“订正发明”，因此，需以“订正后的发明”为前提，与引用发明进行对比。由此，可能会主张相比于审理决定认定更多的区别特征应被认定等的撤销事由。另外，将订正请求判断错误作为撤销事由进行主张的同时，还要考虑其判断不存在错误的情况，这时，对基于订正前发明进行的审理决定，对其违法性，也要预备性地主张撤销事由。

（B）“②引用发明认定”的错误

从审理决定认定的主对比文件中找出的具体记载判断，对比文件记载的发明（“引用发明”）并未记载在对比文件中，在此情况下进行主张。具体而言，有如下情况：审理决定中引用（审理决定中大多称为“摘记”）的对比文件中是否存在该记载，或者虽然存在这样的记载，但仅从此记载中无法导出审理决定认定的“引用发明”。作为审理决定错误地作出引用发明认定的主要原因，可举出过度上位概念化对比文件中记载的技术性事项，或者技术上存在错误理解。审理决定对应着本发明构成而认定引用发明，因此，过分地想要接近本发明构成会造成错误❶。

引用发明认定错误会成为如下错误的主要原因：创造性判断方法中的“本发明和引用发明对比”步骤中对两者的相同特征、区别特征认定错误。此时，审理决定对此忽略的区别特征不进行判断，因而存在以此审理决定违法为由进行撤销的可能性。

这里说成“存在……可能性”的原因在于，“②引用发明认定错误”是创造性判断方法相关步骤中的初期阶段，因此，还有可能该错误不会影响至审理决定结论。例如，不少情况是，在引用发明认定中，即便进行了过度接近本发明构成要件的认定，在其下一步“本发明和引用发明对比”中，其特征不会构成与本发明的相同特征，反而正确认定为区别特征。另外，不少情况是，假

---

❶ 知财高判平成19·3·28（平成18年（行ケ）第10211号）法院HP如下认定并认可了请求：审理决定认定出版物2中“公开了一种多层膜，其为了在整个可视光下具有高反射特性，以交替方式积层高折射率介电质和低折射率介电质，且以各层的光学厚度上具有梯度的方式积层”，并且，通过出版物2认定“为了整个可视光下具有反射特性，对折射率不同的两层进行积层，且使光学层上具有厚度梯度”为公知。该审理决定在知晓本申请发明之后从出版物2的记载中执意要找到相应内容，则只能导致认定错误。

设审理决定中引用发明认定存在错误，由此忽略了与本发明的区别特征，即便这样，该忽略的区别特征对于本领域技术人员来说是公知技术，或者是审理决定认定的副对比文件中记载的技术性事项。

这样的情况下，以“②引用发明认定错误”作为撤销事由进行主张，撤销审理决定诉讼中判断审理决定存在该错误，即便这样，因并不对审理决定结论产生影响，因此不构成撤销事由。即便主张了这样的撤销事由，以下情况仍然较多：辩论准备程序中，法院要求解释清楚是否维持该撤销事由。如果认为审理决定作出的引用发明的认定自身存在错误且其对审理决定结论产生影响的话，最好将“（基于引用发明认定的）本发明和引用发明之间的相同特征认定错误（忽略区别特征）”等作为实际撤销事由。

引用发明一般在与本发明构成出版物的主对比文件中找出，由于错误认定本发明要旨，可能会发生错误选择不应构成主对比文件的出版物的情况，还有可能发生会从主对比文件中提取的引用发明出现错误的情况。此时，首先认可引用发明的认定，同时，在下一步骤“③本发明和引用发明的对比”中，主张本发明构成要件的技术性意义，以此主张相同特征的认定错误（忽略区别特征）。

此外，对于无效不成立审理决定而言，对其请求撤销时，尽管在主对比文件中记载了本发明相关的内容，但如果没有指出其具体的记载，则指出引用发明认定错误，基于此，在下一步应分析是否可以主张相同特征忽略。对于审理决定认定本发明和引用发明的区别特征并判断该区别特征不容易得到的情况而言，一旦与该区别特征相关的本发明构成记载于主对比文件中的主张成立，则无须主张区别特征的容易想到性，就可以以审理决定违法为由进行撤销。即便审理决定中错误地作出了引用发明认定，只要其错误与相同特征、区别特征的认定错误无关，就不会对审理决定的结论产生影响，因而主张变得无意义。

（C）“③本发明和引用发明对比错误”

在审理决定中，通过对比本发明和引用发明，首先认定两者的相同特征。

对于驳回决定不服审判的请求人（特许申请人）、特许无效审判的被请求人（特许权人）等保护特许的一方当事人而言，可能较多的情况是：在对引用发明的构成被上位概念化的基础上，作出本发明和该引用发明的构成具有相同特征的决定不服的情况。而且，不仅引用发明的构成，本发明的构成也被上位概念化的基础上，判断两者具有相同特征的认定不服的情况也较多。需要参照审判案例等慎重判断审查决定作出的本发明或者引用发明的上位概念化后的对比，这在某种程度上是不可避免的，并基于该案例性质，判断其是否达到不可忽略的程度。

另外，按照措辞纯形式上理解本发明的构成时，本发明的构成被过度抽象化，其结果可能会被认为与引用发明的构成相同。此时，对本发明构成明确其技术性意义，由此能够以与引用发明具有区别特征为撤销事由加以主张。一般而言，权利要求书记载的技术性事项，经过审理阶段、审判阶段应已提炼成与现有技术相比具有构成上的差异，并根据情况进行订正请求，而且引用发明通常也是与本发明最接近的发明，因此，较少出现按照措辞纯属形式上理解本发明的构成的问题。因此，通常，对于本发明构成，按照权利要求书记载的措辞来进行主张。此外，对于本发明要旨认定而言，如上所述，所谓脂肪酶案件的判旨虽合理，但在要旨认定的前阶段中，容许参照说明书等的记载理解与发明相关的技术内容。另外，同判决在其解释上，仅判示为只记载在说明书等的构成要件不得添加在权利要求书中，但还可理解为，权利要求书记载并不具有多种含义且没有笔误时并不否定可以参照说明书等。对于是否可以参照说明书等的记载而言，可根据该案例的性质来决定，因此，此点也需要参照审判案例等慎重判断。

下面列举具体例进行说明。

本发明由“A + B”构成、引用发明是“A + C”时，不难理解：本发明和引用发明的相同特征是“A”，区别特征是“相比于本发明以 B 为构成要件，引用发明是 C”，可能不会存在对这样的相同特征、区别特征认定不服的情况。另外，本发明由“A + B”构成、引用发明是“a + C”（但 A 是 a 的上位概念）时，本发明和引用发明的相同特征视为“A”，区别特征是“相比于本发明以 B 为构成要件，引用发明是 C”（此时，进一步“相比于本发明以 A 为构成要件，引用发明是“a”被认定为区别特征之后，慎重判断的情况较多）。此时，争议焦点在于 A 和 a 的关系是否可以认定为上下位关系。此外，本发明由“A + b”构成、引用发明是“A + B”（B 是 b 的上位概念）时，本发明和引用发明的相同特征视为“A”，区别特征是“相比于本发明以 b 为构成要件，引用发明是 B”。本发明构成相比于引用发明的构成属于下位概念，此时无法将两者视为相同特征，应视为区别特征，因此，基于此作出的审理决定在特征认定上可能会出现错误。

接下来，审理决定中认定本发明和引用发明的区别特征。对于区别特征而言，其有多个时，如“区别特征 1”、“区别特征 2”，应分别认定。对保护特许的一方当事人而言，以具有区别特征来肯定创造性的情况较多，因此，对区别特征的认定本身不服的情况较少，应以更多的区别特征应当被认定为由加以主张。这里对于保护特许的一方当事人而言，可以考虑：细分区别特征时，容易判断各个区别特征容易想到，因此，可以考虑主张不应当分割区别特征的理由。重要的是，对于如何认定区别特征而言，取决于该案例的性质，因此，只是主张不应当分割区别特征时，推翻审理决定的判断的可能性低。因此，作为撤销事由，不能只依据区别特征认定，还应主张审理决定作出的对区别特征的判断。

一方面，在否定特许的一方当事人（特许无效审判的请求人）提起撤销审理决定诉讼的情况下，可以考虑以审理决定认定的区别特征并非区别特征而是相同特征为撤销事由加以主张。但是，在此情况下，也需要预备性地以审理决定认定的对区别特征的判断存在错误为撤销事由加以主张。

（D）“④区别特征判断错误”

审查基准在“第Ⅱ部 第2章 新颖性、创造性”、“2.4创造性判断的基本思路”中叙述道，“尝试建立如下逻辑：明确权利要求相关的发明特定事项和用于特定引用发明的事项之间的相同特征、区别特征之后，基于该引用发明或其他引用发明（包括公知技术、惯用技术）的内容以及技术常识，对权利要求相关发明否定其创造性。逻辑构建可基于多种观点、广泛观点加以实施。例如，分析权利要求相关发明是否来自引用发明的最优材料选择或设计变更或单纯组合，或分析引用发明的内容是否具有技术启示”。

审理决定通常是，对于本发明和引用发明的每个区别特征，举出与主对比文件不同的副对比文件，记载于此的发明认定为“对比文件2记载的发明”等；或者，举出多个对比文件，记载于此的发明认定为“公知技术”，之后，在主对比文件记载的发明（引用发明）中组合对比文件2记载的发明或公知技术，以此判断其区别特征是否容易想到。审理决定作出的区别特征判断中应该分析，是否认为审理决定作出的逻辑构建正确。对于判断本发明是否容易想到而言，这些在先文献中必须记载有能够达到本发明构成的启示等❶。对引用发明和副对比文件记载的发明或公知技术而言，两个发明为不同的技术领域且

---

❶ 知财高判平成21·3·25（平成20年（行ケ）第10261号）法院HP（用于治疗上呼吸道状况的木胶醇调和物案件）判示，“判断为容易想到本发明时，尝试着从在先技术内容分析中推测能够获得发明的特征点，但仅靠这种推测成立并不充分，必须存在已经可以获得该发明特征点的启示等”。知财高判平成21·1·28（平成20年（行ケ）第10096号）判时2043号117页（电路用连接部件案件）、知财高判平成21·3·25（平成20年（行ケ）第10153号）法院HP（从任意侧缘处容易进行横向撕裂的气泡缓冲片案件）也作出相同判示。另外，知财高判平成19·7·19（平成18年（行ケ）第10339号）法院HP（滚动屏幕案件）判示，在引用发明中并未找到特定技术构成，将特定技术构成适用于引用发明并作为发明的设计事项也并不容易，因此基于引用发明记载的技术事项以及公知技术否定发明创造性的审理决定被撤销。

两个技术领域的关联性很微薄，或两个发明所要解决的课题不同，或两个发明的作用、功能没有任何共通性，尽管如此仍被认为容易组合，在这种情况下，应当对区别特征的判断错误的撤销理由进行分析。

这样的“技术领域的关联性”、“课题的共通性”、“作用、功能的共通性”均是“引用发明内容中的启示”，同时，审查基准中的“第Ⅱ部　第2章　新颖性、创造性”、“2.5 逻辑构建的具体例”对“可赋予动机的事项”作出了总结。“赋予动机”通常是对引用发明和副对比文件中记载的发明或公知技术的组合进行分析，审理决定中有时明示其分析的过程和结果，有时并未明示。分析审理决定撤销事由时，与审理决定中是否明示赋予动机无关，需要分析是否存在结合引用发明和副对比文件的发明的动机。较多情况是，引用发明和副对比文件的发明的技术方向相同时容易判断为具有动机，技术方向相反时没有动机，因此，需要深度分析引用发明的技术意义和副对比文件记载的发明❶。此外，这样的分析不能局限于组合两个发明的动机，还要考虑其阻碍事由或主要原因。此时，可以以两个发明的组合存在阻碍事由为由，否定区别特征容易想到。

另外，因为审理决定是事后分析性判断，所以可能会引入特许申请后的内容，即可能会引入后见之明❷。在认为审理决定认定、判断是基于后见之明的情况下，如以本特许申请之前的证据中并未记载的本发明的课题作为给定前提，并将副对比文件记载的发明适用于引用发明的情况等，在这样的情况下，可以将这一点作为区别特征判断错误加以主张。

此外，对于否定特许的一方当事人（特许无效审判的请求人）而言，有时进行如下主张：对于引用发明和副对比文件记载的发明或公知技术的组合并不存在动机或者存在阻碍事由的审理决定判断，主张存在动机或不存在阻碍事由。即便审理决定未明示不存在动机或存在阻碍事由的情况下，可以将这些作为审理决定撤销事由加以主张，其与保护特许的一方当事人相同。

在分析审理决定撤销事由时，考虑到可能会以想象不到的理由维持审理决

---

❶ 知财高判平成21·12·22（平成21年（行ケ）第10080号）法院HP（一次性身体用热包裹物事件）判示，在引用发明的基础上结合适用意义、功能本质性不同的参考例，以此想到发热袋（Heat Cells）设置形状为X字形这一区别特征，其缺乏动机赋予，因此撤销审理决定。

❷ 上述知财高判的平成21·3·25（用于治疗上呼吸道状况的木胶醇调和物案件）如下指出，“是否容易想到的判断中，为了极力排除事后分析性判断、未基于逻辑的判断以及主观性判断，在发明所要解决的‘课题’的把握或者在先技术内容的把握上，需要注意不要无意识地融入本发明的‘解决方法’或‘解决结果’”，应排除后见之明。上述知财高判平成21·1·28（电路用连接部件案件）、知财高判平成21·3·25（从任意侧缘处容易进行横向撕裂的气泡缓冲片案件）也是一样。

定的情况，还应对审理决定依据的证据进行相反组合时将会如何进行分析，并进行公知技术的检索、分析。可能有如下原因：撤销审理决定诉讼的审理中，原则上无法追加新的主张、证据，但是，以与审理决定认定的“区别特征认定”不同的理由（如将审理决定认定的引用发明记载的文献中记载的其他内容作为“区别特征认定”加以采用）维持审理决定的结论，或者通过替换主对比文件和副对比文件来维持审理决定结论，或者提出公知技术。

（E）“⑤作用效果判断错误”

若在发明构成级别下的认定判断中创造性被否定的情况下，作为救济可以用审理决定中作出的“作用效果判断”来肯定创造性。❶ 因此，审理决定中，该判断作出时，大多数情况的结论为本发明的创造性被否定。

理论上，对于作用效果判断错误为撤销事由加以主张的情况而言，其前提大多是，构成级别下的“相同特征、区别特征认定错误（区别特征忽略）”“区别特征判断”中没有理由，但是，“作用效果判断错误”并不单独作为撤销事由加以主张，较多的情况是，以合并构成级别的特征事由来加以主张。

具体而言，如审查基准记载那样，主张为本发明具有：①与引用发明相比具有较大的有利效果，其与引用发明的效果是不同性质的；②虽为相同性质的效果但具有突出的优异效果，本领域技术人员无法预测这些效果。

当这些效果是本案件说明书中明确记载的效果，或虽未明确记载但本领域技术人员可从说明书或附图中推导出的效果时，即使是意见陈述书等中主张/证实（如实验结果）的内容也可以参考。❷

此外，据笔者所知，以取得所谓的商业成功来认可本发明的创造性的审判案例在日本不存在。在日本的审判案例中，以商业成功为由主张其创造性时，大多数情况是不具有特别理由则排斥其主张，有如下情况：①未直接影响容易想到性判断；②以商业成功混有特许以外的要素为由不认可主张；③指出无法作出因果关系的证实。

（黑川　惠）

---

❶ 知财高判平成 19・10・31（平成 19 年（行ケ）第 10031 号）法院 HP（硫线磷的微胶囊化制剂案件）判示，对申请所涉及发明的特定构成而言，即便认为本领域技术人员能够容易想到该特定构成，但是该发明带来的效果与本领域技术人员以其构成能够预测到的效果相比其效果显著时，可以认为本领域技术人员难以从具有这样效果的发明容易想到该发明。

❷ 参考东京高判平成 10・10・27（平成 9 年（行ケ）第 198 号）、知财高判平成 22・7・15（平成 21 年（行ケ）第 10238 号）法院 HP。

2 新颖性与扩大范围的在先申请

本项中，首先说明作为特许权授予要件之一的新颖性的意义，然后对撤销审理决定诉讼中围绕新颖性应进行怎样的主张、证实进行解说。

(1) 新颖性的意义

(ⅰ) 总论

日本采用特许制度的宗旨是，作为发明公开的补偿授予该发明的独占权，以此鼓励发明人公开发明，进而为产业发展作出贡献（参考特1条）。因此，对于已公开、不值得授予独占权的发明，授予特许权是不适合的。因此，特许法规定了新颖性要件，对于已公开、无新颖性的发明（包含申请前发明人自己公开的发明）不授予独占权（特29条1款）。

无新颖性的发明具体指：①特许申请前日本或外国已公开知晓的发明；②特许申请前日本国内或外国已公开实施的发明；以及③特许申请前日本国内或外国颁布的出版物记载的发明或通过电信线路的方式让公众可利用的发明❶。

特许法29条1款各项的事由成为无效事由（特123条1款2项），即便无新颖性的发明授予特许，也可采取无效审判。

(ⅱ) 新颖性判断的时机基准

发明是否具有新颖性的判断以“特许申请时”为基准，既不是发明完成时，也不是发明公开时❷。例如，上午10点发明已公开知晓，即便同日下午2点对其发明提出特许申请，以该特许申请属于特许法29条1款1项为由作出

---

❶ 根据平成11年的修订（平成11年法律第41号），由于交通工具的发展、互联网等信息通信手段的发展，相比于现行法制定时国外公知、公用的事实的调查变得容易，因此，公知、公用的地理性基准从国内扩大到世界。另外，该修订鉴于互联网等信息通信手段的发展，因为通过网络公开的技术信息在增加，因此，对于通过互联网等公开的发明，与出版物同样地作为公知判断的资料加以利用（特许厅编：《工业所有权法逐条解说（第19版）》第80页以下）。

❷ 在特许法39条（先后申请关系）、72条（利用关系）规定的情况下，并不以“时”而以“日”的先后关系进行判断。

驳回决定（但有如下例外：按照同法 30 条规定以新颖性丧失的例外处理、基于巴黎公约可以主张优先权（特 26 条、巴黎公约 4 条））。

（ⅲ）已公开知晓的发明（公知发明）（特许法 29 条 1 款 1 项）

特许法 29 条 1 款 1 项规定，作为新颖性丧失理由包括特许申请前日本国内或外国已公开知晓的发明。平成 11 年修订前是限于国内公开知晓的发明，但是，经过同年修订，基于同法外国已公开知晓的发明也成为新颖性丧失的对象。

这里，“公开”是指脱离秘密的状态。只要脱离秘密就足以，与知晓人的多少无关。知晓发明的人若有多人时，只要是作为发明人而应保守秘密的关系人（特定人），其发明就仍然处于秘密圈内，因此，并不是“已公开知晓的发明”。相反，并不是作为发明人应保守秘密的关系人（不特定人）知晓发明时，即便是一个人，该发明已经脱离秘密状态，因此成为“已公开知晓的发明”（参考东京高判平成 12・12・25（平成 11 年（行ケ）第 368 号）法院 HP、松尾和子《公知的意义和守秘义务判例百选（第 3 版）》22～23 页、东京高判平成 14・12・16（平成 13 年（行ケ）第 85 号）法院 HP 等、吉藤幸朔《特许法概说（第 13 版）》77 页以下、中山信弘编著《注解特许法上卷（第 3 版）》230 页以下）。

此外，有时，按照社会观念或者商业习惯默默希望、期待发明人在没有特别的明示或要求下也要保守秘密时，产生了作为发明人应保守秘密的关系，以此公开性被否定（前述东京高判平成 12・12・25、知财高判平成 22・7・20（平成 19 年（ネ）第 10032 号）法院 HP）。

接着，对于“知晓”而言，即使是要解释成必须实际知晓还是只要处于能够知晓的状态就足以存在争论，❶ 但是，应以前者那样解释（相同宗旨的判示有东京高判昭和 54・4・23（昭和 52 年（行ケ）第 71 号）无体集 11 卷 1 号 281 页）。其在措辞上忠实，在解释成能够公开知晓的状态就足以时，文言解释上特许法 29 条 1 款 3 项成为与 1 项重复的规定。另外，从证据上证实处于能够公开知晓的状态，除特殊的反证以外则推定为公开知晓，因此，也不会导致特别的不合理（参考田中秀幸《公用的意义和保密义务判例百选（第 3 版）》25 页）。

---

❶ 中山信弘《特许法（第 2 版）》第 122 页示出：确实，按照文理解释的话，能够知晓的状态下公知，则特许法 29 条 1 款 2 项、3 项的一贯性成为问题。但是，作为现实问题，难以证明第三人知晓的情况也较多，可能会在知晓至某程度的状态下才得以公知。特许法 29 条 1 款 1 项至 3 项效果相同，严格区分各项无实际意义。

(ⅳ) 已公开实施的发明(公用发明)(特许法29条1款2项)

特许法29条1款2项规定，作为新颖性丧失理由包括特许申请前日本国内或外国已公开实施的发明。经过平成11年的修订，实施场所还包含外国，这一点与同款1项相同。

对于“实施”的意义，特许法2条3款对其进行了规定，“公开”的意义与同法29条1款1项相同。并且，发明的实施行为公开，则满足“公开实施”的要件。

本项中，只要处于公众能够认知到发明的实施状态就足以(东京高判平成16·3·24(平成14年(行ケ)第213号)法院HP)。❶ 但即使处于有必要认知发明的内容且公众能够认知发明的实施品的状态下，解释发明的内容几乎是不可能，在这种案例中应解释为不丧失新颖性(东京地判平成17·2·10(平成15年(ワ)第19324号)裁时1906号144页；中山编著，前述232页以下；增井和夫、田村善之《特许判例指南(第4版)》16页等)。

(ⅴ) 出版物记载的发明(特许法29条1款3项)

(A)“出版物”的意义

特许法29条1款3项规定，作为新颖性丧失理由包括特许申请前在日本国内或外国记载在出版物中的发明。

“出版物”是指，“以面向公众因颁布而公开为目标进行复制的文书、图画等其他类似的信息传输介质”(最二小判昭和55·7·4(昭和53年(行ツ)第69号)民集34卷4号570页)。据同案最高院判决，以对公众通过颁布进行公开为目标进行复制的情况如下：①被视为能够预先满足公众要求的相当程度的份数从原件复制并广泛提供于公众以期待公众阅览；②原件本身被公开致使公众自由阅览，且在及时响应公众要求无怠慢地交付其复印件的预备状态下，每次有公众要求时复印原件并交付。❷

---

❶ 平成12年修订的审查基准中，同样，将“公开知晓的状况”以及“可能会公开知晓的状况”下实施的发明作为公开实施的发明。

❷ 此外，对于特许法29条1款3项解释中的上述“公众”的意义，同判例作如下解释，“已公布的出版物中记载的发明是处于公众能够看到的状态的出版物中记载的发明，因为对其没有异议，特许法29条1款3项揭示的出版物记载的发明，即便并不是公众实际上知晓的，只要处于知晓状态足矣，但是，原本公众是指不特定人，进一步地，理应预计为多人，因此能够处于不特定、多人能够知晓的状态的发明即为该出版物公开的发明”(最高法院判例解说民事篇(昭和55年度)(小西礼)238页)。

（B）“颁布”的意义

接下来，“颁布”是指，处于公众能够阅览的状态（东京高判昭和 39・10・22（昭和 35 年（行ナ）第 8 号）裁タ172 号 174 页、东京高判昭和 43・4・30（昭和 42 年（行ケ）第 141 号）裁タ224 号 264 页等）。对于还没有来自公众的要求、复制物未交付的阶段是否也可以称之为“颁布”存在争议，对此问题，最一小判昭和 61・7・17（昭和 61 年（行ツ）第 18 号）民集 40 卷 5 号 961 页作出如下示出：对于使用特许厅（本厅以及 5 个所的支所）设置的显示屏幕复制特许说明书原件的缩微胶卷而言，在公众阅览其内容并复印于普通纸上能够完成其复印件交付的状态下，判断为该缩微胶卷作为出版物被“颁布”。作为比较近期的审判案例，知财高判平成 21・12・24（平成 21 年（行ケ）第 10110 号）法院 HP 作出如下示出：确认中国台湾公众可自由阅览正本时，证实申请文件中说明书等的复制物的公告本颁布。

此外，对于一般附有发行日的杂志而言，除确认到与发行日不同的年月日颁布的特别的事情以外，可推定其在发行日或接近于此的时日颁布（东京高判平成 3・4・16（平成 2 年（行ケ）第 60 号）判エ（2 版）537 的 6 页以及 6161 的 2 页）。

（ⅵ）通过电信线路的方式让公众可利用的发明（特许法 29 条 1 款 3 项）

另外，特许法 29 条 1 款 3 项规定，作为新颖性丧失理由包括特许申请前在日本国内或外国通过电信线路的方式让公众可利用的发明。

“电信线路”是指，通过有线或无线可双向通信的电信手段，因此，只能单向传递信息（例如，播送）的除外（特许厅编《工业所有权法逐条解说（第 19 版）》82 页）。

而且，“公众可利用”是指发明所公开的内容是公众可以看到的状态。个人之间的私信邮件、只有特定人（具有保密义务的人、特定公司的员工等）能够访问的信息，不能称之为“公众可利用”（特许厅编，前述 88 页）的信息。

（ⅶ）扩大范围的在先申请

对于特许申请相关的发明而言，该特许申请日前的其他特许申请或实用新型申请在该特许申请后，作出特许公报的发行或申请公开或实用新型公报的发行，且与请求书最初附加的说明书、权利要求或实用新型的权利要求或附图相同时，对该发明不授予特许权（特 29 条之 2）。

即，特许法 29 条之 2 规定如下：对特许刊载公报的发行或申请公开的在先申请而言，对于与该在先申请的说明书或附图记载的发明相同的在后发明来说，在后申请在申请时，即便不存在符合同法 29 条 1 款各项的在先发明（例如，在后申请在申请时公开知晓的发明不存在），因为在先申请的存在，原则上无法授予特许权（在先申请的范围扩大）。❶ 其是以下述宗旨为基准设定的规定：与作出申请公开等的在先申请的说明书或附图记载的发明相同的在后申请的发明，因为其没有公开新颖的技术，因此否定其特许性较为合理。此外，申请人或发明人相同时，不适用本规定（特 29 条之 2 但书、括号文）。

在先申请的申请以在后申请的申请之后特许公开公报上登载的申请为对象（特 29 条之 2）。请求公开申请之后撤回时，由于申请已被公开，因此也构成对象（东京高判平成 2・7・19（参考平成元年（行ケ）第 123 号）无体集 22 卷 2 号 402 页），但是未公开的申请不构成对象。

对于特许法 29 条之 2 的适用与否而言，认定在先申请相关的发明之后，认定在先申请相关的发明和在后申请相关的发明的相同特征、区别特征，判断两个发明是否实质相同，但是，较多争议焦点在于：①本申请（在后申请）相关的发明的认定；②在先申请相关的发明的认定；③两个发明的相同特征、区别特征的确认（在先申请在申请时的公知技术的认定、可否对在先申请相关发明添加或适用公知技术、两个发明实质相同与否）相关的审理决定判断是否合理。

特许法 29 条之 2 独自的问题即上述②、③的问题，即在在先申请相关的发明的特定或实质相同的判断中对公知技术的适用允许至何种程度，对此知财高判平成 19・2・6（平成 18 年（行ケ）第 10152 号）法院 HP 作出如下示出："即便是容易想到无效审判请求人引用的公知文献中的公知技术适用于在先申请的程度，也不能称之为对于在先申请的记载而言适用这样的技术是显而易见的，因此，需慎重判断公知技术的适用。"另一方面，知财高判平成 19・3・26（平成 18 年（行ケ）第 10296 号）法院 HP、知财高判平成 18・5・31（平成 17 年（行ケ）第 10681 号）法院 HP、知财高判平成 18・5・30（平成 17 年（行ケ）第 10420 号）法院 HP 等示出，基于在先申请说明书的公开内容，比较容易地证实对在先申请说明书公开的发明添加或适用公知技术，其判断方法反倒接近创造性的判断方法。

---

❶ ①在先申请的说明书等公开的发明人和在后申请的发明人相同的情况（特许法 29 条之 2 括号内）；②在后申请在申请时，在先申请和在后申请的申请人相同的情况（同条但书）是例外，可授予特许权。

对特许法29条之2的适用与否的判断而言，非常微妙*的案例有很多，但是，作为代理人，有需要在充分分析在先申请说明书的全部记载或审理决定举出的公知技术相关的公知文献等的内容以及两者的关系等之后，构建主张、证实。

（2）新颖性判断的要点

审理决定中对发明新颖性判断按如下进行：①存在争议的发明的要旨认定；以及②作为特许法29条1款各项揭示的发明所引用的发明（引用发明）认定；之后③分析两个发明有无相同性。在撤销审理决定诉讼中，争论相关特许厅的判断过程是否存在违法点，然后对其进行审理。

作为一个例，举出知财高判平成18・8・31（平成17年（行ケ）第10635号）法院HP的相应部分。

> 对本发明和引用发明3的对比及判断，进行如下分析。
>
> （1）本发明的要旨如权利要求1的记载（所述第2、2），即“一种固体燃料火箭的燃烧室的形状，其特征在于，固体燃料火箭的燃烧室设有燃烧面积增加用的多个圆环形的横向凹槽”。
>
> （2）基于对比文件3的记载，即“现有的球形火箭发动机构成图1所示的构造。(1）为球壳状的火箭壳，在其内面设有耐热衬垫（2)。(3）是内面燃烧型固体推进药，内孔（9）以花形成形的同时，为了应力缓和与发动机喷嘴的轴线呈直角地形成有多个环状的裂缝（3a)”（1页左下栏17行至右下栏3行），如审理决定认定的那样，对比文件3记载有“在固体燃料火箭的燃烧室设有多个环状的槽的固体燃料火箭的燃烧室的形状”，即认定为引用发明3已有记载（对于此点原告也认可）。
>
> （3）本发明和引用发明3进行对比时，如审理决定认定的那样，两者是在“固体燃料火箭的燃烧室中设有多个环状的槽的固体燃料火箭燃烧室的形状”这一点上一致，关于多个圆环形的横向凹槽，本发明中特定为“燃烧面积增加用的”，引用发明3中并未对此进行特定，在此点上不同（原告也认可这些点）。
>
> （4）确实，对比文件3中并未明确记载“环状的缝隙（3a)”是“燃烧面积增加用的”，但是，引用发明3中的“环状的槽”与没有其的情况

---

* 日本人一般把容易受人为因素的影响或者判断处于灰色地带的情况称作“微妙”。——译者注

相比，燃烧面积仅增加了其表面积程度，从其构成自身能够客观地明确到所谓“燃烧面积增加用的”此点。因此，无法将所述区别特征确定为实质性区别，只能认为本发明与引用发明3相同。

(5) 综上所述，本发明与引用发明3相同，因此，本申请特许违反了特许法29条1款3项的规定，以同法123条1款2项为由，应判无效。与其相同宗旨的审理决定并未存在错误。

下面具体解说撤销审理决定诉讼中新颖性的判断要点。

(ⅰ) 关于权利要求发明的认定

(A) 权利要求书记载的重要性

首先，对于权利要求相关发明的认定来说，在没有特别情形下，应基于权利要求书的记载进行认定，只有对权利要求书的技术性意义无法毫无疑义地明确地理解的特别情形存在时，才允许参考说明书中关于发明的详细说明记载(最二小判平成3·3·8（昭和62年（行ツ）第3号）民集45卷3号123页(脂肪酶案件))。

但是，对于发明的要旨认定而言，在没有特别情形下，“应基于权利要求书的记载进行认定”，其并不意味着，在对说明书中关于发明的详细说明或附图全然没有理解的状态下可以认定发明的要旨。应该阅读说明书中关于发明的详细说明或附图，理解发明的技术思想之后，确定权利要求书意指的技术性范围。此点，在最高法院判例解说民事篇（平成第3年）39页（盐月秀平）的脂肪酶案件中也叙述道：“因为权利要求书的记载是对发明的要旨或权利范围相关的事项（构成要件）进行凝缩并记载，因此，大部分情况是，仅仅通过通读无法把握其含义内容。……本判决提示如下理论：在认定发明要旨的过程中，为了明确发明相关的技术内容，有必要阅读发明的详细说明或附图记载，但是，在理解技术内容之后确定作为发明要旨的技术性事项的阶段中，不能添加只在发明的详细说明或附图中记载的构成要素以超出权利要求书的记载。”

例如，东京高判平成3·9·19（平成3年（行ケ）第14号）知财集23卷3号681页示出，“低温流动性轻油组合物”的本申请发明的权利要求书中的“石蜡（Paraffin）”的术语在精细化工（Fine Chemical）技术领域中，通常以固体石蜡（Paraffin wax）含义来使用，但也在包含凡士林（Petrolatum）或者流动石蜡等的广义中使用，因此未必一定毫无疑义地、明确地确定其含义，需要对应其所使用的技术领域来分别定义其技术含义。因此，根据本申请发明的权利要求书记载，对于是否可直接确定本申请发明中的“石蜡”是指何种物质，其“含量”是用何种方法来进行测定等事宜，石油化学技术领域的技术人员无法毫无疑义地理解时，应允许参考发明的详细说明理解其技术性意义。

另外，对于发明的要旨认定而言，作为对最初申请时的技术常识进行斟酌并判断的案例，例如，东京高判平成12・2・17（平成9年（行ケ）第302号）法院HP指出，“杂聚合物系蛋白质”的申请发明是将对象用于诊断药、治疗药的医药用途，对于这种情况而言，该领域中作为技术常识，即不优选含有超过可接受限度量的杂质是显而易见的，因此，在发明要旨认定时不容忽略“不含源于能够用于其制造的宿主细胞以外的其他人蛋白质、不含其他激素”的技术性限定，认为该限定并不是申请发明的构成要件的审理决定在发明要旨认定上存在错误，该错误能够影响否定该申请发明新颖性的审理决定结论，因此存在审理决定的撤销事由。

另外，请求书应附加的说明书中使用的术语能够对其含义进行定义而以特定含义使用（特规24条・样式* 29之8），因此，在权利要求书以外的说明书以及附图中定义或说明权利要求记载的术语（用于特定发明的事项）含义内容的情况下，在解释其术语时应考虑该定义或说明（参考知财高判平成18・7・11（平成17年（行ケ）第10609号）法院HP）。

认定的发明要旨和发明的详细说明的记载抵触时，会出现违反特许法36条的问题（参考本书后述4“特许法36条的判断”）。

（B）方法限定的产品权利要求

用制造方法限定物品的发明的权利要求称为“方法限定的产品权利要求”。

对于方法限定的产品权利要求而言，在与侵害论的关系中如何解释其特许发明的技术性范围，以及在与特许有效性的关系中应如何进行其发明要旨的认定，这些都成为问题。

对于同权利要求相关的特许发明的技术性范围而言，在审判案例上分别进行判断，其审判动向受到关注，对其知财高判平成24・1・27（平成22年（ネ）第10043号）法院HP（大合议判决）示出，应分成“真正方法限定的产品权利要求”和“不真正方法限定的产品权利要求”两种情况来考虑。该判决作出如下判示：“因为存在申请时不可能或难以通过其构造或特性直接进

---

* 日本特许法施行规则中规定了各种程序中应提交的表格或文件的格式，此处称为“样式”。——译者注

行物的特定的情形，因此通过制造方法来对其进行特定时”的权利要求被定义为“真正方法限定的产品权利要求”，同权利要求中，该发明的技术性范围“不能限定于权利要求书记载的制造方法，以与同方法制造的物相同的物”进行解释；相对于此，“附加记载物的制造方法时，不能视为存在申请时不可能或难以通过其构造或特性直接对成为该发明对象的物进行特定的情形时”的权利要求被定义为“不真正方法限定的产品权利要求”，同权利要求中，该发明的技术性范围解释为以“权利要求书记载的制造方法制造的物”进行限定。

另外，同知财高院大合议判决中，对无效审理决定中的发明要旨认定也示出了严格的判断。

到目前为止，方法限定的产品权利要求相关的发明要旨认定中，不管制造方法如何，意指最终得到的产物，其理解为承认最三小判平成9·9·9（平成9年（行ツ）第120号）取消集70卷109页、东京高判平成14·6·11（平成13年（行ケ）第84号）判时1805号127页（光盘聚碳酸酯成型材料案件）等判例。

相对于此，所述知财高院大合议判决中，对方法限定的产品权利要求情况下的无效审判中的发明要旨认定，与特许权侵权诉讼中的特许发明的技术性范围认定方法的情况相同，①成为发明对象的物的构成，并不基于制造方法，在申请时不可能或难以通过其构造或特性直接进行物的特定的情形存在时，其发明要旨是并不限定于权利要求书记载的制造方法，应认定为涉及“物”；但是，②不能视为存在上述①这样的情形时，其发明要旨应认定为限定于通过记载的制造方法制造的物。

（ⅱ）作为特许法29条1款各项揭示的发明进行引用的发明（引用发明）的认定

（A）特许法29条1款各项的发明的认定

（a）公开知晓的发明（特许法29条1款1项）

如上述所述，公开知晓的发明是不特定人在现实中已知晓的发明。通常通过演讲、说明会等被知晓的情况较多，通过这些演讲、说明会等的内容中说明的事实认定发明（参考审查基准第Ⅱ部第2章“新颖性、创造性”1.5.3（1））。并且，在对说明的事实进行解释时，可以参考当时的技术常识，将其作为发明认定的基础（同基准）。

（b）公开实施的发明（特许法29条1款2项）

“公开实施的发明是将机械装置、系统等作为介质，在不特定人公开知晓的状况或有可能公开知晓的状况下实施的发明，因此，基于构成介质的机械装置、系统等的具体化事实认定发明。”（参考审查基准第Ⅱ部第2章“新颖性、创造性”1.5.3（2））具体化到机械装置、系统等的事实解释中，与上述（a）相同，可以参考技术常识。

（c）出版物记载的发明（特许法29条1款3项）

对于“出版物记载的发明”而言，在对该出版物的记载事项解释时可以参考技术常识。通过参考该出版物颁布时的技术常识，从该出版物记载的事项导出的事项，也可以作为出版物记载的发明的认定基础。对于此点，知财高判平成20·6·30（平成19年（行ケ）第10378号）法院HP如下判示：在结晶性阿奇霉素二水合物的物的发明的新颖性存在争议的案例中，为了确认某公知例，即特许法29条1款3项规定的出版物，需要进行“以申请日前的本领域技术人员掌握的技术常识以及技术水平为基础，能够容易知晓该公知例记载的结晶是结晶性阿奇霉素二水合物”的判断，如果只有以申请日后的技术常识以及技术水平为基础，才能将该文献记载的结晶A理解成是结晶性阿奇霉素二水合物，则不能认为该公知文献是同号的出版物。

（B）其他注意点

（a）附图的参考

对于申请相关的附图而言，为了容易理解技术思想即方案，将其作为用于理解说明书记载的技术性事项的补助手段加以使用。仅通过附图，对于说明书中未记载且附图上也没有明确记载的事项，以具有技术性含义来读取，原则上是不可行的（东京高判平成7·3·7（平成4年（行ケ）第113号）判エ（2版）483页、东京高判平成12·6·29（平成11年（行ケ）第302号）法院HP等）。

（b）引用发明认定中的以上位概念和下位概念表现的发明的处理

引用发明以下位概念表现时，基于其能够认定以上位概念（收集同族性或者同类性事项进行综括的概念，或者基于某共通的性质综括多个事项的概念）表现的发明。相反，引用发明以上位概念表现时，因为未示出以下位概念表现的发明，除非通过参考技术常识来导出以下位概念表现的发明，否则无法认定以下位概念表现的发明（参考审查基准第Ⅱ部第2章“新颖性、创造性”1.5.3（4））。

对于此点，东京高判平成15·10·30（平成14年（行ケ）第65号）法院HP示出如下：“未附有限定的上位概念因为包含附有特定限定的下位概念，决定认定如下：将引用发明的含有特定的摩尔比的水玻璃和限定微粒度的微粒子渣以及消石灰的三成分的灌浆材料与其上位概念即本发明的含有水玻璃和微粒子渣以及消石灰的三成分的灌浆材料进行对比，认定了相同特征即‘微粒子渣’‘水玻璃’以及‘消石灰的灌浆材料’……其不存在任何错误”，基于以下为概念表现的引用发明认定上位概念，证实了与本申请发明之间的相同性。

(ⅲ) 权利要求相关的发明和引用发明的同一性判断

权利要求中应记载认为必要的事项以特定发明，这在法律上已明确（特36条5项）。因此，将权利要求相关的发明和引用发明进行如下对比：认定权利要求相关的发明的用于特定发明的事项和引用发明的用于特定发明的事项之间的相同特征以及区别特征。并且，作为对比的结果，当权利要求相关的发明的特定事项和用于特定引用发明的事项之间不存在区别特征时，权利要求相关的发明不具有新颖性。相对于此，两者存在区别特征时，权利要求相关的发明具有新颖性。

发明的要旨根据发明的构成进行定义，因此，发明的同一性原则上取决于发明的构成是否相同，并不取决于发明的目的、课题或作用效果的异同（例如，东京高判昭和59・6・28（昭和56年（行ケ）第84号）裁タ536号290页、东京高判平成3・12・26（平成元年（行ケ）第57号）裁时1421号106页、东京高判平成15・4・10（平成14年（行ケ）第264号）法院HP等）。

对于构成的相同性而言，并不需要形式上记载相同，而是指技术构思的相同性（实质相同性）。例如，东京高判平成5・2・2（平成3年（行ケ）第11号）判エ（2版）291的30页示出，在审理申请相关发明的相同性时，作为其判断方法，在认定本申请发明的要旨和对比文件的技术性内容之后，对比两者的构成，此时，两者在其构成上相同是指包括即便认为两者之间在构成上有区别但可理解为实质上属于相同的范畴的情形，两者在构成上的区别仅仅是构成变更，此时两者在其构成上实质相同。

(A) 对于作用、效果的相同性能够斟酌到何种程度

如上所示，相同性的判断中构成的相同仍被重视，即便主张了目的、效果的区别但无意义的情况较多。例如，东京高判平成5・2・24（平成3年（行ケ）第268号）判エ（2版）291的31页示出，“适用于口腔黏膜的粉末状药学性组合物”的本申请发明的目标产物和对比文件的组合物，在其构成上相同以外，客观上对比文件的组合物同样也具有本申请发明的组合物的长期稳定化效果，即便对比文件并未认识到此效果，且硬脂酸的添加目的是作为润滑剂

添加，但是，其并不对组合物的构成相同性产生影响，本申请发明发现了对比文件发明中作为润滑剂添加的硬脂酸具有作为稳定化剂的效果，并将其作为硬脂酸的添加目的，这样单纯的效果认识以及目的不同，不足以区分两个发明。

但是，在判断构成的相同性时，可以参考作用、效果。即对于发明的相同性判断而言，区别特征相关的构成导致两个发明带来的作用、效果显著不一致，以此认可了发明力，其构成的差异并不是单纯的设计变更或构成变更（东京高判平成8·5·14（平成6年（行ケ）第133号）判时1572号119页等）。

（B）对于目的、课题的不同能够斟酌到何种程度

如上所述，本申请发明和对比文件中的单纯目的、课题的不同对相同性的判断不具有影响（最一小判平成2·3·15（昭和62年（行ツ）第140号）判エ（2版）345的12页等）。

另外，例如，即便是用于解决不同的技术课题的发明，但以结果公开的技术性事项相同时，也认为发明是相同的（前述东京高判平成3·12·26）。

（C）选择发明

下位概念的发明并未具体公开于公知发明，而且相比于公知发明具有显著的优异效果时，则认可其新颖性以及创造性。对于此点，平成12年修订的审查基准中，将选择发明的作用效果的问题整理成创造性问题（参考审查基准第Ⅱ部第2章“新颖性、创造性”2.5（3）③）。同审查基准公开后的东京高判平成15·12·25（平成14年（行ケ）第524号）法院HP示出：显著作用效果未被认可的下位概念的发明，其新颖性无法被认可。但是，知财高判平成20·6·4（平成19年（行ケ）第10373号）法院HP示出：即便已公知化合物的宽范围的通式，个别化合物的新颖性不会丧失。

申请的发明是申请前颁布的出版物中记载的发明的上位概念时，申请的发明的新颖性被否定（东京高判平成12·9·19（平成11年（行ケ）第360号）法院HP）。

（3）与创造性之间的关系

认可与公知发明之间的相同性则新颖性被否定，不认可相同性则肯定新颖性。但是，接下来还会分析基于公知发明是否能够容易进行发明，即分析创造

性的有无。例如，对比文件记载的发明不可实施时，原则上基于该记载并不否定新颖性，但是，基于对比文件的启示能够容易获得实施可能的发明时，可能会否定创造性（东京地判平成 18・1・30（平成 16 年（ワ）第 12180 号）判时 1931 号 137 页等）。

（服部　诚）

3 创造性的判断

（1）创造性

对于驳回决定不服审判的审理决定或特许无效审判的审理决定提起的撤销审理决定诉讼中，创造性的驳回理由或无效理由成为主要争议焦点的情况较多。在新颖性的判断中只有本发明和引用发明的相同性成为问题，通常，能够在本发明和引用发明之间发现一些区别特征。因此，在较多的撤销审理决定诉讼中，围绕创造性有无的争论展开攻防。

作为创造性基准的特许法 29 条 2 款规定如下。

> 特许法 29 条 2 款
>
> 特许申请之前，对于掌握该发明所属技术领域中的常规知识的人员来说，基于前款各项揭示的发明容易实现发明时，该发明不符合本款规定，无法授予特许权。

即，根据如下事宜进行创造性的判断：掌握该发明所属技术领域中的常规知识的人员（本领域技术人员❶）基于现有技术是否能够容易完成发明。这样的判断必须客观，但却容易主观。因此，特许厅作出审查基准并公开。审理决定中对创造性有无的判断，原则上以特许厅的审查基准记载的思路为基础。因此，理解特许厅的审查基准在撤销审理决定诉讼中很重要。

由此，下面对创造性相关的特许厅的审查基准进行概述。

（2）创造性的判断基准

基于特许厅的审查基准，创造性的判断如下：准确把握好权利要求相关的

---

❶ “对‘本领域技术人员’作如下假设：掌握本申请发明所属技术领域的申请时的技术常识，能够使用通常的技术手段进行研究、开发，能够发挥材料的选择或设计变更等的通常的创造能力，并且，作为自己知识能够掌握本申请发明所属技术领域的申请时技术水平的所有内容”，参考审查基准第Ⅱ部第 2 章“新颖性、创造性”2.2（2）。

发明（以下有时称为“本发明”）所属的技术领域中的申请时的技术水平之后，时常考虑若是本领域技术人员应该怎样，判断基于引用发明所属的领域的技术人员能够容易想到权利要求相关的发明的逻辑构建是否可行。逻辑构建可行时，权利要求相关的发明的创造性被否定，逻辑构建不可行时，无法否定创造性（参考审查基准第Ⅱ部第2章“新颖性、创造性”2.4）。

具体而言，按照如下①~⑤顺序进行。

①认定权利要求相关的发明以及引用发明（一个或多个）。

②选择引用发明中最适于逻辑构建的一个引用发明。

③对比权利要求相关的发明以及引用发明。

④找出权利要求相关的发明与引用发明之间的相同特征、区别特征。

⑤基于该引用发明或其他引用发明（还包含公知、惯用技术）的内容以及技术常识，尝试进行对于权利要求相关的发明可以否定其创造性存在的“逻辑构建”。若逻辑构建可行，则判断为“无创造性”，若逻辑构建不可行，则判断为“有创造性”。

(i) 权利要求相关的发明以及引用发明的认定

首先，在创造性判断时，对权利要求相关的发明要旨进行认定。除特别情形以外，其要旨认定基于请求书附加的说明书和权利要求书的记载。[1] 上述顺序①对权利要求相关的发明以及引用发明（一个或多个）的认定，其方法与“新颖性判断方法”相同（审查基准第Ⅱ部第2章“新颖性、创造性”1.5.1~1.5.4）。

但是，本领域技术人员基于相应出版物记载以及当时的技术常识判断时，即便出版物中并未记载若为物的发明时作出其物、若为方法发明时能够使用其方法，但是基于本领域技术人员的技术水平能够作出该物，或者能够使用该方法时，该出版物记载的发明也能够成为否定创造性的引用发明（审查基准第Ⅱ部第2章“新颖性、创造性”2.4（3））。

---

[1] 脂肪酶案件的最高裁判决（最二小判平成3·3·8（昭和62年（行ツ）第3号）民集45卷3号123页）判示如下：除特别情形以外，其要旨认定应基于请求书附加的说明书和权利要求书的记载。无法毫无疑义地、明确理解权利要求书的记载的技术性意义，或者对其记载明显为笔误的情况基于说明书的具体实施方式的记载即可明确等特殊的情形存在时，容许参考说明书具体实施方式的记载。

（ⅱ）创造性有无判断的逻辑构建

在上述顺序⑤创造性有无判断中的逻辑构建是否可行分析中，对如下事项进行分析：①是否属于最优材料的选择或者设计变更、单纯组合；②引用发明的内容是否存在能够赋予动机的内容；③从说明书等的记载，可否明确把握与引用发明进行比较的有利效果。

首先，①的最优材料的选择或者设计变更、单纯组合是本领域技术人员通过常规的创造能力发挥而得到的，在区别特征只存在于这些特征并没有其他能够推定创造性存在的根据时，通常认为该发明是本领域技术人员容易想到的（参考东京高判昭和48·6·29（昭和44年（行ケ）第7号）裁工2095的410页、东京高判平成7·2·15（平成6年（行ケ）第82号·第83号）、东京高判平成10·7·16（平成9年（行ケ）第86号）。

接着，对于②，ⓐ技术领域的关联性；ⓑ课题的共通性；ⓒ作用、功能的共通性；ⓓ引用发明内容中的启示等可用于否定创造性存在的逻辑构建中，能够成为本领域技术人员导出权利要求相关发明（动机赋予）的依据。

对于“技术领域的关联性”而言，例如，弹球游戏机（Pachinko Game Machine）技术运用于自动贩卖机技术是具有容易想到性的案例（东京高判平成9·6·24（平成8年（行ケ）第103号））、设于相机的测光电路的入射控制元件适用于自动闪频仪的测光电路是具有容易想到性的案例（东京高判昭和57·3·18（昭和55年（行ケ）第177号）判工2509的67的418页）等。对于“课题的共通性”而言，例如，以课题共通因而组合引用发明合理为由否定创造性的案例（东京高判平成3·6·27（平成2年（行ケ）第182号）、东京高判平成10·3·31（平成7年（行ケ）第5号））；即便并未意识到引用发明与本发明具有共通的课题，但认为本发明的课题是显而易见的，由此否定创造性的案例（东京高判平成8·5·29（平成4年（行ケ）第142号）、东京高判平成9·10·16（平成7年（行ケ）第152号））。

另外，权利要求相关发明的发明特定事项和引用发明特定事项之间的作用、功能共通，引用发明特定事项之间的作用、功能共通，可成为如下事项的依据：通过引用发明的组合否定权利要求相关发明的容易想到性（参考东京高判平成10·10·15（平成8年（行ケ）第262号））。

另外，引用发明的内容中存在对于本发明的启示时，其可作为本领域技术人员导出该发明的有力证据（参考东京高判昭和53·3·30（昭和51年（行ケ）第19号）判タ369号393页、东京高判昭和62·11·18（昭和61年（行

ケ）第240号）判エ2097的1393页等）。

此外，关于上述③，即从说明书等的记载，明确把握与引用发明进行比较的有利效果时，作为可参考的有利事实以证实创造性的存在（参考东京高判昭和52·9·7（昭和44年（行ケ）第107号）无体集9卷2号598页、东京高判平成10·7·28（平成8年（行ケ）第136号）等）。

（3）创造性作为驳回、无效理由的审理决定撤销事由

（ⅰ）创造性作为驳回、无效理由的审理决定的构成

在审理过程或判断过程中，创造性的判断是按照上述基准、顺序进行的。因此，其审理决定的构成也反映上述顺序。典型的审理决定的构成如下。

①本发明要旨认定 ②引用发明认定 ③相同特征、区别特征认定 ④区别特征判断 ⑤结论

（ⅱ）创造性作为驳回、无效理由的审理决定撤销事由的类型

分析审理决定撤销事由时，通常，以审理决定的上述构成为前提，分别对①本发明要旨认定；②引用发明认定；③相同特征、区别特征认定；④区别特征判断是否存在错误进行分析。

这里，从特许申请人或特许权人角度考虑，对否定本发明创造性的审理决定提出撤销事由时，其类型大致分为如下两种类型：一种类型是“区别特征忽略、判断遗漏型”，审理决定应认定为本发明和引用发明之间的区别特征，审理决定反而将其误认为相同特征，导致该区别特征被遗漏；另一种类型是“区别特征错误判断型”，审理决定对相同特征、区别特征的认定不存在错误，但错误判断该区别特征（错误判断容易想到区别特征相关构成）。

对于这两种类型中的前者（“区别特征忽略、判断遗漏型”）而言，存在下述两种情况：①和②的任意一个或者两个发生错误导致的③中的相同特征的误认或区别特征的忽略的情况；①和②均不存在错误，但③中存在相同特征的

误认或区别特征的忽略的情况。不管属于何种情况，原本应在③中作为本发明和引用发明的区别特征认定之后，在④中判断该区别特征是否容易想到，尽管如此，审理决定遗漏了对该区别特征的判断而否定了本发明的创造性，这点构成了撤销事由。但是，即便是在审理决定忽略了某区别特征、遗漏了对该区别特征容易想到性的判断的情况下，如果审理撤销审理决定诉讼的法院认为该区别特征相关的构成容易想到，审理决定不存在对结论产生影响的违法事项，因此无法被撤销，需要注意这一点。因此，在实务上较为妥当的处理方式是补充主张审理决定遗漏判断的区别特征并不容易想到。

另外，对于这两种类型中的后者（“区别特征错误判断型”）而言，主张④中的区别特征的审理决定判断存在错误，因此，有必要参考上述的“创造性有无判断的逻辑构建”相关的各种要素、相关的审判案例，将审理决定判断存在错误的具体依据作为证据进行构建。在从特许申请人、特许权人的角度指出审理决定判断中的错误时，对于本发明和引用发明的区别特征，主张适用副对比文件即公知技术并不存在动机或存在阻碍因素的情况较多。

（ⅲ）以创造性为驳回、无效理由的审理决定撤销事由的书写格式

撤销审理决定诉讼的诉状或者第一次庭前书面文件中，审理决定撤销事由是如何构成的？在实务上，审理决定撤销事由有多个的情况较多，根据案例适当组合“引用发明认定错误”、“本发明和引用发明的相同特征、区别特征认定错误”、“区别特征判断遗漏”、“区别特征判断错误”等的撤销事由，以此构成庭前书面文件。

审理决定撤销事由的书写格式，可参考从法院 HP 等获得的撤销审理决定诉讼判决的“当事人主张”一栏的记载。下面列举从过去的撤销审理决定诉讼判决中示出审理决定撤销事由（简要部分）的参考例。

①审理决定错误作出本发明和对比文件之间的区别特征相关的判断，其结果否定了本发明的创造性，应以违法为由对其予以撤销。

②审理决定错误认定本发明与对比文件的相同特征，并作出错误判断：容易得到本发明的构成要件 A，其结果否定了本发明的创造性，因此应予以撤销。

③对各对比文件中记载了审理决定认定的技术性事项，以及本发明和对比文件 1 记载的发明仅在导电性粒子这一构成上存在区别，其他点上相同予以认可。但是，审理决定误认各对比文件记载的技术内容，区别特征判断错误，其结果是错误否定了本发明的创造性，因此构成违法，应予以

撤销。

④如下所述，审理决定ⓐ在判断本发明和引用发明的区别特征时错误认定引用发明；并且ⓑ忽略本发明带来的显著的作用效果，其结果得到了对于本领域技术人员来说基于引用发明容易想到本发明的错误结论，应以违法为由对其予以撤销。

⑤审理决定忽略了本申请发明和对比文件1记载的内容之间的其他区别特征。审理决定作出错误的本申请发明的要旨解释，忽略了本申请发明和对比文件1记载的内容之间的其他区别特征，因此，作出了错误判断，即代替对比文件1记载的油过滤容器的过滤部，采用对比文件2记载的过滤装置的构成时得到本申请方案，并且忽略了本申请发明带来的效果，其结果否定了本申请发明的创造性，因此应以违法为由对其予以撤销。

⑥对比文件中记载有审理决定认定的技术性事项，对其不予争论。但是，审理决定忽略了本发明和对比文件记载的发明的区别特征，并且，对其认定的区别特征作出错误判断，其结果错误否定了本发明的创造性，因此构成违法，应予以撤销。

⑦如下所示，审理决定忽略了本发明的无法预测性和作用效果显著性，否定其创造性是判断错误，因此构成违法不得不予以撤销。

⑧审理决定忽略了本发明的以纤维或者单纤维形成透过性元素的构成所带来的显著的作用效果，其结果错误作出对于本领域技术人员来说容易想到该构成的判断。

⑨审理决定错误作出本发明中的过热条件（撤销事由1）以及白云石的配合比率（撤销事由2）的各构成相关的容易推导性的判断，并且，错误作出作用效果的显著性的判断（撤销事由3），其结果否定了本发明的创造性，因此以违法由予以撤销。

⑩审理决定错误作出如下判断，因公知技术、惯用技术容易想到本申请发明的认定是违法的，须撤销。审理决定认定为：本申请发明和对比文件1以及2是接受来自被摄体的反射光，将其转换成电量，“其电量通过积分电路进行计算……以发光量转为适宜曝光的方式控制的自动光量控制闪光发射装置，在这一点上特征相同”，该认定存在错误。本申请发明的测光关联的计算电路在对比文件1以及2中并未公开。

⑪各对比文件记载了审理决定认定的技术性事项，对于审理决定认定的本发明和对比文件1记载的发明所具有的相同特征以及区别特征不予争论，但是，审理决定忽略了本发明带来的显著的作用效果，由此错误作出

区别特征 1 的判断，其结果是错误作出对于本领域技术人员来说容易想到本发明的判断，因此构成违法，应予以撤销。

⑫从对比文件 1 记载的技术并不容易预测到本发明的技术课题，并且将对比文件 2 中记载的技术转用到上述技术中时，无法容易地得到“使节拍装置的起步变得自动化”的发明。审理决定错误作出对上述各点的认定判断，其结果是错误作出基于对比文件 1 以及对比文件 2 容易想到本发明的判断，应以违法为由予以撤销。

（4）以创造性为驳回、无效理由的审理决定撤销事由主张中的注意点

下面对创造性的判断基准、庭前书面文件中的撤销事由的书写格式等进行解说。在本节中主要对以创造性为争议焦点的撤销审理决定诉讼中，对于创造性有无的主张举证中的一般的注意点以及具体的注意点进行叙述。

（ⅰ）一般的注意点

（A）对于违法缺陷必须主张

撤销审理决定诉讼的对象是“审理决定是否违法，是否应该被撤销”。因此，审理决定中即便存在对比文件记载的技术事项的认定中的缺陷，以及本发明和引用发明的对比中的相同特征、区别特征判断中的缺陷等，如果该缺陷不能使审理决定达到违法程度，其就无法成为审理决定的撤销事由。

分析审理决定撤销事由时，应仔细阅读审理决定，对认为审理决定中错误认定事实的点、错误的理由构建、法律解释上或者技术解释上无法接受的记载、不合理的判断等进行罗列之后，有必要判断这些是否为使审理决定达到违法程度的重大错误。构成审理决定判断的逻辑存在错误时，这种逻辑构建自身会成为审理决定撤销事由。

此外，多个缺陷成为一体构成审理决定撤销事由时，各个缺陷并不分别构成审理决定撤销事由。此时，应将这些缺陷作为一体而构成审理决定撤销事由来进行主张。

（B）不可以主张新的无效理由、驳回理由

如上所述，撤销审理决定诉讼是对审理决定的违法性的审判。因此，在特许无效审判的撤销审理决定诉讼中，对于与特许无效审判中未审理判断的公知

事实进行对比的特许无效理由而言，撤销审理决定诉讼中不容许对其进行新的主张（最大判昭和 51・3・10（昭和 42 年（行ツ）第 28 号）民集 30 卷 2 号 79 页（织物编织机案件））。

对于此点，最大判昭和 51・3・10 判示如下，“参照法规定的对于特许相关处分的不服制度以及审判程序的构造和性质时，在对特许无效抗告审的审理决定提出的撤销诉讼中当其判断违法成为争议焦点时，在该审判程序中只对事实进行争论，并且，只有审理判断的特定的无效原因相关事项才应成为审判对象，对于其他无效理由，诉讼中将其作为审理决定的违法事由进行主张并请求法院判断是不容许，其应解释为法的宗旨。……由此，在审理决定的撤销诉讼中，对于与抗告审程序中未审理判断的公知事实进行对比的无效理由而言，不可以以审理决定违法为由进行主张，或者不可以以其合法为由进行主张”。

根据该判决的宗旨可解释为：对驳回决定不服审判的审理决定提出的撤销审理决定诉讼中，对于与审理决定中未审理判断的公知技术进行对比的驳回理由，不可以对其进行主张。❶

因此，撤销审理决定诉讼中，应以审判中审理判断的事项为基础构成主张，对于审判中未审理判断的事项不可主张。

（C）需进行一贯性的主张

否定创造性的判断通常如“本发明对于本领域技术人员来说通过组合对比文件 1 ~4 容易想到”那样，通过组合多个对比文件来进行。因此，从特许申请人或特许权人的角度想要获得“肯定创造性”的判断，就要主张组合这些对比文件不妥当。

对于主张对比文件的组合不妥当而言，可以主张组合这些对比文件的“动机不存在”，还可以主张组合这些对比文件的“阻碍因素存在”（参考东京高判平成元・5・25（昭和 62 年（行ケ）第 155 号）判工 657 的 12 页、东京高判平成 10・5・28（平成 8 年（行ケ）第 91 号）、东京高判平成 11・5・19（平成 9 年（行ケ）第 111 号）、东京高判平成 11・2・10（平成 10 年（行ケ）第 131 号）等）。对于主张组合对比文件的动机不存在而言，可考虑如下主张：①技术领域无关联性；②要解决的课题不存在共通性；③对比文件之间要替换的部件在作用、功能上不具有共通性等主张。

对于此，从主张特许无效的角度想要获得“否定创造性”的判断，就要进行与上述相反的主张。

---

❶ 例如，参考竹田稔、永井纪昭编：《特许审理决定撤销诉讼的实务和法理》，第 48 ~49 页。

法官在判断“本领域技术人员基于公知发明是否容易想到”时，只要是有说服力的主张，其以任何方式构成逻辑都可以。但是，为了作出有说服力的主张，其文件作为整体或者通过一系列庭前书面文件，需要作出无矛盾的、有条理的、有一贯性的主张。

（ⅱ）具体的注意点

（A）课题的把握和排除事后分析性以及非逻辑性思考的重要性

对于确切判断有无创造性而言，确切把握以本发明课题以及排除事后分析性且非逻辑性思考是很重要的。对于此点，知财高判平成 21・1・28（平成 20 年（行ケ）第 10096 号）判时 2043 号 117 页（电路用连接部件案件）判示如下，“特许法 29 条 2 款规定的要件的充分性，即本领域技术人员基于在先技术是否容易想到本申请相关的发明应以下述事项为基准进行判断：从在先技术出发，要得到相对于在先技术的本申请相关的发明的特征点（与在先技术不同的构成）是否容易。本申请相关的发明的特征点（与在先技术不同的构成）是该发明用以解决课题目的的事项，因此，为了客观判断有无容易想到性，需要确切掌握该发明的特征点，即确切掌握该发明的课题是必不可缺的。并且，在容易想到性的判断过程中，必须排除事后分析性且非逻辑性思考，为此，在掌握该发明作为目的的‘课题’时，需要注意不要在其中无意识地混入‘解决方法’、‘解决结果’的要素。并且，为了判断该发明的容易想到性，在分析在先技术的内容时，仅是能够达到该发明的特征点的推测成立是不充分的，显然还需要存在启示等以达到该发明的特征点”。从特许申请人、特许权利人角度分析否定本发明创造性的审理决定的撤销事由时，从上述判示的观点具体找出审理决定的错误是重要的。

（B）公知技术

否定创造性时，对于某些技术性要素，不出示引用文献，有时作如下判断，“化合物 X 作为 Y 剂所公知，因此，作为本发明的构成要件的 Y 剂使用化合物 X 是容易的”等。为了认定为公知技术，原则上需要认定如下事项：与该技术相关的公知文献存在很多，或刊登后经过相当长的岁月等其技术内容在本领域已被知晓。❶

另外，对于创造性判断中适用公知技术的一般基准而言，例如，东京高判

❶ 参考竹田稔等编：《特许审理决定等撤销诉讼的实务》，第 193 ~ 196 页。

昭和61·10·23（昭和58年（行ケ）第19号）法院HP判示如下："应斟酌包括特许最初申请时的公知技术的技术水平，但是，为了认定将公知技术适用于对比文件记载的发明等获得的特许申请相关发明的构成是容易的，需考虑以下前提条件，即适合将该公知技术适用于对比文件（具有适用上的适格性），并且，从技术合理性观点考虑时，能够或者相当于能够适用该公知技术获得本申请相关的发明的构成，而且，为了将公知技术视为具有适用上的适格性的技术，要求技术领域与对比文件记载的发明等以及特许申请相关的发明相同，还需要在技术构思方面上接近这些发明并具有与其共通的要素。"

此外，为了出示公知技术，提出新的公知文献是被认可的（最一小判昭和55·1·24（昭和54年（行ツ）第2号）民集34卷1号80页（食品包装容器案件）），但是，对于公知技术的主张、举证以及公知技术关联时的创造性判断中应注意的点，知财高判平成24·1·31（平成23年（行ケ）第10121号）判时2168号124页判示如下："本领域技术人员的技术常识以及公知技术，并不总是记载在特定的引用文献中，因此举证困难的情况是不少见的。但是，在主张、举证本领域技术人员的技术常识以及公知技术时，即便存在这样的困难实情：①在认定、确定本领域技术人员的技术常识以及公知技术时，不容许在脱离特定的对比文件的具体记载下，进行抽象化、概括化以及上位概念化处理；并且，②对于特定的公知文献记载的公知技术，当然无须穷尽主张、举证，就可将其认为本领域技术人员的技术常识以及公知技术；此外，③通过在主引用发明上组合副引用发明，是否容易得到该发明的区别特征相关的技术性构成，在对这样的判断构造进行省略的情况下作出容易的结论显然是不容许的。"

（C）显著的作用效果相关的主张

在有无创造性的判断中，通常对"发明的课题、目的""发明的构成"以及"发明的作用效果"进行综合性分析。此时，发明与技术构思的创作相关（特2条1款），"发明的构成"特定其技术构思，因此"发明的构成"上的相同特征以及区别特征仍然成为创造性判断的中心。但是，对于医药、化学发明等而言，强调发明的作用效果的显著性作为创造性主张理由的情况较多，现在较多的撤销审理决定诉讼中存在这样的主张。

此点对于"显著的作用效果"的处理而言，有如下几种说法：创造性判断中不参考作用效果的说法（非参考说）、基于作用效果判定构成的容易想到性的以间接事实解释的说法（间接事实说）、基于作用效果显著性以与构成的容易想到性不同的独立的创造性判断要件进行解释的说法（独立要件说）等。❶ 通常，在特许厅中的审理、审判实务和法院中的撤销审理决定诉讼中，作用效果的显著性被作为创造性肯定的要素予以考虑。

例如，东京高判昭和63・12・13（昭和60年（行ケ）第35号）判时1311号112页判示如下："对于'对于本申请发明的作用效果，应解释其不过是等同于第1对比文件中的作用效果'的审理决定判断，不得不说其是忽略了本申请发明的作用效果的显著性而作出的错误判断。另外，该审理决定以不论本申请发明的'作用效果是什么，都认为本申请发明的构成容易'为由，否定了本申请发明的创造性，其本身是错误的判断。本申请发明具有突出的显著的作用效果，该作用效果超出本领域技术人员基于第1对比文件以及第2对比文件记载的构成能够预想得到的范畴，应认可本申请发明的创造性，否定创造性的审理决定的判断是错误的，因此对以审理决定违法为由提起的撤销诉讼应予以支持。"

因此，在有无创造性成为争议焦点的多数撤销审理决定诉讼中，作用效果的显著性的主张是重要的。但是，终究应考虑以"发明的构成"上的区别为"主"、作用效果的显著性的主张为"辅"的方式来进行主张。无论如何，主张作用效果的显著性时需要明确其定位。❷

此外，作用效果的显著性相关的主张原则上应基于说明书记载的作用效果来进行。特别是，说明书中记载有与引用发明进行比较的有利的效果时，其作用效果的主张是有力的。但是，没有明确记载与引用发明进行比较的有利的效果，但当本领域技术人员从说明书的记载中能够推导出与引用发明进行比较的有利的效果时，意见陈述书等中主张、举证的效果是可以作为参考的。相反，未记载于申请说明书中的作用效果的主张，原则上无法被认可，因此需要注意。（参考东京高判平成10・10・27（平成9年（行ケ）第198号））❸

（D）选择发明

在医药、化学领域，有时以选择发明为由主张创造性。根据特许厅的审查基准，"选择发明"是指基于物的结构难以预测效果的技术领域所属的发明，

---

❶ 对于这些学说，在长泽幸男《〈创造性的认定（4）——显著的作用效果〉判例百选（第3版）》第40～41页中有详细介绍。

❷ 关于显著的作用效果的主张，参考竹田稔、永井纪昭编：《特许审理决定撤销诉讼的实务和法理》，第159～162页。

❸ 此外，此点与欧美国家的实务不同，因此经常被认为是有争议的问题。期待在实务中对此问题进行协调（Harmonization）。

从出版物中以上位概念记载的发明，或者在以事实上、形式上的选择项记载的发明之中，选择出包含在其上位概念中的下位概念的发明或者该选择项的一部分作为用于特定发明的事项进行假设时的发明，相对于在先的发明无法否定其新颖性。

总之，即便对其发明的构成在对比文件中以上位概念形式、抽象形式进行了记载，将实施例等中未具体记载的发明作为选择发明。例如，在化合物发明中，对比文件中以宽范围记载的通式中包含该化合物（本发明），但是，若判断到其对比文件中对该化合物的合成例也没有具体记载且该化合物并未实质公开，此时，该化合物认定为选择发明。

对于选择发明的创造性有如下判例：对于出版物中未记载的有益效果而言，相比于出版物中以上位概念示出的发明所具有的效果具有不同的效果，或者虽相同但具有突出的优异效果，这些对于本领域技术人员来说无法预测，此时，具有创造性（参考东京高判昭和38・10・31（昭和34年（行ケ）第13号）行集14卷10号1844页、东京高判昭和53・3・30（昭和51年（行ケ）第19号）判タ369号393页、东京高判昭和56・7・30（昭和53年（行ケ）第20号）判エ2119的196页、东京高判昭和62・9・8（昭和60年（行ケ）第51号）无体集19卷3号309页等）。

在选择发明的创造性主张中，认为显著的作用效果成为要点的情况较多，因此，希望参考上述的“作用效果的显著性”的主张相关的注意点。

(E) 数值限定发明

另外，大多数发明是现有技术改良相关的发明，通过限定现有技术的某个参数而特定的发明较多。[1] 在这样的情况下，还会基于其参数或者数值的限定主张创造性。

但是，根据某特定的数值限定主张创造性时，创造性的辩论则集中在其数值限定上，在此点上的创造性举证失败时创造性就会被否定，因此要注意。

作为数值限定成为焦点的案例，在从数值限定中发现创造性的发明中，对于有利效果的显著性而言，原则上，其需要满足数值范围内的全部部分（东

---

[1] 特许厅的审查基准第Ⅱ部第2章“新颖性、创造性”2.5（3）④中对数值限定发明记载如下。“对于通过数值范围以数量方式表现用于特定发明的事项的所谓的数值限定的发明而言：（ⅰ）通过实验方式最优化或优选数值范围是本领域技术人员通常的创作能力发挥，一般对此认为不具有创造性。但是（ⅱ）权利要求相关的发明，在限定的数值范围内，具有出版物未记载的有利的效果，即相比出版物记载的发明具有不同的效果，或者虽相同但具有优异的效果，这些对于本领域技术人员基于技术水平无法预测，此时具有创造性。”

京高判昭和55・12・8（昭和54年（行ケ）第114号）判工2095的1241页）。另外，对于“数值限定的临界性意义”，当权利要求相关的发明处于引用发明的延长线上时，即两者的区别仅在于数值限定的有无，而课题相同时，对于有利效果，要求在其数值限定之内和之外有量上的显著差异（东京高判平成元・10・12（昭和63年（行ケ）第107号）判工611的35页）。相反，课题不同、有益效果不同时，除数值限定以外，即便两者具有用于特定相同发明的事项，不要求数值限定具有临界性意义（东京高判昭和62・7・21（昭和59年（行ケ）第180号）判工2051的332页）。对于数值限定主张创造性时，有必要考虑这些案例。

此外，较多的情况是，发明以整体考虑时，没必要仅依据某特定数值来主张创造性，因此，至关重要的是，首先要对作为对象的发明本质进行深究。

（F）商业成功

商业成功可以作为有利事实予以参考，以对创造性是否存在进行肯定性判定。但是，需要说明其商业成功是基于本发明的技术性特征实现的（参考东京高判平成4・12・6（平成元年（行ケ）第180号）、东京高判平成9・7・10（平成8年（行ケ）第193号）等）。因此，在有无创造性的争论中主张商业成功时，只出示其发明相关的产品卖得火爆的事实是不充分的，需要示出该成功是技术性要件促成的。

（小林　浩・北原润一）

4 特许法36条的判断

特许制度是对于作出新的发明并向公众公开该发明的人员，作为回报赋予其对特许的发明享有一定期限独占权的制度。因此，想要成为独占权的对象并获得特许的发明必须明确记载在权利要求书中（特36条6款2项），另外，该发明必须是发明的详细说明中记载的事项，即属于发明的详细说明记载能够覆盖的范围（同款1项）。另外，对发明的详细说明有如下要求：对于获得独占权回报的发明公开而言，明确且充分记载发明以达到本领域技术人员能够实施的程度（同条4款1项）。

按照特许法36条的宗旨可将该条解释为特许权成立的依据，因此，在公认的理论中解释道：申请人或特许权人负有主张、举证的责任以确定请求书所附的说明书满足同条4款以及6款。❶ 审判实践中也有几个案例可支持该思路：知财高判平成17·11·11（平成17年（行ケ）第10042号）判时1911号48页、判タ1192号164页（偏光薄膜的制造法案件），知财高判平成18·2·16（平成17年（行ケ）第10205号）法院HP（结晶乳果糖三水合物（Crystal Lactulose Trihydrate）及其制造法案件）。❷

考虑到负有这样的主张、举证责任的申请人或者特许权人的不利事宜、授权后的订正制度等，申请时，要十分注意说明书的记载要件，需要明确且充分作出说明书以及权利要求书的记载，这对于基于特许法36条的驳回理

---

❶ 石原直树：《主张责任、证明责任以及证据调查》，载于竹田稔、永井纪昭编：《特许审理决定撤销诉讼的实务和法理》，第178～183页。

❷ 前一个案例判示如下，"并且，对于权利要求书的记载是否符合说明书支持要件而言，对比权利要求书的记载和详细说明的记载，通过发明的详细说明中记载的发明，对权利要求书记载的发明应进行如下分析及判断：其是否处于一种范围即本领域技术人员能够认知到的基于发明的详细说明的记载能够解决该发明课题的范围，并且，其是否处于一种范围即本领域技术人员能够认知到的即便没有其记载或启示鉴于申请时的技术常识能够解决该发明课题的范围，对于说明书支持要件的存在，特许申请人……负有证明责任"；后一个案例对于平成6年法律第116号的修订前的36条4款，有如下判示，"特许制度作为公开发明的回报，其一定期限内赋予发明人独占的权利以实施该发明，因此，应在说明书中记载该发明的技术性内容以作为通常公开的内容。特许法旧36条4款以及现行特许法36条4款1项如上规定的原因在于，说明书的发明的详细说明中，发明的构成等的记载未达到领域技术人员能够容易实施的程度时，其归于发明未公开，缺乏对发明人赋予特许法规定的独占性权利的前提条件。

鉴于特许法旧36条4款以及现行特许法36条4款1项为如上宗旨的规定的事宜，特许申请应满足可实施要件，这显然表明特许申请时申请人应负举证责任，同样，在驳回决定不服审判、无效审判以及这些审判审理决定对应的撤销诉讼等中，应解释为申请人或特许权人负有该主张举证责任"。

由、无效理由而言是最好的防御策略。但是，在撤销审理决定诉讼中，当同条驳回理由、无效理由成为争议焦点时，并不是完全没有对策。因为，在撤销审理决定诉讼中，大多数情况是限制提出新证据，但是，对体现申请时技术水平的证据是允许提出的，对于同条相关的撤销事由而言，大部分情况是通过提出这样的证据进行举证以满足记载的明确性、可实施要件或者支持要件。

另外，基于特许法 36 条请求无效时，对于权利要求书或者说明书的缺陷（不完备），判断其对应同条规定的要件的哪个缺陷之后，提起无效审判，在撤销审理决定诉讼中，也有必要明确主张各要件的非对应性。特别是据后述的“性障碍治疗中的氟班色林的使用案件”（知财高判平成 22・1・28（平成 21 年（行ケ）第 10033 号）判时 2073 号 105 页。以下称为“氟班色林案件”）的判决可知，近年来，知财高院对于支持要件和可实施要件的判断有如下思路：应以个别独立的要件进行判断。基于这样的思路，最终以不符合其要件宗旨为理由撤销审理决定。因为有这样的案例，因此需要注意。

关于记载要件缺陷的各个点，参鉴最近的审判案例，以下主要从申请人或特许权人角度解说在撤销审理决定诉讼中应注意的点。

(1) 特许法 36 条 6 款 2 项（权利要求的明确性）的违反

(ⅰ) 总论

特许法 36 条 6 款 2 项中规定，权利要求书的记载应符合“获得特许的发明是明确的”要件。对该规定的宗旨主要基于如下思路来解释，“特许制度是对于公开新技术的人以一定期限、一定条件为基础赋予其特许权这一排他性权利的制度，因此，在权衡对于因上述权利受到制约的第三人的法律稳定性时，其效力涉及的范围必须明确公示，只有这样才能作为权利受到保护”（大阪高判昭和 52・4・27（昭和 49 年（ネ）第 1450 号）无体集 9 卷 1 号 406 页）。另外，还有如下解释：权利要求书在“基于其判断新颖性、创造性等的特许要件、基于其定义特许发明的技术性范围，在这些事宜上具有重要的意义”（审查基准第Ⅰ部第 1 章“说明书以及权利要求书的记载要件”2. 2. 2（1）），因这样的审查上的要求，需要明确想要获得特许的发明。

对于特许法36条6款2项的违反而言，有各种类型的缺陷[1]。但是，在撤销审理决定诉讼中，较多的案件是在无法理解用于特定发明的事项的技术性意义的理由上存在争议，其中，有技术术语（措辞）的定义自身不明确的情况，有特定物性等的测定方法不明确的情况。此外，从原因方面考虑这些问题时，有如下两种情况：①完全未记载措辞的含义或者物性等的测定方法，导致不明确；②对于措辞或者物性等的测定方法有多个不同的解释，无法确定其中一个解释，或者因有矛盾导致不明确。在①的情况中，提出体现申请时的本领域技术人员的技术常识的证据，由此可以明确措辞含义或者测定方法，因而可作出举证以满足明确性要件。此时，作为“申请时的本领域技术人员的技术常识”，能够提出怎样的证据成为举证的要点。在②的情况中，同样，主张、举证的方法基本与①相同，但是，对于定义或测定方法而言，成立多个解释的结果是被判断为记载不明确，此时，一般而言，难以对此进行推翻（但对于在审理决定中以相互矛盾的解释为由被判断为不明确的案件，也存在撤销审理决定诉讼中推翻了其判断的案例。参考后述的（1）（ⅱ）（C）的案例）。

此外，平成15年修订的审查基准（以下称为“平成15年修订审查基准”等）中有如下记载：权利要求包含以功能、特性等对物进行限定的特征时，本领域技术人员考虑申请时的技术常识，从权利要求记载的用于限定该物的事项中，无法想到具有该功能、特性等的具体物时，除了能够理解具有该功能、特性的物和申请时的技术水平之间的关系之外，保护范围不能被视为明确。此外，还有少许案例表明：可能是因为存在这样的记载，发明的特定事项和发明应解决的课题处于怎样的关系不明确，此时，是否也同样违反明确性要件，对此有疑问。[2] 但是，后述的具有伸缩性顶片的吸收性物品案件判决（知财高判平成22·8·31（平成21年（行ケ）第10434号）判时2090号119页）中，认为这样的缺陷不属于特许法36条6款2项的违反，因此，平成23年修订审查基准删除了平成15年修订审查基准中

[1] 关于特许法36条6款2项规定的记载缺陷的类型，参考审查基准第Ⅰ部第1章“说明书以及权利要求书的记载要件”2.2.2.3。

[2] 例如，知财高判平成22·8·9（平成21年（行ケ）第10440号）判时2101号113页（合成树脂窗材案件）。在此案件的判决中，认为发明的构成要件能够解决发明应解决的课题，并且在技术上也可以被理解，因此判断为不构成明确性要件的违反。

的上述记载。[1]

（ⅱ）参考判例

（A）具有伸缩性顶片的吸收性物品案件判决（知财高判平成 22·8·31（平成 21 年（行ケ）第 10434 号）判时 2090 号 119 页）

该判决是明确特许法 36 条 6 款 2 项意义的开创性判决。

本案例是将含有参数规定的吸收性物品（通常称为尿不湿）相关的发明作为对象，本发明（实际上已补正的发明）应解决的课题如下：在尿不湿等的吸收性物品中，穿戴后即便尿不湿受到任何压力，仍可确保吸收粪便的开口部和肛门之间保持适当的位置关系，由此可以防止粪便的漏泄。并且，在权利要求 1 中，以“拉伸时缩短物品长 Ls”、第一负荷力以及第二负荷力之间的关系对物品的弹性特性进行了限定；在权利要求 2 中，进一步对物品松弛状态下的纵向尺寸的 60% 的长度即“缩短物品长 L”和“拉伸时缩短物品长 Ls”之间的关系进行了限定。审理决定作出如下判断：即便参考全文补正后的说明书整体的记载，也无法明确如下事项，以“拉伸时缩短物品长 Ls”、“第一负荷力”以及“第二负荷力”之间的关系对物品的弹性特性进行限定的事宜，与吸收性物品的功能、特性以及发明应解决的课题有什么关联；另外，该限定带来的作用效果也不明确。因此，使用“拉伸时缩短物品长 Ls”、“第一负荷力”以及“第二负荷力”之间的关系限定物品的弹性特性，其技术性含义不明确，所以本发明不明确。

但是，该判决指出，应如下解释特许法 36 条 6 款 2 项的宗旨，审理决定错误作出同项的解释、适用，并撤销该审理决定。

“法 36 条 6 款 2 项规定，想要获得特许的发明的权利要求书的记载应明确。同项如上规定的宗旨是：假设权利要求书记载的发明不明确时，赋予特许的发明的技术性范围不明确，可能会给第三人带来不可预测的损失，因此，应防止这种不合理结果的发生。并且，想要获得特许的发明是否明确应以如下观点来进行判断：不仅要参考权利要求书的记载，而且要参考请求书附加的说明书的记载以及附图，并且，以最初申请时的本领域技术人员的技术性常识为基

---

[1] 平成 23 年修订的审查基准中，作为需要注意的点补充了如下记载：“可以在权利要求中记载如下事宜：通过以功能、特性等为表现形式，对发明的详细说明中记载的一个或多个具体例进行扩大化或一般化。但是，其结果是权利要求所涉及的发明如果超出了以本领域技术人员能够认知到的方式记载的范围，即本领域技术人员能够认知到的基于发明的详细说明能够解决发明课题的范围，则违反第 36 条 6 款 1 项。”

础，判断权利要求书记载是否存在不明确以至于可能会给第三人带来不可预测的损失。如上所述，法36条6款2项关于权利要求书记载，以‘想要获得特许的发明明确’为要件，但是，同项的宗旨是：只以此为要件，不以其他发明相关的功能、特性、解决课题或者作用效果等的记载等为要件”。

参照上述判决的判示内容可知，关于驳回决定不服审判的审理决定中的特许法36条6款2项的违反的判断，该驳回决定若不是基于“赋予特许的发明的技术性范围不明确，会给第三人带来不可预测的损失”的理由，在撤销审理决定诉讼中，争取审理决定存在缺陷的余地充足。另一方面，如上述判决中的案例，在已经提起的无效审判中，以有关发明特定事项、相关的功能、特性、解决课题或者作用效果等的因果关系无效理由违反特许法36条6款2项为由已经进行了主张时，在撤销审理决定诉讼中，可能要基于合适的条文变换主张思路。❶

（B）空气净化案件（知财高判平成20·5·15（平成19年（行ケ）第10144号）法院HP）

该案例中特许对象是净化空气的方法，对于通过订正请求的权利要求1中记载：用于去除一氧化二氮的第三吸附剂的二氧化碳相对比一氧化二氮的“亨利定律选择率”在30℃下为0.49以上。根据说明书记载“亨利定律选择率”为“2种气体的亨利定律常数（初期等温梯度）的比”，另外，亨利定律自身是气体相关的已知晓的法则。但是，本案说明书中除了记载有关8种吸附剂的二氧化碳以及一氧化二氮的亨利定律常数外，完全没有与亨利定律常数的测定方法相关的记载，因此，“亨利定律选择率”以及“亨利定律常数”的明确性成为争议焦点。

审理决定以“亨利定律常数可以从吸附等温线的初期梯度来求出，对其能够理解，但是，亨利定律常数不能确定为唯一值，并且‘亨利定律选择率’不能确定为唯一值”为由，作出违反特许法36条6款2项的决定。特许权人在撤销审理决定诉讼中的主要主张如下：①计算亨利定律常数的方法中，有重量法、容量法以及色谱法等，但是本领域技术人员所用的标准方法是重量法；②使用亨利定律常数的各种方法求出的数据是一致的。但是，判决基于如下叙述，判示本案权利要求1的记载不满足明确性要件。

“本案订正后的说明书中，对于具体的测定方法以及测定条件没有任何记

❶ 但是，在从与审理范围的问题之间的关系考虑时，希望其他违反36条的要件也作为无效理由被列举。

载。并且……根据认定的事实可知，作为求得亨利定律常数的测定方法，已知有重量法、容量法以及色谱法，因此认为本案特许申请时存在多个测定方法。因此，根据未记载具体的测定方法的本案订正后的说明书，无法唯一确定亨利定律常数的测定方法"，"作为本案特定事项的亨利定律选择率以及算出的亨利定律常数是从'吸附等温线的初期梯度'导出的指标，其用于评价吸附物质的功能、特性。因此，需要根据这样的指标来特定发明时，本案订正后的说明书应记载具体的求得方法"。

在本案中，作为特许权人的原告主张，多个已知的亨利定律常数求得方法中重量法是标准方法，以及以任何方法求得的值是没有变化的。但是，当说明书中没有记载具体的测定方法时，以这样的方针试图推翻违反明确性要件的判断是很常见的，这被认为是妥当的方针。只是，本案说明书没有记载亨利定律常数的具体测定方法，但是对 8 种吸附剂的二氧化碳以及一氧化二氮的亨利定律常数记载有具体的数据（总计 16 个），因此，以这些信息作为处理点，将这些信息结合到技术常识，以此在某种程度上特定亨利定律常数的测定方法、条件以用于定义本发明中的"亨利定律选择率"，此种方法也存在可能性（判决中并未见得将这些具体数据作为处理点进行主张）。说明书中未具体记载的测定方法、条件，仅基于技术常识进行举证的方法通常很难行得通，但是如果有效利用说明书中体现的全部信息，推翻违反特许法 36 条 6 款 2 项的判断的可能性会更高。

(C)"弹性恢复性能优异的混合纤维体系案件"（知财高判平成 17・12・27（平成 17 年（行ケ）第 10410 号）法院 HP）

在此案中，权利要求 1 中关于收缩率差（ΔSHD）的记载有"聚酯纤维和聚酯系弹性纤维的 160℃下的收缩率差（ΔSHD）"以及"ΔSHD 表示芯体系和鞘体系两者的干热 160℃收缩率差（%）"，"对于 ΔSHD，记载有聚酯纤维和聚酯系弹性纤维的干热 160℃下的收缩率差以及芯体系和鞘体系的干热 160℃收缩率差"，因此，"ΔSHD 以两种不同的技术性含义被记载，想要获得授权的发明不符合明确的规定"的审理决定判断，在撤销审理决定诉讼中对其予以推翻。在判决中基于混合纤维体系相关的技术常识，认定了"有收缩率差的两种纤维构成的混合纤维体系是通过编织物制成之后进行的染色加工时等的热处理致使两种纤维在收缩上产生差异，其产生的结果是相对高收缩率的体系成为芯部，相对低收缩率的体系成为鞘部，由此形成芯鞘结构"的事宜以及其收缩是热处理后产生的事宜。基于该认定，"聚酯纤维和聚酯系弹性纤维的 160℃下的收缩率差（ΔSHD）"的定义是从材料的观点表现出造成收缩率差

（ΔSHD）的对象物，“ΔSHD 表示芯体系和鞘体系两者的干热 160℃ 收缩率差（%）”的定义是从热处理后生成的结构观点表现出造成收缩率差（ΔSHD）的对象物，权利要求 1 中的 ΔSHD 两个定义中的任意一个都明确了造成收缩率差（ΔSHD）的对象物意指构成混合纤维体系的两种类纤维的事宜，因此，无法认定 ΔSHD 两个定义是不同的技术性含义。

在本案中，权利要求中关于收缩率差（ΔSHD）记载了“该聚酯纤维和该聚酯系弹性纤维的 160℃ 下的收缩率差（ΔSHD）”，以及“其中，ΔSHD 表示芯体系和鞘体系两者的干热 160℃ 收缩率差（%）”两个定义，而且，在特许说明书的发明详细说明中，没有明确地说明纤维素材和芯体系及鞘体系的关系，因此乍一看可能会认为 ΔSHD 相关的定义存在矛盾。但是，因为特许说明书中有“构成芯部的聚酯系弹性纤维”、“根据干热处理、湿热处理构成鞘部的聚酯纤维”的记载，因此，审理决定作出的 ΔSHD 定义不明确的判断属于形式上的判断。对于此点，原告提出有关“混合纤维体系中，热处理得到的两种纤维在收缩上产生差异，其产生的结果是相对高收缩率的体系成为芯部，相对低收缩率的体系成为鞘部，由此形成芯鞘结构”的技术常识的证据，以此补充说明特许说明书中少量记载的有关材料和芯鞘结构之间关系的记载，由此成功举证了权利要求书的记载参照了本领域技术人员的技术常识，是明确的。在权利要求书的记载明确性成为争议焦点的撤销审理决定诉讼中的主张、举证中，此点会成为参考。

（2）特许法 36 条 4 款（可实施要件）的违反

（ⅰ）总论

特许法 36 条 4 款 1 项规定：“前项第 3 项中的发明的详细说明的记载，应符合如下各项。一、经济产业省令规定，明确且充分记载以达到具有发明所属技术领域中的具有通常知识的人员能够实施其发明的程度。”对于同项的宗旨，下述（3）叙述的氟班色林案件判决中有如下说明：“特许制度是对于公开发明的人员，作为公开技术的回报赋予其一定期限独占权的制度，但是，假设想要获得特许的人员，对于第三人，并未公开发明想要解决的课题及其解决方法、其他用于理解发明技术上的意义的必要事项，并且没有公开用以实施发明的明确且充分的事项，在这种情况下若授予独占权，就会丧失作为公开有用的技术构思创作的发明的回报，即获得独占权的特许制度的目的，基于这样的宗旨，对特许说明书的‘发明的详细说明’要求记载上述事项。”

审查基准第Ⅰ部第 1 章“说明书以及权利要求书的记载要件”3.2.2.1 中，对违反该可实施要件的类型大致分为如下两类：①发明实施形式的记载缺陷引起的可实施要件的违反；②权利要求相关的发明包含的实施形式以外的部分不可能实施引起的可实施要件的违反。

上述①的类型有如下相应情况：在发明实施方式记载中，对于与特定权利要求发明的事项相对应的技术性方法仅以抽象、功能性方式记载，具体材料、装置、工序等不明确，或者该技术性方法相互的关系、制造条件的数值不明确，而且，本领域技术人员基于申请时的技术常识无法理解该发明，因此，本领域技术人员无法实施权利要求相关的发明。这里，对于“能够实施发明”而言，以物的发明为例，其意指：ⓐ对于物的发明明确地作出说明；ⓑ记载程度达到能够制造出该物；ⓒ记载程度达到能够使用该物。根据作为公开的回报换取赋予特许权的特许制度的宗旨，必然会对说明书要求这样的实施方式记载的充实性。❶

另外，上述②的类型通常包含以下情况：与权利要求记载的发明范围相比，基于发明详细说明具体记载的实施例极少等理由，仅通过发明详细说明记载的具体的实施形式，本领域技术人员无法实施权利要求记载的发明中的没有具体实施形式的部分。违反可实施要件中列入如上述②的类型的宗旨解释为：存在权利要求记载的发明的范围过于大于发明详细说明公开的范围的问题时，从本领域技术人员是否能够实施的观点考虑时，可能要达到权利要求的范围大小和发明详细说明实际公开的内容之间的平衡。但是，在发明的课题和解决方法的关系中，权利要求书和发明详细说明的范围大小之间成为问题时，应认为违反支持要件。

对于医药发明而言，难以理解怎样使用作为物的发明，因此，作为覆盖医药用途的实施例，通常要求记载药理试验结果，以前作为药理试验结果的记载未记载数值数据或者应视为与其同等程度的客观记载，则作出缺乏可实施要件中的“能够使用”要件的认定。但是，平成 17 年修订审查基准中补充了“医

---

❶ 对于此点，东京高判平成 14・2・7（平成 12 年（行ケ）第 120 号）判时 1828 号 108 页（碱性蓄电池用镍电极活性物质案件）判示如下：基于产业政策上的观点，日本特许制度解释为，作为私人的发明公开的回报，赋予其发明实施的独占性、排他性权利，即特许权，同时，基于此协调公开发明的发明人和第三人之间的利害关系。特许法旧 36 条 4 款规定，“前款 3 项的发明详细说明中，应记载其发明的目的、构成以及效果，以达到具有其发明所属技术领域中的通常知识的人员能够容易实施的程度”，对此而言，这可以说是特许制度的上述宗旨在发明详细说明的记载要件方面的具体化。

药发明”相关的基准，其中，作为特许法36条6款1项的违反例，有关于医药发明没有记载药理试验方法、药理数据的情况，因此，关于医药发明的该缺陷，有审理中认为其违反同条4款1项和6款1项，即违反双向规定的引人注目的案件。但是，如下（3）所述的“氟班色林案件”判决判示如下：在发明的详细说明中，有必要通过药理数据或者应视为与其同等程度的记载，覆盖其用途的有用性，对其以同条4款1项的要件充足性判断时，其可能是合适的，但是，在与同条6款1项的要件充足性之间的关系中，没有特别情形时，药理数据或者应视为与其同等程度的记载并不是必不可缺的条件（要件）。并且，“氟班色林案件”判决以后有关医药发明的判决中，对于发明的详细说明，以与药理数据或者应视为与其同等程度的记载的关系来判断有无记载要件缺陷时，以有无可实施要件的违反判断的案例变得多起来。❶ 也有将同要件的缺陷作为支持要件的违反处理的审判案例❷，但是，氟班色林案件判决中判示的可实施要件、支持要件的宗旨，以及医药品用途发明中，需要出示数据以体现医药品和用途之间的关联性的原因在于，这样的方法是明确表现、客观验证用途的有用性（能够使用）的过程的最有效、合适且合理的方法。参照这种方法，在撤销审理决定诉讼中，以与“药理数据或者应视为与其同等程度的记载”之间的关系来对记载要件的缺陷进行争论时，认为以可实施要件的缺陷来争论的方式较为合适。

（ⅱ）参考判例

（A）“结晶乳果糖三水合物及其制造方法案件”（知财高判平成18·2·16（平成17年（行ケ）第10205号）法院HP）

本案是针对平成6年法律第116号修订前的特许法36条4款进行争论的案件。本案特许对象是结晶乳果糖三水合物这一新型结晶及其制造方法，但是，与制造方法相关的权利要求3中作为构成要件，记载了应为新型结晶的乳果糖三水合物作为种晶进行添加的事宜，此时，怎么制造再现乳果糖制造法所需的种晶乳果糖三水合物成为主要的争议焦点。

---

❶ 知财高判平成24·6·28（平成23年（行ケ）第10179号）判时2160号109页（血管内皮生长因子拮抗剂案件）、知财高判平成24·2·15（平成23年（行ケ）第10195号）判时2148号111页（竹子提取物为主要成分的饮料及其医药案件）等。

❷ 知财高判平成24·4·11（平成23年（行ケ）第10146号、第10147号）判时2154号105页（医药案件）。该判决中，只关注可实施要件中的“能够制造出”而判断出满足可实施要件，未判断“能够使用”要件。

在判决中，首先，对于主张、举证责任作出“显然特许申请时申请人应举证特许申请满足可实施要件，其相当于，即便在驳回决定不服审判、无效审判，以及对这些审判的审理决定提出的撤销诉讼等中，申请人或特许权人也负有对其进行主张、举证的责任”的提示之后，以“本案说明书的发明详细说明中，作为实施例1～3，具体记载了乳果糖三水合物作为种晶制造乳果糖三水合物的方法，因此只要能够制造出作为种晶的乳果糖三水合物，本领域技术人员就能够使用乳果糖三水合物通过实施例1～3记载的方法制造乳果糖三水合物，进而能认定能够容易实施与‘乳果糖三水合物’相关的本发明1、2，以及与‘乳果糖三水合物的制造法’相关的本发明3。但是，发明的详细说明中没有具体记载最初怎么制造应成为种晶的乳果糖三水合物”为由，作出不满足可实施要件的判断。被告（申请人）主张：在本申请之前，乳果糖只以乳果糖无水物存在，因此，在发明的详细说明中记载的“作为种晶添加乳果糖，并搅拌析出结晶”，其明确了作为种晶使用乳果糖无水物而获得乳果糖三水合物的事宜，即便该记载意味着作为种晶使用乳果糖三水合物的事宜，因为实施例中毫无保留地记载着用于析出乳果糖三水合物的诸多条件，因此即便作为种晶添加乳果糖无水物，也能够容易实施本发明。但是，以“即便考虑本案申请时的技术常识，也无法认定基于本案说明书的记载，本领域技术人员能够得知作为种晶使用乳果糖无水物而制造乳果糖三水合物的方法”为由，被告的主张没有被采用。

作为新型结晶要求保护的结晶乳果糖三水合物在其制造方法中用作种晶的关系考虑时，认为上述判示能够接受。此外，在本案中，本案申请当初的说明书中记载有作为种晶添加无水物制造乳果糖三水合物的方法，但是，为了明确与公知技术之间的区别，有通过订正予以删除该记载的经历。在进行补正或者订正时，考虑到可实施要件的完整性应慎重分析，在这方面该案例也可以说是需引起注意的案例。

（B）“碱性蓄电池用镍电极活性物质案件”（东京高判平成14·2·7（平成12年（行ケ）第120号）判时1828号108页）

本案是针对平成6年法律第116号修订前的特许法36条4款（特许法旧36条4款）进行争论的、异议决定的撤销诉讼相关的案件。权利要求1中记载有“一种碱性蓄电池用镍电极活性物质，其特征在于，在以固溶状态含有锌、镉以及镍中的一种以上，且控制细孔半径30Å以上的内部细孔的进化，且总细孔容积控制在0.1mL/g以下的氢氧化镍粉末中，其结晶的X射线衍射峰（001）面的半峰宽为0.5度至1.0度”的发明，此时，对于制造具有这种特性的氢氧化镍粉末而言，基于发明的详细说明记载，本领域技术人员是否可以容易作出成为争论。

在判决中，首先，对于用于获得本案氢氧化镍粉末的制造条件的记载，其是否满足特许法旧36条4款规定的发明详细说明要件，判示如下：“即便是物的发明，只对该物的目的、构成、效果进行公开，本领域技术人员仍无法容易制造该物的情况下，未公开至制造该物的方法，则认为说明书中未以‘其发明所属技术领域中具有通常知识的人员能够实施的程度’记载有‘该发明的目的、构成以及效果’。”并且，对于说明书是否以能够制造本案氢氧化镍粉末的程度记载了发明的目的、构造及其效果这一点，判示如下：“本发明1用‘其结晶的X射线衍射峰（001）面的半峰宽为0.5度至1.0度’对氢氧化镍粉末作出数值限定，这一点可以说是重点。……换句话说，本申请发明只要是‘以固溶状态含有锌、镉以及镍中的一种以上且控制细孔半径30Å以上的内部细孔的进化，且总细孔容积控制在0.1mL/g以下的氢氧化镍粉末’中上述数值范围内的粉末（本件粉末），就具有新颖性、创造性。既然如此，本案说明书中，相比于现有的氢氧化镍粉末，构成本发明1以及2的新颖性、创造性的‘结晶的X射线衍射峰（001）面的半峰宽为0.5度至1.0度’，或者‘结晶的X射线衍射峰（001）面的半峰宽为0.6度至0.8度’这一数值限定的氢氧化镍粉末，显然应记载成本领域技术人员能够容易实施的程度，即应记载成能够容易制造的程度。”但是，“本案说明书中，仅以模糊的方式示出了操作、pH值、温度范围，至少在没有制造本案粉末或者含有其的氢氧化镍粉末所需的具体方案的情况下，基于此，本领域技术人员想制造时，不清楚其能否制造，而不得不实施相当多次的反复试验”，因此，“在这样的情况下，本领域技术人员无法容易制造出含有本案粉末的氢氧化镍粉末，这样的说明书记载，显然未达到‘其发明所属技术领域中具有通常知识的人员能够容易实施的程度’”。

在本案中，作出基于说明书的记载制造本案粉末或者含有其的氢氧化镍粉末，迫使本领域技术人员进行过度的反复试验的判断的结果与背景及审理阶段中出示的公知技术有关。在审理阶段中，通知了缺乏新颖性以及创造性的驳回理由，在其对比文件中，公开有与本案说明书记载的制造条件相似的制造方法，但是特许权人在意见陈述书中反驳：“即便在同一pH值且同一反应温度下，析出、生长结晶的速度、反应时间，以及反应终止后的熟成条件不同时，成长的氢氧化镍结晶的C轴方向的倾斜状态（层重叠无序）也不同，其结果活性物质利用率也会发生变动。因此，不能认为对比文件1、2和本申请发明的制造条件类似，就认为成长物的结晶倾斜度，即（001）面的XRD射线衍的半峰宽处于同一范围”。本案有过以此作出授权的经历。参照该意见陈述书中的反驳，可理解为：根据析出、生长结晶的速度、反应时间、反应终止后的熟成条件的不同，决定能否获得本发明的粉末，但是，本案说明书中并未具体记载析出、生长结晶的速度、反应时间、反应终止后的熟成条件，由此作出了如上的判断。不仅本案，一般而言，新颖性、创造性的主张和可实施要件的主张要求表里如一的情况较多，因此，在主张时需要注意。本案中，尽管在其与对比文件公开的、现有的粉末的制造方法相似的情况下，强调了本发明具有新颖性、创造性，由此造成违反可实施要件的结果，但是，反过来，对于不是违反可实施要件的事宜，例如，对于物的发明，即便说明书中未记载，过于强调本领域技术人员基于技术常识容易制造、能够使用（有用性）时，可能会对发明的新颖性、创造性存有疑问。在撤销审理决定诉讼中，新颖性、创造性和可实施要件的争议焦点同时被争论的案件也较多，因此，重要的是考虑好主张的完整性，以避免导致在双方的主张上发生矛盾或者对任一方的理由存有疑问。

（3）特许法 36 条 6 款 1 项（支持要件）的违反

（ⅰ）总论

（A）支持要件的由来——“偏光薄膜的制造法案件”判决

对于权利要求书记载，特许法 36 条 6 款 1 项规定，必须是“想要获得特许的发明是发明的详细说明中记载的事宜”（支持要件）。在以前的审查基准中，对违反支持要件有疑问的情况仅规定了“发明的详细说明中，明显没有记载也没有启示与权利要求记载的事项对应的事项”以及“权利要求与发明的详细说明记载术语不统一，两者的对应关系不明确”等具有形式缺陷的情况。

但是，在平成 15 年（2003 年）修订审查基准中，对支持要件的违反进行了重新分析，增加了如下两种新的类型，“即便参照申请时的技术常识，无法将发明的详细说明公开的内容扩张或概括至权利要求所涉及的发明范围的情况”；“因为权利要求中并不反映发明的详细说明记载的、用于解决发明课题的方法，所以不能超出发明的详细说明记载的范围以请求特许的情况”。该审理基准对支持要件进行进一步明确，即想要获得特许的发明不仅在形式上要求被发明的详细说明的记载覆盖，还在实质上要求被发明的详细说明的记载覆盖。

关于该修订的背景，有如下几点。以前，特别是对于参数发明，在未充分分析说明书是否对因特许授权而获得独占性、排他性保护的发明公开至符合特许法36条的规定的状况下，存在肯定创造性并赋予特许的趋势，因此被指出有必要采取一些对策；❶ EPC 84条、PCT 6条规定，权利要求书的内容应被发明的详细说明覆盖，并且，美国专利法112条有类似的Written Description Requirement的规定，对此，在日本，实务上可以以可实施要件审查同样的要件（上述3（1）“特许法36条6款2项（权利要求的明确性）的违反”），但是在可实施要件上，即在“本领域技术人员是否能够实施”的观点上，也有难以将要件的违反作为问题的案件。❷

上述新的支持要件的思路获得了下述“偏光薄膜的制造法案件”判决的支持，并且，上述平成15年修订审查基准的思路可溯及同审查基准修订前的特许法36条6款1项或者特许法旧36条5款1项。

（B）“偏光薄膜的制造法案件”判决以后的状况——可实施要件和支持要件的关系

“偏光薄膜的制造法案件”之后，在审理以及无效审判中对支持要件的违反提出疑问的案例增多，另外，在没有考虑可实施要件和支持要件的宗旨情况下，基于实质相同的理由，对可实施要件和支持要件提出疑问的案例也少许出现过。在这样的状况中，后述的“氟班色林案件”判决初次明确判示可实施要件和支持要件的宗旨的区别。同判决中对支持要件的宗旨作如下叙述。

“法36条6款1项规定，对‘权利要求书’的记载，以‘想要获得特许的发明记载在发明的详细说明中的事宜’作为要件。该规定是为了有效实行以下规定而设定的，即同项规定特许权人在商业上专有实施特许发明的权利、权利要求书的技术性范围必须基于请求书附加的‘权利要求书的记载’（法68条、70条1款）。在‘权利要求书’超出‘发明的详细说明’记载、公开的技术性事项范围的情况下，若赋予的独占权覆盖这样的宽范围的技术性范围，则脱离了基于公开该技术的范围赋予独占权以作为公开回报的特许制度的目的，因此，不容许这样的权利要求书的记载。例如，基于‘发明的详细说明’中的‘实施例’等记载，理解到公开的仅仅是狭义的、限定的技术性事项，尽管如此，‘权利要求书’中含有超出其技术性事项的、宽范围的技术性范围

❶ 判タ1192号166页。

❷ 日本知识产权协会特许第1委员会、第4小委员会：“审查基准‘说明书以及权利要求书的记载要件’的修订”，知财管理52卷9号，第1273～1280页。

时，以违反同项为由不容许”。参照特许法36条6款1项的宗旨，判决对于如下审理决定指出其理由不充分，以此撤销审理决定；只分析了是否有“药理数据或者应视为与其同等程度的记载”，以没有这样的记载为由判为不具有同项的要件充足性。从“氟班色林案件”判决，可看出知财高院的态度，即想要以可实施要件和支持要件宗旨的区别来完善记载缺陷的违法，但是，照这样的状况，认为在今后的无效审判或者撤销审理决定诉讼中，需要在确定记载要件缺陷属于何种违法之后进行主张、举证。

另外，基于可实施要件和支持要件宗旨对记载缺陷的违法进行确定时，关于发明的详细说明记载，大部分案件以与作为公开回报赋予特许权的特许制度的本质有密切关联的可实施要件缺陷进行争论，以支持要件的违反作为争论的只限于如下案例：对于参数发明以及作用、功能密切关联的化学领域的发明，权利要求书的记载超出发明的详细说明的记载的技术性事项范围的案例。并且，鉴于本质性地争论违反支持要件的案例受限，从整体考虑认定违反支持要件的案例将会变少，因此此点也需要加以注意[1]。

（ⅱ）参考判决——“偏光薄膜的制造法案件”（知财高判平成17·11·11（平成17年（行ケ）第10042号）判时1911号48页、判タ1192号164页）

本案是知财高院通过大合议审理的撤销审理决定、特许撤销决定之诉的第一案件，包含对支持要件应关注的判决事项，是具有重大意义的判决。

本案权利要求中，对成为偏光薄膜起始材料的聚乙烯醇系原始薄膜，规定使用在热水中完全溶解温度（X）和平衡膨胀度（Y）之间满足 $Y>-0.0667X+6.73$、$X\geqslant 65$ 的关系的物质，在发明的详细说明中，虽然记载有满足该数学式的薄膜作为原始薄膜使用时能够制造出耐久性、偏光性优异且制造时稳定性优异的偏光薄膜，即虽然记载能带来效果，但作为覆盖该内容的具体记载，只有2个实施例和2个比较例。基于这样的发明详细说明记载，“想要获得特许的发明是否记载在详细说明中的事宜”成为本案的争论。并且，特许权人即原告，通过事后提交实验数据，试图证明上述数学式的规定能够覆盖

---

[1] 实际上，近年来，对于审理决定判断为不满足支持要件的案件，法院判断为满足支持要件的案件较多，如知财高判平成24·10·11（平成24年（行ケ）第10016号）法院HP（聚氨酯泡沫及其发泡的热可塑性的塑料制品的制造案件）、知财高判平成24·10·29（平成24年（行ケ）第10076号）法院HP（受阻酚性抗氧化剂组合物案件）、知财高判平成24·11·7（平成23年（行ケ）第10235号）法院HP（用作有机LED用磷光性掺杂物的式L2MX的络合物案件）。

权利要求书的范围。

在判决中有以下几点判示。首先，对于特许法规定的支持要件的宗旨，有如下判示：“特许制度的宗旨在于，以公开发明为前提，对该发明赋予特许，保障特许权人一定期限内在商业上以独占、排他方式实施该发明，进而奖励发明对产业的发展作出贡献。并且，对于某发明想要获得特许的人在请求书中附加的说明书原件是常规公开该发明技术内容的文件，并且，其具有以特许权成立之后明确特许效力涉及的范围（特许发明的技术性范围）的作用，因此，为了在权利要求书中作为发明记载并获得特许，说明书的发明详细说明中应记载至本领域技术人员能够认知到的能够解决该发明的课题的程度。特许法旧36条5款1项规定的说明书支持要件，要求权利要求书记载限定成如上述规定的原因在于，发明详细说明中未记载的发明记载在权利要求书中时，未公开的发明也会产生独占性、排他性效力，由此可能会夺取一般公众的自由利用等权益，甚至会阻碍产业发展，这样会违背上述特许制度的宗旨。”

其次，对于支持要件的判断方法而言，对此判示为“权利要求书记载是否符合说明书支持要件，是将权利要求书记载和发明详细说明记载进行对比，且基于发明详细说明记载的发明，分析判断与权利要求书记载的发明是否处于同一种范围，即本领域技术人员基于发明的详细说明的记载能够认知到的能够解决该发明课题的范围，或者即便没有其记载或启示，本领域技术人员也能参照申请时的技术常识分析判断是否处于能够认知到的能够解决该发明课题的范围”，并且判示支持要件的举证责任在于特许申请人或者特许权人。对于本发明而言，“本发明是将以如下范围特定的物作为其构成要件：通过使用表示特性值的2个技术性变数（参数）的一定数学式表示出的范围，即其为所谓的参数发明相关的事项，此时，在这样的发明中，对于权利要求书记载符合说明书支持要件的事宜如下解释：发明的详细说明的记载应达到‘在特许申请时即便没有具体例的公开，对其数学式表示的范围和所获得的效果（性能）之间关系的技术性含义，本领域技术人员也能够理解’的程度；或者应公开具体例并记载至‘参考特许申请时的技术常识，处于该数学式表示的范围内，则本领域技术人员能够认知到其能够获得所需效果（性能）’的程度”，此时，“即便参照本件申请时的技术常识也不可能认知到通过上述4个具体例覆盖‘解决现有的PVA系偏光薄膜所具有的课题并能够制造具有上述所需性能的偏光薄膜’的事宜，且不能视为具体例公开并记载至‘仅依据本案说明书的发明详细说明中这样的记载，参考本案申请时的技术常识，处于该数学式表示的范围内，则本领域技术人员就能够认知到其能够获得所需效果（性能）’的程度，本案权利要求书中的权利要求 1 的记载不符合说明书的支持要件。”

再次，对于事后提交实验数据导致的“说明书的记载内容能否以记载外形式补充”的问题，本判决认为“发明的详细说明中没有公开具体例以达到本领域技术人员能够认知到且能够解决该发明课题的程度，即便参考本案申请时的本领域技术人员的技术常识，也无法将发明的详细说明公开的内容扩张或概括化至权利要求书记载的发明范围，对于此，特许申请后提出实验数据以记载外形式补充发明详细说明的记载内容，由此使其内容扩张或概括化至权利要求书记载的发明范围，并使其符合说明书支持要件，这违背了以发明公开为前提赋予特许的特许制度的宗旨，因此不容许”。

另外，对于审查基准的溯及，对其给予肯定，其与通过适用特定基准的特许申请来溯及之前申请的特许相关的说明书具有同样结果，不会发生违法的问题。

最后，本判决中有应注意的点。在审理决定中，以“实施例并未充分记载能够得到‘上述两数学式规定的宽范围，满足两数学式的全都带来偏光性能及耐久性能优异的效果’，并且，参照本案说明书记载以及本领域的技术常识，也无法确保满足上述两数学式就能带来上述的优异效果，怎么导出上述两数学式的依据、理由不明确”的理由，判断为违反支持要件。但是，对于此点，判决如上所述，其判示为“即便参照本案申请时的技术常识也不可能认知到，通过上述 4 个具体例覆盖‘解决现有的 PVA 系偏光薄膜所具有的课题并能够制造具有上述所需性能的偏光薄膜’，且不能视为具体例公开并记载至‘仅依据本案说明书的发明详细说明中这样的记载，参考本案申请时的技术常识，处于该数学式表示的范围内，则本领域技术人员就能够认知到其能够获得所需效果（性能）’的程度”，从该判示内容可知，支持要件并不需要确保满足数学式的全部有益效果，也不需要导出数学式的依据、理由，对其可解释为：对具体例的公开有要求，即达到本领域技术人员能够认知到的、处于数学式或者参数表示的范围内就能够获得所需的效果（性能）的程度。该判决的判示是基于特许发明的思路、技术实情考虑而作出的适宜判示。这是因为，特许申请相关的发明与学术论文不同，并不是必须要有逻辑性解释❶，并且，例如，要求数学式导出依据、理由的话，容易图示的 1 次式等的简单数学式是可通过多个实施例求出数学式导出的依据，但是，无法图示的复杂式判断导出依据本身就困难，因此会导致如事实上比较缓慢地获得实施例等本末倒置的实务

---

❶ 尾崎英男：《〈法 36 条要求的公开程度〉判例百选》（第 3 版），第 78 ~ 79 页。

倾向。

注意如上观点且对支持要件的适合性进行主张、举证的方式可能会在撤销审理决定诉讼中有效。

(ⅲ)参考判决——氟班色林案件(知财高判平成22·1·28(平成21年(行ケ)第10033号)判时2073号105页)

审理决定是基于说明书的发明详细说明中没有能够覆盖医药用途发明中的有用性的记载,特别是没有药理数据或者应视为与其同等程度的记载的理由,判断权利要求书记载不满足特许法36条6款1项规定的要件,此案例是对这样的判断是否合适进行争论的案例。

该判决在叙述特许法36条4款1项以及6款1项的宗旨之后(参考上述(2)(ⅰ)以及(3)(ⅰ)(B)),作如下论述:“对于法36条6款1项的规定的解释,脱离了‘对发明的详细说明中公开的技术性事项进行对比并排除过于宽范围的独占权的赋予’的宗旨,应以与判断法36条4款1项的要件合适性完全相同的方法对同一事项进行双重判断。假设,发明的详细说明记载缺乏法36条4款1项规定的要件时,若容许解释成缺乏同条6款1项要件的关系成立,则会失去同条4款1项的规定作为同条6款1项之外的个别独立的特许要件来进行设定的存在意义”,其提示了两个要件作为不同要件应区别化对应的思路。另外,对于审理决定的判断,评价如下:“对于本申请,没有对‘权利要求书’记载和‘发明详细说明’记载的范围进行对比,就判断前者范围是否超出后者范围,只是以特许说明书的‘发明详细说明’中没有作为氟班色林类的性欲障碍治疗用药剂的‘覆盖有用性的药理数据或者应视为与其同等程度’的记载为理由,作出不满足法36条6款1项规定的要件的决定”。之后,判断如下:“审理决定在判断法36条6款1项的要件充足性时,叙述为‘发明的详细说明中,有必要通过作出药理数据或者应视为与其同等程度的记载,覆盖其用途的有用性’但没有特别的事情以外,药理数据或者应视为与其同等程度的记载并不是必不可缺的条件(要件)。如上述所示,法36条6款1项是基于下述宗旨作出的规定:对比‘权利要求书’和‘发明详细说明’,防止赋予的独占权涉及‘权利要求书’记载超出‘发明详细说明’记载的技术性事项范围的宽范围。这样,参照同规定的宗旨,‘发明详细说明’记载内容应该根据必要且符合目的的解释方法来判断‘权利要求书’是否处于‘发明详细说明’记载的技术性事项的范围内,没有特别的事情以外,形式上理解‘发明详细说明’中以实施例等形式记载、公开的技术性事项就足以。”上述判示中，以“没有特别的事情以外”为前提，且基于特许法 36 条 6 款 1 项判断时，在要求药理数据或者应视为与其同等程度的记载的事宜上留有余地。但是，另一方面，判决还作出如下叙述：“为了被授予特许权并获得独占权，需要对第三人公开发明想要解决的课题、解决方法、其他用于理解发明技术意义所需的信息，并提供明确且充分的信息以实施发明，基于所述观点，法 36 条 4 款 1 项规定对所需的事项应记载在‘发明详细说明’中。并且，一般而言，在认可医药品的用途发明的我国特许法之下，在‘发明详细说明’的记载中，对客观验证用途有用性的过程进行明确化，在多数情况下对其解释为合理，对于明确化验证过程而言，可以说基于表示医药品和用途之间的关联性的数据进行验证是最有效、合适且合理的方法，因此，在没有记载这样的数据时，可能大多认为没有明确且充分记载以达到能够实施其发明的程度。”由此，认为判决是基于如下立场作出的：对于缺乏药理数据或者应视为与其同等程度的记载引起的记载要件缺陷，基本上合理的处理方式是违反可实施要件。

（加藤志麻子）

5 补正以及订正的合法性判断

在撤销审理决定诉讼中，会从各种方面争论补正或者订正的合法性。首先，在驳回决定不服审判的撤销审理决定诉讼中，审理过程中进行的补正的合法性自身成为争议焦点。在无效审判的撤销审理决定诉讼时，①特许（授权）之前进行的补正的合法性（特 17 条之 2）；②无效审判程序中进行的订正请求的合法性（特 134 条之 2）；③对特许的订正的合法性（特 126 条）等都可成为争论的对象。

补正以及订正的合法性要件有多种，但大部分的案例是围绕补正或者订正是否属于补充新事项（以特 17 条之 2 第 3 款、126 条 5 款以及 134 条之 2 第 5 款引用的特 126 条 5 款）而进行争论的。因此，本款中，关于所谓的新事项的补充，鉴于其判断基准的过度、审判案例来进行概述（以下主要以“补正”为中心进行说明，但“订正”的判断基准与之相同）。

（1）特许法以及审查基准中关于新事项能够补正以及订正的范围的变化

（ⅰ）平成 6 年（1994 年）1 月 1 日以前的申请

为了圆满进行申请相关程序，希望最初提出完整内容的说明书（原始说明书）等，但是，实际问题是最初无法提出完整的说明书的情况也不少见。因此，认可对说明书进行补正。但是，补正的效果有追溯效应，因此，无限制地认可补正，则可能会导致依赖原始说明书等的记载内容的第三人受到不可预测的损失。由此，认可在一定限制下说明书等的补正。

关于补正的限制，平成 5 年法律第 26 号修订前的特许法中，没有引入所谓的补充新事项的概念，补正等被认可的范围取决于其是否属于说明书等的要旨变更。即上述修订前的特许法中规定：“申请公告正本送达之前对申请书附加的说明书或者附图进行的补正是变更它们的要旨时，审查官应作出拒绝受理其补正的决定”（特 53 条）；“对请求书附加的原始说明书或者附图记载的事项范围内进行的权利要求书的增加、减少或者变更补正，视为没有变更说明书要旨”（特 41 条）。

另外，至少在特许厅的操作中，即便是说明书等未直接记载的事项，由本领域技术人员判断是在显而易见的范围内进行的补正则予以认可。即在与原始说明书等记载的发明相同的范围内，也就是在未改变发明本质的范围内进行的补正是予以认可的❶。另外，可灵活使用只要对权利要求书未带来影响就不是要旨变更，实务上，一定范围内还认可在说明书的实施例等中补充申请时未公开的新事项的补正❷。因为这样的补正被认可，申请最初的发明公开会成为不充分的申请，无法保证发明公开最初就作为充分的申请处理的公平性。另外，如果不管驳回理由通知的次数，在不变更说明书等的要旨的范围内对权利要求书进行自由补正，则会发生审查延迟等问题❸。

此外，上述修订前的特许法中，对于应作出申请公告的决定正本送达之后进行的补正，以及基于订正审判作出的订正，限制在减少权利要求书等的一定的目的内，但是，并未给出禁止所谓补充新事项的要件（特42条、17条之3第1款）。

（ⅱ）平成6年（1994年）1月1日以后的申请

（A）平成5年（1993年）修订的特许法（平成5年法律第26号）

通过平成5年法律第26号的修订，关于说明书等的补正引入了如下规定。

“……对说明书或者附图进行补正时，必须在请求书附加的原始说明书或者附图记载的事项范围内进行”（以特17条2款、17条之2第2款援用的特17条2款）。

根据平成5年的修订，同样，能够补正的范围在条文上是在原始说明书等记载的范围内❹。

另外，与补正相同，对于订正也规定为在之前的说明书等的范围内进行，即“必须在请求书附加的说明书或者附图记载的事项范围内进行”（特126条1款、134条2款）。

如上所述，平成5年修订的特许法中，成为所谓补充新事项的补正以及订正是被禁止的。禁止补充新事项并限制能够补正以及订正的范围的宗旨在于纠正旧法下的问题，即上述（ⅰ）所述的问题，也就是纠正申请最初保证发明

---

❶ 中山信弘编：《工业所有权法（上）特许法》（第2版），第215页脚注（1）。

❷ 中山信弘、小泉直树编：《新注解特许法》（上卷），第131～132页。

❸ 特许厅编：《工业所有权法逐条解说》，第47页。

❹ 此外，平成5年法律第26号的修订适用于平成6年1月1日以后的申请，对于之前的申请，补正的判断仍基于之前的例子（平成5年法律26号附则）。

的充分公开以及迅速的赋予权利的问题，使以申请时公开的发明范围为前提行动的第三人不受到不可预测的损失❶。

此外，随着上述特许法的修订，特许厅的审查基准也被修订，将“请求书附加的原始说明书或者附图记载的事项”解释为“说明书或者附图实际记载的事项，以及本领域技术人员基于说明书或者附图实际记载的事项可以直接且毫无疑义地推导出的事项”❷。

之后，对该审查基准中的“直接且毫无疑义地推导出的事项”进行严格解释的结果是：除说明书等直接记载的事项以外，补正未被认可的情况变多了。

（B）平成6年修订的特许法（平成6年法律第116号）

通过平成6年法律第116号，特许法17条之2的标题变为“请求书附加的说明书或者附图的补正”，同条3款补充有如下规定。

“根据第1款规定，对说明书或者附图进行补正时，除提交误译订正书以外，请求书附加的原始说明书或者附图……必须在记载的事项范围内进行”（特17条之2第3款）。

根据平成6年的修订，同样，能够补正的范围在条文上是在原始说明书等记载的范围内。

另外，通过上述特许法的修订，与补正相同，对能够订正的范围，规定为“必须在请求书附加的说明书或者附图记载的事项范围内进行”（特126条2款、134条2款）。

即在平成5年以及平成6年的修订的前后，在条文上可以说能够补正以及订正说明书等的范围都是“请求书附加的原始说明书或者附图记载的事项范围内”。

（C）平成15年（2003年）10月修订的审查基准

平成15年10月修订的审查基准中规定，“‘原始说明书等记载的事项’，不仅包含原始说明书等明确记载的事项，还包含即使没有明确的记载，但基于原始说明书等的记载无证自明的事项”。并且，“基于原始说明书等的记载无证自明的事项”的情形是指，“接触到原始说明书等的本领域技术人员可以理解该事项等同于记载在原始说明书等中的事项的情形”。

---

❶ 审查基准“新事项”第Ⅲ部第Ⅰ节2。

❷ 推测该“直接且毫无疑义地”的措辞是直译欧洲专利局审查指南中的“directly and unambiguously”。

作出这种修订的背景在于，曾有人指出，上述“直接且毫无疑义地推导出的事项”作为基准在运用时相比欧美过于生硬。即在在先申请原则下，补正限制的运用过于严格时，权利要求范围可能会变得过小，因此，认为有必要分析运用的灵活化，灵活解释上述的“直接且毫无疑义地推导出的事项”的基准，并以明确化方向对审查基准推进分析的结果，申请人充分说明补正的内容在原始说明书等记载的事项范围内则认可该补正❶。可以说，通过该修订，对于理解原始说明书等记载的事项而言，其范围实质被扩大了。

（2）对所谓新事项能够补正及订正的范围的现行基准

根据特许法的规定，能够补正的范围（本稿撰写时）是平成5年修订规定的“请求书附加的原始说明书或者附图记载的事项范围内”（特17条之2第3款），能够订正的范围是“请求书附加的说明书或者附图记载的事项范围内”（特126条之2款、134条之2款）。

另外，具体后述的阻焊剂案件（所谓的排除式权利要求案件）的大合议判决（知财高判平成20·5·30（平成18年（行ケ）第10563号）法院HP）中，没有导入新技术性事项时，判示为订正是在“说明书或者附图记载的事项范围内”，以此为契机，平成22年（2010年）补充新事项的补正相关的审查基准被修订。下面，摘录该审查基准中补正的“基本思路”（第Ⅲ部第Ⅰ节3.）

> 包含超出“原始说明书等记载的事项”范围的内容的补正（包含新事项的补正）是不容许的。……没有导入新的技术性事项时，该补正可以说是在“原始说明书等记载的事项”范围内。
>
> （1）“原始说明书等明确记载的事项”，以及虽未被明确记载但补正为“基于原始说明书等记载无证自明的事项”不是导入新的技术性事项，因此容许。
>
> （a）补正的事项要满足“基于原始说明书等记载无证自明的事项”，其必须为如下事项：即便在原始说明书等中没有记载，但对于接触其的本领域技术人员而言，参照申请时的技术常识，能够明确理解其含义，且该事项等同于原始说明书等记载的事项。

❶　产业构造审议会知识产权政策部会特许制度小委员会：“关于为了实现最佳特许审查应该采用怎样特许制度的临时汇总”（平成15年1月）资料3。

> （b）对于公知、惯用技术而言，同样，仅凭其技术自身是公知、惯用技术，不能称为基于原始说明书等记载无证自明的事项。
>
> （c）从本领域技术人员的角度来看，可以称为基于原始说明书等多个记载（例如，对于发明想要解决的课题的记载、发明的具体例记载、说明书的记载和附图的记载）无证自明的事项也会存在。
>
> 例：说明书中对于特定的弹性支持体并没公开，而记载了具备弹性支持体的装置，但是，从附图的记载以及技术常识考虑时，本领域技术人员理解为："弹性支持体"记载显然意指"螺旋弹簧"，此时，容许"弹性支持体"补正为"螺旋弹簧"。（以下略）

此外，特许厅表示上述审查基准的修订不会给审查实务带来变化。

（3）审判案例

下面对与补正或者订正中新事项判断相关的审判案例进行分析。

（ⅰ）即便说明书中没有与形状相关的明确措辞记载，以代表性形状为理由，判断补正并不属于补充新事项的案例

东京高判平成13·5·23（平成11年（行ケ）第246号）判时1756号128页中判示如下：对于本申请发明的"涂布装置"的涂布对象，即"工件"的形状，原始说明书等没有其形状相关的措辞记载，另外，附图中仅图示出略正方形的工件，该案例中，"工件"订正为"矩形工件"，因为其是限定工件形状的代表性形状的订正，因此是授权说明书等公开的范围内的订正。[1] 认为判决是在"原始说明书中以实施例明确记载的'正方形'工件只是显示了原本'矩形'玻璃基板中的一例"的立场上，并以其为理由，判断出该订正并不属于补充新事项，判断该订正的另一理由，认为其可能与下述原因有关，本案例中的发明对象是"涂布装置"，相对于此"工件"只不过是其装置的涂布对象。

（ⅱ）判断为删除构成要件的补正属于补充新事项的案例

知财高判平成18·5·31（平成17年（行ケ）第10628号）法院HP为如

[1] 此外，对该案件进行解说的有：长泽幸男、松田一弘：《〈更正中的新事项追加的禁止〉判例百选》（第3版），第94页。

下判例。补正前的权利要求记载为：对甲鱼的卵进行杀菌冷冻、搬运、粉碎、冷冻干燥之后“与cyclodinine粉末混合”，但是，补正后“与cyclodinine粉末混合”的工序被删除，因此，该补正是不是变更原始说明书的要旨成为争论。对该案例进行审判的法院基于说明书的全部记载认定说明书记载的发明之后，判断为原始说明书等通过采用包含混合“cyclodinine粉末”的上述工序的制造方法来解决现有技术的课题，并未公开不混合“cyclodinine粉末”而解决课题的营养食品的制造方法。以此作出删除权利要求中的“cyclodinine粉末”记载的补正属于补充新事项的判断。

（ⅲ）补充原始说明书未公开的发明效果相关记载的补正属于补充新事项的案例

东京高判平成13·12·27（平成12年（行ケ）第396号）法院HP中，对于设有由外部导入钓绳至内部的孔的中通钓竿的发明，授权说明书等中补充“一般而言，优选孔确保有大的领域以使钓绳自由导入，但是，对竿管设置大圆形的孔或在竿管的宽度方向上设置长的长孔的话，其部位的强度会大大降低，但是，在轴长方向上设置长的长孔而确保大小的话可以防止强度的降低”的效果相关记载，但对该订正是否予以认可成为问题。

法院判断如下。首先，根据授权说明书的记载，若对在轴长方向上设置长的长孔而确保大小的事宜理解为：为了以在中通钓竿的长孔上插入“管状导向件”部件为前提，并能够在其长孔中倾斜插通管状导向件，轴长方向上需要设置长的长孔，此时，从其技术性意义考虑时，与竿管上形成的孔面积并无关联（认为是“大圆形的孔”相关的判断）。其次，因为在通过上述订正想要补充的记载中有“不经由‘管状导向件’直接将钓绳导入竿管为前提，设置同一面积的孔时，竿管的轴长方向的长孔有利”的叙述，所以法院作如下判断：该订正不仅是补充效果的订正，还应将其视为补充记载不插入管状导向件而在竿管上设置长孔的构成的订正。

（ⅳ）补充作用、效果的补正为补充新事项的案例

东京高判平成14·10·24（平成13年（行ケ）第557号）法院HP中，关于全自动洗衣机的发明，以下作用效果的记载通过补正加入列说明书中。①具备必须蓄有大量的引水的自动引水式泵的设备中，因其引水罐的大小顶盖难以容纳，因此，难以制造顶盖内组合自动吸水泵功能的洗衣机；但是，②具有气水分离室的本构成，其结果就能够创始性地制造如下功能的洗衣机，其在

顶盖后侧的狭小空间中具备自动引水式泵，从而合理容纳能够任意切换使用自来水和洗澡水的装置。由此讨论补充该记载的补正是否为补充新事项。

首先，关于上述①，特许权人以原始说明书中记载有具有引水罐的洗衣机的现有技术的问题点为依据，主张上述①是原始说明书记载范围内的事项，但是，法院作出如下判示："原始说明书记载的并不是具备引水罐的洗澡水引水泵因引水罐的大小难以组合于洗衣机的顶盖内，而是即便是没有引水罐的自动吸水泵，在顶盖内组合泵的洗衣机还未实现，也还未提出过，因此，对未能实现顶盖内组合自动吸水泵功能的洗衣机的理由，仅要求为引水罐大小的（补正后的）特许说明书【0013】栏的记载①与原始说明书的公开内容有抵触。"

其次，关于上述②，特许权人以原始说明书中有洗澡水吸水泵（笔者注：相当于上述的自动给水泵）的设置区域相关的记载以及实施例中记载有具有气水分离室的洗澡水吸水泵为依据，主张上述②是原始说明书记载范围内的事项，但是，法院作如下判断："原始说明书中，完全没有明确洗澡水吸水泵的设置区域和具有气水分离室的洗澡水吸水泵之间的关联，因此，无法认定原始说明书中公开有通过使用具有气水分离室的洗澡水吸水泵就能够实现顶盖内组合自动吸水泵功能的洗衣机。"并且，如果这样的记载加入到说明书，则构成要件会带来原始说明书并未记载也未启示的作用效果，这样会导致加入新的构成要件所具有的技术性意义，由此判断其属于补充新事项。

（v）将原始说明书中并未明确是"实施例"还是"比较例"的具体例作为实施例进行的补正为补充新事项的案例

知财高判平成 18・6・29（平成 17 年（行ケ）第 10607 号）法院 HP 中，发明的详细说明书以"实施例"标题记载，但对应的说明书中的表中反而以"比较例"记载，其是否可以补正为"实施例"成为问题。该案例是关于"非水电解液以及锂二次电池"相关发明在补正前的说明书中，在发明的详细说明分别示出标有"实施例 -1""实施例 -2"的标题的例。"实施例 -1"是作为负极材料使用锡的例，"实施例 -2"是作为负极材料使用石墨粉末的例，对于"实施例 -2"记载有"作为负极材料使用石墨粉末以外与实施例 -1 相同的方法制成圆柱形电池（电池编号 1a 至 10a）"。另外，说明"实施例 -2"明细的表 2 中作出记载致使可以理解成 1a 至 10a 的例在其备注栏中是"比较例"（准确而言，只有 1a 记载成"比较例"，对其余例记载成"""）。对此，补正后的说明书中，"实施例 -2"减缩至仅有编号为 1a、7a、8a 的电池，并且，说明"实施例 -2"明细的表 3 中，删除了识别实施例、比较例的备注栏，其结果基于补正后的说明书的记载和表 3 的记载考虑时，可理解为“实施例 -2”的编号为 1a、7a、8a 的电池似乎成了实施例。审理决定以原始说明书中并未记载作为“实施例”含有“负极材料为石墨的情况”的发明为由，判断该补正属于补充新事项。

对此，原告主张如下：（ⅰ）补正前的表 2 中的“”的记载是笔误；（ⅱ）段落【0069】中，对于作为负极材料使用石墨的电池作出“不涉及应用本发明电池的性能”的说明，其原因只不过是想强调锡化合物的效果。因此认为审理决定的判断是错误的。

法院作如下判断：考虑到补正前的“实施例 -1”的标题已全部包含表 2 中的“比较例”以及“本发明”，因此，在“实施例 -2”的标题下方中记载的说明解释为全部都是“比较例”也没有任何不合理；在原始说明书的段落【0069】中，对于作为负极材料使用石墨的电池的作用效果，示出否定性评价等，基于上述理由，判断该补正属于补充新事项。

从权利要求书以及发明所要解决的课题来看，不管补正前还是补正后，本发明可以理解为，为了提高循环性而在电解液中含有特定的化合物这一点是发明的特征部分，如果该理解不够充分，作为负极材料使用锡化合物只不过是优选形式，而法院作出的“负极材料是石墨的情况是‘比较例’”的判断有些牵强。但是，通过详细分析可知该补正中包括如下补正：补正前明确记载为“比较例”，且即便考虑其电解液的组成也只能被解释为比较例的电池 1a 却被补正为实施例。另外，补正后包含在“实施例 -2”的电池 8a 尽管使用了本发明的电解液，其循环性与电池 1a 同等（双方都是 0.70），无法看到任何电解液带来的循环性的提高。

因此，本案中，对于补正后的说明书中以“实施例 -2”的标题记载的例而言，对其无法理解为“实施例”，认为该理解的本身是正确的（此外，补正后的“实施例 -2”包含的电池 7a 和“实施例 -1”包含的电解液编号 15 的循环性都是 0.71，关于电池 7a，如果只关注循环性，将其视为本发明还可能有余地，但是，终究包含明确记载为“比较例”的电池 1a 的 7a 以及 8a 全部作为实施例进行补正，未免有些勉强）。

（ⅵ）以所谓排除式权利要求进行的订正（补正）属于补充新事项的案例

前述知财高判平成 20・5・30 阻焊剂案件的大合议判决如下：对于权利要求书的记载，通过“但是……除外。”等消极的表现方式（所谓排除式权利要求）请求订正，以排除特许申请相关的发明中与在先申请发明相同的部分的情况下，对说明书或者附图中未具体记载的事项进行订正时，同样，除了该订正被认定为相对说明书或者附图公开的技术性事项导入了新的技术性事项的情况以外，则认为其是在说明书或者附图记载的事项范围内进行的订正。

基于该大合议判决修订的审查基准中记载有，“权利要求相关的发明因为与先行技术重复，可能失去新颖性等时，保留补正前的权利要求记载的事项的记载形式的状态下，以只排除该重复部分的方式进行补正”（补正为“排除式权利要求”），因为该补正“不属于新技术性事项的导入”，因此容许。由此可认为，与先行技术相比，技术构思显著不同且原本有创造性的发明，但是，恰好与先行技术有重复时，通过“排除式权利要求”的方式进行补正，也可以授予特许。

（ⅶ）加入原始说明书未记载的数值限定的补正并不属于补充新事项的案例

知财高判平成22・1・28（平成21年（行ケ）第10175号）法院HP判示如下：在补正前的“高绝缘、高气密房屋”的构成中加入原始说明书未记载的具体的热损失系数，即补正为“热损失系数为1.0～2.5 kcal/m^2・h・℃的高绝缘、高气密房屋”的事宜，并不属于补充新事项。对于该补正并不属于补充新事项的理由法院叙述如下：补正前的“高绝缘、高气密房屋”的构成以及补正后的“热损失系数为1.0～2.5 kcal/m^2・h・℃的高绝缘、高气密房屋”的构成，都只是以抽象方式表示了本发明解决课题的对象，很难说其包含了本发明所要解决的课题以及解决机制相关的技术性事项，因此，并不违背对申请时公开的发明范围为前提行动的第三人受到的不可预测的损失加以防止的特许法17条之2第3款的宗旨。并且，法院判断为“本案补正……终究而言，在与通过综合说明书、权利要求书或者附图的全部记载而获得的技术性事项的关系之中，应视为其并不是导入新技术性事项的情况”。

本案中，加入原始说明书未记载的数值限定并不属于补充新事项的认定与下述点有很大关系：如上述判示，加入该数值限定的构成只是以抽象方式表示了本发明解决课题的对象，与本发明的解决课题以及解决机制没有关联。需要注意是这样的补正并不总是被容许的。

（潮 太郎・广濑隆行）

6 对于优先权主张效力的判断

在日本的特许申请中，优先权相关的申请较多，如利用巴黎公约4条规定的优先权制度的特许申请、主张国内优先权的特许申请等。尽管如此，审理决定等撤销诉讼中是否认可优先权主张效力成为问题的案例并不多见。但是，由于不认可优先权主张效力导致的申请日往后延迟而引起的申请被驳回或者特许被无效的情况也存在。因此，认可优先权主张效力可称为权利得失相关问题。另外，直到平成16年（2004年）7月优先权相关审查基准公开为止，审查基准也没有明确在什么情况下认可优先权主张效力。本文中，鉴于该审查基准、审判案例，对优先权的判断基准进行概述。

(1) 巴黎公约以及特许法规定的优先权

(ⅰ) 巴黎公约的优先权

在日本特许法中，对于基于巴黎公约主张优先权的申请，有其优先权主张程序相关的规定（特43条），但是，对于在什么情况下认可优先权的主张效力没有任何规定。因此，基于巴黎公约规定判断是否认可优先权的主张效力（特26条）。

巴黎公约规定，对于发明构成部分而言，基于最初申请的申请文件的全部，该构成部分明确时，无法否认优先权（巴黎公约4条H）。但是，对于优先权中的发明同一性的具体判断方法没有明确，由主张优先权的国家的行政机关或者司法机关进行判断。❶

(ⅱ) 国内优先权

一方面，根据特许法41条2款的规定，能够享有国内优先权利益的发明为："根据前项规定主张优先权的特许申请（笔者注：在后申请）相关的发明中，成为该优先权主张基础的在先申请的申请文件附加的原始说明书、权利要求书或者实用新型申请的权利要求书或者附图（该在先申请是外文书面申请时，为外文

❶ Bodenhause"注解巴黎公约"，第54页。

书面文件）中记载的发明。”但是，怎样的情况可以称为“在后申请相关的发明中的、在先申请的原始说明书等记载的发明”，即关于在后申请相关的发明和在先申请的原始说明书等记载的发明之间的发明同一性判断，基准并不明确。

对于此点，日本优先权的相关规定在该点上与巴黎公约的优先权共通，即在认可新颖性、创造性等的判断时，申请时间以在先申请时间为准，因此，日本优先权制度中的发明同一性相关基准参考的是巴黎公约的优先权中的发明同一性相关解释。关于发明同一性，下面举出根据巴黎公约的优先权的审判案例和根据日本优先权的审判案例。

（2）审判案例

如上所述，对于优先权中发明同一性的具体判断方法，特许法以及巴黎公约均不明确。另外，对此作出判示的最高院判决也未找到。因此，以下级审判案例为参考进行解释。

（ⅰ）成为优先权主张基础的第一国申请中没有公开基于日本特许法完成的发明时，优先权主张相关的第二国申请中即便完成发明也无法认可优先权的案例

东京高判昭和 52・1・27（昭和 43 年（行ケ）第 132 号）无体集 9 卷 1 号 16 页是关于醋酸乙烯酯的制造方法的发明，基于德国特许申请主张优先权并在日本进行特许申请的相关判例。该案件中，在同盟第一国申请中没有实施例，在日本申请时补充了实施例。对于同盟第一国申请公开的化学物质的制造方法相关的发明，法院基于日本特许法判断为发明未完成。之后，以“在日本中的该申请相关发明是完成的发明，而优先权证明书附加的发明是未完成发明时，两者作为发明不具有同一性”为由否定了优先权的有效性。“对于日本申请的第二申请能够主张基于第一申请的优先权而言，认定为与第二申请的发明实质相同的发明需要在第一申请中予以记载”。即判示为基于巴黎公约的优先权中的发明同一性是“认定为实质相同的发明”。❶

第二国申请是在日本申请时，对于第一国申请公开的发明，基于日本特许法判断公开了怎样的发明，如果基于日本特许法判断为第一国申请公开的发明未完

---

❶　东京高判平成 5・6・22（平成元年（行ケ）第 115 号）知财集 25 卷 2 号 225 页作出同样判示：“参照优先权制度的宗旨，要求通过第一国申请相关的申请文件整体把握的发明的对象和第二国申请相关的发明的对象实质同一，才能作为优先权对象。”

成，即便第二国申请的是完成的发明，也无法认可优先权中的发明同一性。

此外，基于日本特许法作出的“第一国申请公开的发明未完成时，则无法享有优先权利益”判断，在之后案例中也适用。例如，东京高判平成13·3·15（平成10年（行ケ）第180号）法院HP判示如下：第一国申请的申请文件对发明的记载未达到可实施的程度，但是优先权主张申请时通过补充实施例（例3）首次达到了可实施的程度，此时无法享有优先权利益。

（ⅱ）判断为一个权利要求包含不同优先权日的发明的案例

东京高判昭和61·11·27（昭和58年（行ケ）第54号）无体集18卷3号432页是基于三个申请（以下以申请日早晚排序为“第（1）~（3）申请”）主张优先权并在日本特许申请的相关判例。日本申请相关的发明是关于由构成要件a~h构成的织构制造方法，构成要件h是单纤维摩擦系数fs70值为0.37以下的要件，由构成要件a~d以及构成要件h构成第一工序，构成要件e~g构成第二工序。另外，由于构成要件h能够带来显著减少第二工序中的断裂单纤维数等效果。第一申请中公开有由构成要件a~d构成的发明，第二申请中公开有由构成要件a~g和构成要件h_1（h_1是fs70值为0.20~0.34）构成的发明，第三申请中公开有由构成要件a~g和构成要件h（h是fs70值为0.37以下）构成的发明。该案例中，法院未认可基于第一申请的优先权，对于日本申请相关的发明中的由构成要件a~g以及h_1规定的范围认可基于第二申请的优先权效力，其余部分认可基于第三申请的优先权效力。

（ⅲ）对本领域技术人员来说与第一国申请公开的发明不一致的部分是显而易见的笔误时认可优先权主张效力的案例

大阪高判平成6·2·25（平成3年（ネ）第2485号）判时1495号25页是侵权诉讼中的审判案例，但是，本发明的特许申请的基于巴黎公约成为优先权主张基础的美国专利申请中的原始说明书中，有与本发明相关的权利要求书记载不一致的部分。具体地，编码氨基酸序列含有的175号、178号以及191号氨基酸的DNA密码子中的每个碱基各有一个不同。因此，原审被告主张优先权主张无效。对此，法院指出，优先权主张是否合适，应判断这些文件❶中主张优先权的发明构成部分是否公开，根据本案诉讼中提交的证据，可认定成为本发明基础

❶ 根据该判决，这些文件是指“判断申请内容同一性的基准文件”，包括“优先权主张的人员在特许申请日起3个月内向特许厅提出的发明说明书以及附图的正本，或者具有与这些相同内容的公报或者证明书”。

的当初的美国申请（美国第1、第2特许申请）说明书记载的氨基酸序列存在笔误。该领域专家能够认定可以理解其为笔误，由此指出优先权主张是合法的，当初的美国申请是可以对本发明的申请日赋予基础的。❶ 即在与第1国申请公开的发明不一致的部分对于本领域技术人员来说是显而易见的笔误时，可以认可优先权。

（iv）由在后申请的权利要求书的文字特定的发明，即便在在先申请的说明书等中有公开，在后申请中补充有超出在先申请公开的技术性事项的事项，其补充的事项包含在在后申请的权利要求书时，对于该补充的事项相关的部分不认可优先权的案例

东京高判平成15・10・8（平成14年（行ケ）第539号）法院HP判示如下，“即便是在在后申请的权利要求书的文字在在先申请的说明书等中有记载的情况下，如果在后申请的说明书的发明详细说明中记载有在先申请的原始说明书等未记载的技术性事项，构成在后申请的权利要求书记载的发明要旨的技术性事项超出在先申请的原始说明书等记载的技术性事项范围时，对超出的部分，应不认可其优先权主张效力”。

（3）国内优先权的审查基准

平成16年7月28日发布了国内优先权的审查基准❷。该审查基准适用于平成16年7月28日以后在特许厅进行审查的全部申请。据此，是否为在先申请的原始说明书、权利要求书或者附图记载的发明，“根据（与补正同样的）新事项例”进行判断。❸ 另外，鉴于前述东京高判平成15・10・8，审查基准还记载有根据同判决的判示内容进行审查。❹

（广濑隆行）

---

❶ EPO 8. 11. 1995T 0923/92・point 16 of the Reasons中，对于对应欧洲专利申请，指出无法享有优先权利益。

此外，虽然未认可优先权利益，作为对于此点未争论的裁判例，有东京高判昭和60・12・19（昭和57年（行ケ）第124号）判タ620号176页、东京高判平成15・12・15（平成13年（行ケ）第547号）法院HP等。

❷ 特许第1委员会第1小委员会：“优先权的审查基准”，知财管理55卷1号，第91页。

❸ 审查基准第Ⅳ部第1章“基于巴黎公约的优先权”4及其第2章“国内优先权”4。

❹ 参考审查基准第Ⅳ部第1章“基于巴黎公约的优先权”4.1（2）以及4.2（例3）。

7 程序法的违反

以上是实体法上的缺陷作为撤销事由的主张，但是，审理决定的撤销事由不仅限于这些，审理决定程序上的缺陷也可作为请求审理决定撤销的事由。即审查以及审判是按照法令规定的程序进行，根据其程序作为前提认定的事实进行特许性等的判断，但是，审查或者审判过程中程序存在违反法令等缺陷，且其对审理决定的结论带来影响时，或者不论对审理决定有无影响但有重大缺陷时，不应维持审理决定，这些均可成为撤销事由（最一小判昭和 51・5・6（昭和 45 年（行ツ）第 32 号）裁判集民 117 号 459 页）。

此外，与违反实体法相同，违反程序法时，仅仅是单纯违反规则的缺陷不作为撤销事由处理，如上所述，需要构成应撤销审理决定的违法。

（1）具体的撤销事由

（i）并未实质性地告知驳回理由或者撤销理由，且未给予陈述意见的机会的事由

审查官在作出驳回决定时，应向特许申请人通知驳回理由，并指定合理期限，给予其提交意见陈述书的机会（特 50 条）。例如，在向同姓异名的代理人的事务所发出驳回理由通知，而驳回决定正本却送达到正确的代理人的事务所的案例中，最终以在未通知驳回理由的情况下作出驳回决定为由审理决定被撤销（东京高判昭和 45・9・22（昭和 44 年（行ケ）第 116 号）判タ257 号 284 页）。

驳回决定不服审判中发现了与驳回决定中的驳回理由不同的驳回理由时，同样，应向特许申请人通知驳回理由，并指定合理期限，给予其提交意见陈述书的机会（特 159 条 2 款、50 条）。因此，以与驳回决定不同的驳回理由作出驳回审理决定时，未给申请人提供上述提交意见陈述书等的机会时会成为撤销事由。

（A）对于驳回决定中的引用文献，审理决定中认定不同发明的情况

作为一般理论，知财高判平成 20・2・21（平成 18 年（行ケ）第 10538 号）法院 HP，有如下判示："作为对比文件相同，但是改变由该对比文件把

握的技术内容，这相当于变更了应与本申请发明对比的公知技术内容，对于申请人即原告，应给予其以新的引用发明作为前提意见陈述的机会，因此，除非有特别情形，否则未作出驳回理由通知的审理决定违反特许法 159 条 2 款援用的同法 50 条的规定。”但是，在该案例中，认为比较对比文件或本申请发明各构成的事宜上不存在特别的困难，并且申请程序或审判请求书中论述了全部实质所需部分，无法认定对原告产生具体损失，基于上述理由，作出了应撤销审理决定的违法事由并不存在的决定。

另外，对于驳回决定中的引用文献，将与驳回决定不同的技术事项作为引用发明进行了认定的案例中，知财高院指出：原告在意见陈述书中对于该技术事项陈述了意见，因此，无法认定为未通知新的驳回理由（知财高判平成 18・7・31（平成 17 年（行ケ）第 10806 号）法院 HP）。

（B）在审理决定中，将与驳回决定中的主对比文件不同的出版物作为主对比文件的情况

在审理决定将与驳回决定中的主对比文件不同的出版物作为主对比文件的案例中，知财高判平成 20・3・26（平成 19 年（行ケ）第 10074 号）法院 HP 作如下判断：“与申请相关的发明进行对比的对象即主对比文件不同时，相同特征以及区别特征会不同，基于此进行的创造性判断内容也会不同。因此，审理决定中，将与驳回决定中的主对比文件不同的出版物作为主对比文件进行判断时，根据特许法 159 条 2 款援用的 50 条的规定，原则上应通知驳回理由，应给予申请人提交意见陈述书的机会，除了不能剥夺申请人的防御权的特别情形外，懈怠通知作出的审理决定的程序是违法的。”另外，当审理决定中新补充的公知技术作为主对比文件构成驳回理由时，也有判示为须通知新的驳回理由的案例（知财高判平成 18・6・28（平成 17 年（行ケ）第 10683 号）法院 HP、知财高判平成 18・12・27（平成 18 年（行ケ）第 10262 号）法院 HP）。

此外，将在驳回决定中的备注栏里作为公知惯用技术例示的出版物，作为审理决定中的主对比文件，并否定了发明申请的创造性的案例中，审理决定的理由与驳回理由的内容在重要的部分上一致，申请人已经提出对应于此的意见陈述书（审判请求理由），在貌似可以进行补正以克服该驳回理由时，没有再次通知驳回理由，对此，不能说存在违法（东京高判平成 16・4・14（平成 15 年（行ケ）第 230 号）法院 HP）。

（C）在审理决定中，新补充的公知技术成为问题的情况

上述（B）是审理决定将新的公知技术作为“主对比文件”的情况，但

是，还有以除此之外的形式争论审理决定使用新补充的公知技术是否成为撤销事由的案例。

公知技术是指本领域技术人员通常知晓的、应知晓的技术。因此，即便是审判程序中加入驳回理由通知书中未示出的公知事项而否定创造性的审理决定，原则上，会判断为其并不构成新的驳回理由（东京高判平成4・5・26（平成2年（行ケ）第228号）、东京高判平成3・10・31（平成2年（行ケ）第186号）判エ4799的25页、东京高判昭和62・2・25（昭和60年（行ケ）第179号）判エ2509的67的955页）。

但是，也有将审理决定中使用新的公知技术的事宜被判断为新的驳回理由的情况。知财高判平成21・9・16（平成20年（行ケ）第10433号）法院HP判示如下："即便是驳回理由未提示的公知技术，例外地在同法29条2款容易想到性的认定判断中可能被容许，但是，其仅限于构成驳回理由的引用发明认定上的微小调整、容易性判断过程中作为辅助加以使用的情况，或者有关技术领域中理解为公知性高的技术且作为理应或隐含前提的知识加以使用的情况，并不是只要是公知技术即使驳回理由未示出也应理所当然地被引用。"

除上述知财高判平成21・9・16外，在知财高判平成18・12・20（平成18年（行ケ）第10102号）法院HP中，该案例也是以审理程序中无实质性提示的公知技术来代替驳回决定中的出版物来认定了区别点的审理决定，其认定如下：该区别特征相关构成是本申请补正后发明的重要部分；审查官认定的该区别特征相关构成是否为出版物记载的事宜成为争议焦点；替换的公知技术无法认可是普通的原理或对于本领域技术人员来说是极其常识性、基础性的公知性高的技术。此时判断为"在驳回决定不服审判中发现与驳回决定不同的理由的情况下，即便从驳回理由通知制度要求的程序性保障角度来看，有必要发出驳回理由通知并给予申请人即原告陈述意见的机会"，该程序的缺陷明显会给作为区别特征判断基础使用新公知技术的审理决定结论带来影响。另外，在审理决定的创造性判断中所用的公知技术自身在驳回理由通知或驳回决定中未记载的案例中，同样，认定为程序上的缺陷（知财高判平成18・12・20（平成17年（行ケ）第10395号）法院HP）。此外，在审理决定中首次举出的特定的公知技术作为对比文件使用，并作出容易想到性判断的案例中，考虑到如下情况认定审理决定违法：公知技术不能单纯地被视为辅助性使用事项以用于知晓本领域技术人员的技术水平，其实质是作为判断的核心对比文件加以使用以认定容易想到性。并且，该公知技术适用相关的区别特征是申请人即原告自申请时一直作为最重要的构成之一提出，并要求在审理中慎重作出判断的

（知财高判平成19・4・26（平成18年（行ケ）第10281号）法院HP）。

（D）在驳回决定中以缺乏创造性为驳回理由，但是在驳回审理决定中以缺乏新颖性为驳回理由的情况

在驳回理由通知的阶段中以特许法29条2款（基于公知技术容易推导出）为驳回理由，但是，在驳回审理决定中以同条1款（与公知技术相同）为驳回理由，在这种情况下，是否需要再次通知驳回理由成为问题。在实用新型的案例中，东京高院作如下判示：在不能理解为通知的驳回理由中实质包含对比文件记载的事项和申请发明相同的情况下，以及驳回理由通知后的补正导致的同一性首次成为问题的情况下，省略通知驳回理由是不被容许的（东京高判平成元・5・31（昭和62年（行ケ）第225号）无体集21卷2号418页）。

（ⅱ）尽管依职权审查或者依职权证据调查，但仍未通知、未给予反驳机会的事由

在审判中，对于当事人或者参与人未申述的理由，可以进行审理或者依职权进行调查证据或证据保全，但是，此时，审判长应向当事人以及参与人通知该结果，并指定合理期限，给予其申述意见的机会（特150条5款、特153条2款）。

在适用了审判请求人没有作为注册无效事由进行主张的商标法法条作出无效审理决定的商标注册无效审判相关案例中，东京高院判示为“注册无效事由是指：规定了该事由的法条相对应的具体事实，在主张无效理由时，没有必要必须指出法条，通过陈述具体事实能够看出希望适用与该事实相对应的法条的审判请求人的意向即可”，“在由主张的其他注册无效事由推导出并依职权判断无效事由，当存在对双方当事人不构成突然袭击的特殊情形时，即使缺乏上述申述意见的程序，基于该理由撤销审理决定是不合适的”，但是，本案中并未认定存在这样的情形，因此认为审理决定违法（东京高判平成5・7・29（平成4年（行ケ）第133号、第134号、第132号）知财集25卷2号420页）。

以下同样是商标案例，最三小判平成14・9・17（平成13年（行ヒ）第7号）判时1801号108页判示如下，“以当事人未申述的理由作为基础构建的事实关系与当事人申述的理由相关的事宜在主要部分相同，并且，依职权审理的理由在当事人参与的审判程序中有所体现，因而能够预估实质给予了当事人对此反驳的机会，如上情况下，尽管进行了依职权审理，但存在对双方当事人不

构成突然袭击的特殊情形时，即便不给予其意见申述的机会，也不会给当事人造成实质性的损失。因此，审判中即便存在特许法153条2款规定的程序违反的情况，当存在审理当事人未主张的理由对双方当事人不构成突然袭击的特殊情形时，上述缺陷不构成撤销审理决定的违法事由”。

由此，在审判程序中审理当事人未主张的理由，且对当事人未给予意见申述的机会的情况下，当存在对双方当事人不构成突然袭击的情况时，则不构成撤销事由。

（ⅲ）未给予答辩书提交机会的事由

审判长在收到审判请求时应该将请求书副本送达被请求人，并指定合理期限而给予其提交答辩书的机会（特134条1款）。另外，审判长在许可请求书的补正时（同法131条之2第2款），应将其补正相关的程序补正书的副本送达被请求人，并指定合理期限而给予其提交答辩书的机会（该款正文）。[1] 违反这些规定并未给予答辩书提交机会时，构成审理决定撤销事由。原告（商标权人）在日本国内没有营业场所且未安排商标管理人的商标不使用审判相关案例中，知财高判作出“审判长对本案撤销审判请求书副本，使用航空邮件发送了挂号信件，但是，其送达地址是原告的旧住址，并未送达原告的真实住址，因此，上述送达存在缺陷，应评价为原告在审判程序中实质被剥夺接受审理的机会”的判断，并撤销该审理决定（知财高判平成22・9・30（平成22年（行ケ）第10078号）法院HP）。在另外一个案例中，因为无法向被请求人的旧住址送达审判请求书副本而作出公告通知，但是，被请求人对住址搬迁已完成商业登记程序，因此能够查出新住址，由此认定该公告通知缺乏要件（东京高判昭和54・12・13（昭和54年（行ケ）第82号）无体集11卷2号624页）。

（ⅳ）忽略提出的意见书、程序补正书而作出审理决定的情况

在审理终结通知到达申请人之前，申请人提交补正书的案例中，补正后的说明书以及附图并未成为审理判断的对象，由此认定其构成违法（东京高判昭和60・7・9（昭和56年（行ケ）第293号）判タ579号79页）。

---

[1] 但是，认为在没有必要给予被请求人提交答辩书的机会的特别的情况存在时，并不限定于此（特134条2款附文）。

（ⅴ）当事人提交的文件在审理决定前并未送达对方，未给予对方意见陈述以及证据提交等防御机会的状态下作出审理决定的情况

对于无效审判请求的资料，请求人在请求书副本中未附加其一部分的案例中，遗漏的部分实质是构成审判请求书内容的一部分，是特定理解请求人引用的技术思想所需部分，但是，并未向被请求人送达该部分并给予其提交答辩书的机会，由此认定审理决定违法（东京高判昭和44·4·4（昭和40年（行ケ）第106号）行集20卷4号342页）。另外，未将无效审判的被请求人提交的答辩书副本送达请求人的案例中，东京高院判示为“特许法134条2款规定，被请求人提交答辩书时，将其副本送达至求人。对于审判请求的被请求人的主张要告知于请求人，其宗旨并不一定是要保障请求人的再反驳、再举证权利。请求人的主张已经作为特许无效事由陈述，用于证明该事由的举证也作出，审判长若判断为根据其主张、举证和被请求人的答辩能够确保得出结论，可以立即终结审理，并不必须等待请求人的再反驳、再举证”，本案中，根据请求书以及答辩书可明确双方的主张、争议焦点，审判长判断为案件可以确保作出审理决定并通知当事人审理终结，因此，未送达答辩书副本作出审理决定的事宜并未对审理决定的结论带来影响（东京高判平成3·3·7（平成元年（行ケ）第272号）判时1388号117页）

（ⅵ）主张多个无效理由，但只对其部分无效理由进行判断并否定无效审判请求的审理决定

尽管无效审判请求人主张的无效理由在审判程序中发生变更，依然基于变更前的主张作出审判请求不成立的审查决定，在这样的对变更后的主张遗漏判断的案例中，认为该遗漏可能对审理决定的结论带来影响，以审理决定违法被撤销（东京高判昭和61·1·23（昭和59年（行ケ）第110号）无体集18卷1号1页）。另外，审理决定在认定区别特征的同时没有示出任何判断的案例中，指出审理决定存在理由缺陷（东京高判平成元·7·25（昭和63年（行ケ）第217号）判エ3877的2页）。

（ⅶ）审理决定书的缺陷

对于审理决定书中没有记载充分理由的情况，最高院判示如下：“对审理决定书中应记载的理由作如下解释。除了被视为掌握该发明所属技术领域常规知识的人员的技术常识或者技术水平的事实等，以及对于作为这些人员来说显著的事实作出判断等的特别的事由以外，作为上述所示的审判中的最终判断，

基于证据认定的事实需要具体明示其判断依据”（最三小判昭和 59・3・13（昭和 54 年（行ツ）第 134 号）裁判集民 141 号 339 页）。

知财高院有如下案例，叙述为“在审理决定中，若判断为满足特许法 29 条 2 款规定的要件时，经常伴有在其性质上作出未基于客观证据（技术资料）的认定或作出缺乏逻辑性的判断等的危险性。因此，审理决定书中的‘审理决定的理由’中，根据证据适宜作出事实认定，以认定事实作为基础导出结论的过程应合乎逻辑地示出，即需要作出客观说明，在之后争论的撤销审理决定诉讼中，对于这点不可欠缺，以作为充分的内容用以斟酌、判断”之后，对于本案审理决定记载的具体理由，判断为未作出充分说明（知财高判平成 21・7・29（平成 20 年（行ケ）第 10338 号）法院 HP）。

（viii）审理决定撤销判决确定后的审判程序中，采取与构成审理决定撤销的理由的判决中的判断相反的措施而作出审理决定的情况

并未按照撤销审理决定中具有约束力的判断，而在程序上具有缺陷的情况（东京高判昭和 61・2・12（昭和 60 年（行ケ）第 146 号）无体集 18 卷 1 号 26 页、东京高判平成 9・9・25（平成 9 年（行ケ）第 87 号）判时 1633 号 136 页（假捻加工法案件）等）。对于认定约束力的事项、范围，参考第 1 章 7“判决的内容、效力”。

（ix）其他

在审判程序过程中，共同审判请求人中的一人被宣告破产（当时）而选举破产财产管理人时，应中断程序并由破产财产管理人继承该程序，但在该案例中没有进行中断，忽略中断而作出的审理决定送达不合法，因而不发生效力，因此以审理决定的有效送达之前提起的不合法诉讼为由撤销审理决定诉讼被拒绝受理（东京高判平成 13・1・31（平成 12 年（行ケ）第 227 号）判时 1743 号 124 页）。与撤销事由不同，这是一种存在否定审理决定效力的事由的案例。

（2）基于违反程序法的撤销事由的意义

以上举出了违反程序法可构成审理决定撤销理由的情况，但是，对于程序上的缺陷而言，即使花费时间和费用获得撤销判决，对于缺陷的内容，有可能还会通过再次提出的无效审判容易克服，并得到与当初的审理决定相同的结

论。因此，还需要基于其他的实体法上的缺陷充分分析撤销理由并进行主张、举证。另外，在多个无效理由中的一部分无效理由缺乏判断的情况下，同样，与以该情况违法作为撤销事由提起撤销审理决定诉讼、受到撤销判决并再次回到特许厅审理而接受无效理由的方式相比，一般而言，基于未判断的无效理由直接另行请求无效审判的方式更加合理。

（本多广和）

8 特许权的存续期限可否延长注册的判断

制造销售医药品必须基于药事法的规定获得制造销售许可。因此，即便医药品相关的特许授权，在获得制造销售许可之前也无法实施其特许发明。这样的法规制度是必不可缺的。但是，因该规定，本应当能够享有的特许期限无法享有（减少了）其规定的相关程度。为了解决该问题，设定了特许权的存续期限的延长注册制度（特 67 条 2 款等）。

在特许权的存续期限的延长注册的申请（以下称为延长注册申请）中，尽管无法实施特许发明但只要判断能够实施，则延长注册申请被拒绝的情况较多。例如，在后处分与在先处分含有相同有效成分的医药品剂型变更情况中，特许厅的以往审查基准是，基于剂型变更处分无法延长保护在后处分相关的医药品的制剂特许。但是，最一小判平成 23・4・28（平成 21 年（行ヒ）第 326 号）民集 65 卷 3 号 1654 页提示到，应认可这样的制剂特许的延长。因此，有必要对特许厅的旧审查基准的审查运用进行修改，特许厅在平成 23 年 12 月修订了审查基准。

本节中，在概述延长注册申请相关的撤销审理决定诉讼的争议焦点的同时，介绍其争议焦点相关的主要审判案例。

（1）最高院判决之前的延长注册申请相关的撤销审理决定诉讼中的争议焦点概要

（ⅰ）概述

作为延长注册的要件，除申请人资格、提交期限等的形式性要件（特 67 条之 2 第 3 款、67 条之 3 第 1 款 4 项等）以外，还有“特许发明的实施需要受到第 67 条第 2 款政令规定的处分”（特 67 条之 3 第 1 款 1 项）的实体性要件。该实体性要件最重要，在延长注册申请的撤销审理决定诉讼中，该要件的充分性成为争议焦点。

在基于特许厅的旧审查基准的以往的审查实务中，采用了以“物（有效成分）”和“用途（效能、效果）”组对特许发明的实施进行认定的判断基准。因为该基准，多数审理决定中作如下判断，在先处分和在后处分中“物（有效成分)”和“用途（效能、效果)”相同的情况下，以“物（有效成分)”和“用途（效能、效果)”的观点考虑时，没有必要执行本案处分（在后处分）用以实施本发明，因此本案延长注册申请是缺乏“需要受到政令规定的处分”的要件，无法授予延长注册❶。即旧审查基准中，为了将特许发明的实施解释成“物（有效成分)”和“用途（效能、效果)”的组，对于两者以外的要素如剂型、用量等，在是否“特许发明的实施需要受到政令规定的处分”的判断上一律未考虑。

其中，存在特许发明的实施认定为“物”和“用途”组是否妥当的问题，即便所述认定妥当，还存在“物”解释成“有效成分”是否妥当、“用途”解释成“效能、效果”是否妥当等问题。

例如，初期的判决即东京高判平成12·2·10（平成10年（行ケ）第361号）判时1719号133页中，判断为“根据上述解释，为了获得特许发明的延长注册，有必要不能在相同的‘物’和‘用途’特定的范围内已受到别的处分并实施特许发明，相反地，相同的‘物’只要以相同的‘用途’使用时，即便因其使用形式、用法等的变更需要再次的政令规定的处分时，也无法将其作为理由获得特许期限的注册延长”，这表示该判断肯定了特许厅的旧审查基准的审查实务。另外，知财高判平成17·10·11（平成17年（行ケ）第10345号）法院HP中作如下判断，以上述的制剂特许作为对象的延长注册申请中，支持特许厅的旧审查基准。

在延长注册申请相关的初期的撤销审理决定诉讼中，支持旧审查基准的判决较多，但是，知财高判平成21·5·29（平成20年（行ケ）第10458号）判时2047号11页中首次示出否定旧审查基准的审查实务的判断基准。最高法院的判断在后叙述。

另外，对于“特许发明的实施”的解释，“用途”的解释也重要，对在先处分的用途和在后处分的用途的同一性进行争论的案例较多（前述东京高判平成12·2·10、知财高判平成23·2·22（平成21年（行ケ）第10423号~第10429号）判时2144号92页、知财高判平成19·9·27（平成19年（行ケ）第10016号）法院HP等）。

还有成为许可对象的医药品是否明确记载在延长对象特许的请求的范围等

---

❶ 该判断基准是对于延长的特许权效力，因为在特许法68条之2中规定：“不涉及对成为处分对象的物（其处分中规定有使用其物的特定的用途时，该用途上使用的其物）的该特许发明执行的实施以外的行为”，因此，在该法67条之3第1项1号中的“特许发明的实施需要受到政令规定的处分”的判断中引入该法68条之2中的效力要件的思路。

问题的案例（知财高判平成 22・12・22（平成 21 年（行ケ）第 10062 号）判时 2108 号 116 页、知财高判平成 21・5・27（平成 20 年（行ケ）第 10476 号）法院 HP 等）。

（ⅱ）审判案例

（A）用途的解释成为问题的审判案例

在前述东京高判平成 12・2・10 中，在先许可的适用对象只是成人，但在后处分中补充了小儿适用。法院提示："只要有效成分相同，其效能、效果也相同的情况下，尽管适用对象上补充小儿，也需要以与上次许可不同的项目获准许可，在本案延长注册申请上，也不能说明满足延长注册的要件。"关于用途的异同，还提示"不管是成人用还是小儿用，对于相同效能、效果的医药品而言只不过是适用对象不同而已"，示出无法视为别的用途的判断。

在前述知财高判平成 23・2・22 中，在先处分中的用途即"轻度以及中度的阿尔茨海默型痴呆症中的痴呆症状的进展控制"和在后处分中的用途即"重度的阿尔茨海默型痴呆症中的痴呆症状的进展控制"之间的同一性成为问题。作为结论，法院示出"'用途'的同一性不能基于医药品制造销售许可事项一部分变更许可书等的记载形式性地作出决定，应该考虑在先许可处分和本案许可处分的医药品的适用对象，即疾患的病理（病理生理）、药理作用、病状等实质性地作出决定"的基准之后，判断为在先处分和在后处分中用途不同，并撤销审理决定。

此外，在前述知财高判平成 19・9・27 中，对于补充适用轻度的支气管哮喘的在后处分的存续期限延长注册申请，以在先处分中的用途和在后处分中的用途实质相同为由，维持拒绝审理决定，可以说"用途"相关的法院的判断结果并不统一。

（B）"成为处分对象的物"和权利要求记载之间的关系成为问题的审判案例

前述知财高判平成 22・12・22 中，"成为处分对象的物"是否必须明确记载在延长对象特许的权利要求中成为问题。在本案中，是基于"达克普隆 OD 片 15"（有效成分：兰索拉唑）相关的许可（用途：非糜烂性胃食管反流病）的事宜，但是，延长对象特许的权利要求中作为权利要求的构成要件并未明确记载有效成分兰索拉唑。知财高判叙述为："为了使存续期限的延长注册申请合法，作为'政令规定的处分的对象'的'物'或者'物以及用途'，这些应客观明确地被记载，且作为包含在该特许发明的事宜，以'权利要求书'为基准，参照‘发明的详细说明’的记载，其必须是能够认知到的，而且满足这些就可以”，以此推翻了拒绝审理决定。前述知财高判平成 21・5・27 也作出了相同的判断❶。

通过本判决可明确，即便权利要求中并未明确记载“成为处分对象的物”的有效成分，只要从说明书等的记载能够客观判断出使用其有效成分的状态，其特许就能够成为延长的对象。

（2）最高院判决（最一小判平成 23・4・28）概要

该最高院判决的前审是前述知财高判平成 21・5・29。在该案中，同一有效成分、效能、效果中有剂型不同的先行医药品（“OPSO 内服液 5mg・10mg”）时，基于剂型不同的 PACIF capsules 30mg（有效成分：盐酸吗啡）的许可处分，其 PACIF capsules 作为特许发明的制剂特许是否可以延长成为问题。

知财高院指出，首先，特许法 67 条之 3 第 1 款 1 项规定的“其特许发明的实施需要受到政令规定的处分”的事实存在，需要：①因受到“政令规定的处分”禁止被解除；以及②因“政令规定的处分”禁止被解除的该行为包含在相当于“其特许发明的实施”的行为中。即对于“特许发明的实施”而言，按照其措辞是指，为医药品发明时，具备发明规定构成的全部医药品的实施，因此，作为结果，与特许发明的构成无关地，将特许发明的实施认定为“物（有效成分）”和“用途（效能、效果）”的组而判断受处分的必要性的以往的判断基准被否定。并且提出如下见解：医药品的情况下，对于作为“政令规定的处分”的对象的“物”而言，对其并不解释为“有效成分”，应解释为“由获得许可的医药品的‘成分’、‘剂量’以及‘结构’特定的‘物’”，并以此撤销审理决定❷。上述知财高院判决，否定了旧审查基准的运用以及过去的知财高院判决的判断，包含了同项解释相关的重要的事项。由此，最高法院在延长注册申请的审理决定撤销案件中首次对实体性注册要件示

❶ 该判决中叙述为：“作为‘政令规定的处分’的对象的‘物’（或者‘物’以及‘用途’），被客观要素特定，且基于‘权利要求书’、‘发明的详细说明’的记载以及技术常识，只要能够充分地认知、理解到就可以，并非必须明确记载于权利要求书。”

❷ 该知财高院判决中，对于特许法 67 条之 3 第 1 款 1 项的注册要件，记述为“为了驳回该申请，需要论证：①不能称为因受到‘政令规定的处置’禁止被解除；以及②因‘政令规定的处分’禁止被解除的行为不包含在相当于‘其特许发明的实施’的行为”，该思路在其他裁判例中也被采用。

以判断。

最高院作如下判示“作为特许权的存续期限的延长注册申请的理由以获得基于药事法 14 条 1 款的制造销售许可（以下称为在后处分）之前，即便与成为在后处置对象的医药品（以下称为在后医药品）具有相同有效成分、效能及效果的医药品（以下称为在先医药品）基于同款已获得制造销售许可的情况下，在先医药品不属于延长注册申请相关的特许权的任意权利要求相关的特许发明的技术性范围时，不得以已有先行处分为依据，不认可该特许权的特许发明实施需要受到在后处分”。最高院以其为理由，记述为“原因在于，特许权的存续期限的延长制度以恢复因受到特许法 67 条 2 款的政令规定的处分而无法实施特许发明的期间为目的，此时，即便与在后医药品具有相同有效成分、效能及效果的在先医药品已有先行处分，只要在先医药品不属于延长注册申请的特许权的任意权利要求相关的特许发明的技术性范围的情况下，就不可以说成，无论上述延长注册申请相关的特许权中的相当于在后医药品实施的特许发明，就连上述特许权的任意权利要求相关的特许发明也都能实施”。作为结论，最高院作如下判示“在先医药品不属于本案特许权的任意权利要求相关的特许发明的技术性范围，因此，在本案中，不得以已有本案在先处分为依据，不认可其特许发明实施需要受到本案处分❶”。

如上述判示，最高院指出，在先医药品不属于延长注册申请相关的特许权的任意权利要求相关的特许发明的技术性范围时，不得以已有在先处分为依据，否定特许发明实施需要受到处分。由此，基于该基准，对于以往因在先处分中的“物”和“用途”相同的理由不认可延长注册的制剂特许等，认可了延长注册。

(3) 修订后的审查基准

经过上述最高院判决，特许厅作出：不能通过对比在先医药品和在后医药品中的“物（有效成分）”和“用途（效能、效果）”审查延长注册，需要细致考虑权利要求书来进行判断，以此修订了审查基准。在修订审查基准中，“特许发明的实施”被认定为医药品的制造销售等的行为，该行为由如下事项特定：处分对象的医药品的许可书等中记载的事项中相当于特许发明的发明特

❶ 最高院对特许法 68 条之 2 的效力规定的解释和注册要件进行划分，并记述为“在后医药品不属于延长注册申请相关的特许权的任意权利要求相关的特许发明的技术性范围时，根据如何解释通过在先处分而延长存续期间时的特许权效力涉及的范围（特许法 68 条之 2），上述结论就会有所不同”。

定事项的全部事项（相当于发明特定事项的事项）[1]。此外，作为发明特定事项不包含特定用途的事项的特许发明的情况下，“特许发明的实施”被认定为由“相当于发明特定事项以及用途的事项”特定的医药品的制造销售等的行为。

由此可明确，作为相当于发明特定事项的事项，要考虑权利要求记载的要件。以往是没有考虑制剂特许的权利要求记载的制剂相关的权利要求要件，但是，修订后的审查基准是考虑了制剂相关的权利要求要件，由此制剂特许也成了延长对象。

（4）实务上的注意点

如上所述，存续期限延长注册申请相关的撤销审理决定诉讼中，通过判例的蓄积（特别是上述最高院判决）落实了一些论点。但是，上述最高院判决中还有未解决的问题。例如，根据修订后的审查基准，对于“特许发明的实施”而言，基于处分对象的医药品的许可书等中记载的事项中相当于特许发明的发明特定事项的全部事项，判断特许发明的实施是否需要受到处分，即使在这种情况下，也需要对比成为处分对象的医药品的用途和特许发明的用途，由此“用途”的异同判断成为问题而遗留。另外，成为处分对象的医药品在含有特许发明特定之外的成分的情况下被特定，此时，如何判断其可否延长注册可能就会成为问题。

因此，对这些解释法院示出怎样的判断需要注意。

（小林 浩）

---

[1] 例如，延长对象特许的权利要求所涉及的发明为“含有有效成分（A）以及缓释性成分（B）的用于治疗哮喘的缓释性制剂”时，处分相关的医药品而言，医药品是含有有效成分（A）以及缓释性成分（B），用途是哮喘治疗剂，剂型是缓释性制剂，此时，特许发明的实施需要本案处分。但是，其条件为，相同处分不能作为在先处分存在。

第4章

其他撤销审理决定诉讼的建议

1　其他撤销审理决定诉讼的种类

产业财产权相关制度中，除特许权之外，还有实用新型权、外观设计权以及商标权相关制度。这些制度在“由申请及其之后的权利设定登记产生权利”这一点上与特许制度共通，但是，因为保护客体不同，审判上有时采用特许制度没有的类型，或者尽管是与特许制度相同类型的审判，其审判请求的理由也会不同。

特许制度之外的这些制度中，现行法规定有驳回决定不服审判（外46条、商44条）、注册无效审判（实37条、外48条、商46条）、补正驳回受理决定不服审判（外47条、商45条）、不使用撤销审判（商50条）、商标权人的不当使用撤销审判（商51条）、权利转移后的商标权人的不当使用撤销审判（商52条之2）、使用权人的不当使用撤销审判（商53条）、代理人等的不当注册撤销审判（商53条之2）以及防护标章（防御商标）注册相关的各审判（商68条4款援用的商44条、45条、46条、53条之2），还有对应这些审理决定的撤销诉讼（实47条、外59条、商63条）。

另外，在平成15年修订（平成15年法律第47号）之前，特许以及商标制度中采用了异议申请制度，但在特许制度中，其与性质类似的无效审判制度共存的需要性变得微弱，因此，在特许制度上试图统一异议申请制度和无效审判制度。因此在现行法中，只有商标制度采用异议申请制度（商43条之2。商68条4款援用的商43条之2）。对于该异议申请制度，有对应撤销决定（撤销商标注册的决定）的撤销诉讼（商63条）。

以下，对于特许之外的各制度中的各种撤销审理决定诉讼，说明各制度中的代表性撤销审理决定诉讼，并且说明各制度中的特别的审理决定撤销理由（审判请求的理由）。此外，实用新型制度中的撤销审理决定诉讼案例数量并不多，并且，其审理决定撤销理由类似于特许制度，因此对其予以省略。

（长泽幸男 · 井口　司）

2　外观设计的撤销审理决定诉讼

(1) 概要

现行外观设计法之下，规定有驳回决定不服审判、无效审判，以及补正驳回受理决定不服审判的审理决定对应的撤销诉讼。

(2) 驳回决定不服审判、无效审判的审理决定等撤销诉讼

作为外观设计的驳回决定不服审判（外 46 条）的请求理由（外 17 条各项），有违反外观设计的保护客体、新颖性、创作非容易性（外 3 条），与在先申请外观设计的一部分相同或者类似的在后外观设计申请不受保护（外 3 条之 2）、违反公序良俗等（外 5 条）、违反组件外观设计的要件的（外 8 条），违反在先申请规定（外 9 条 1 款、2 款），违反关联外观设计的要件（外 10 条 1 款、2 款），违反共同申请（外 15 条 1 款中援用的特 38 条），违反外国人权利共有（外 68 条 3 款中援用的特 25 条）、违反条约、违反一外观设计一申请（外 7 条），以及假冒申请（Misappropriated Application），以特许的驳回决定不服审判的请求理由作为基本，规定了外观设计特有的请求理由。

另外，作为外观设计注册的无效理由（外 48 条 1 款各项），与上述的驳回决定对应的审判请求的理由几乎相同，但是，违反组件外观设计的要件（外 8 条）、违反关联外观设计的要件（外 10 条 1 款）、违反一外观设计一申请（外 7 条）的无效理由除外，后续补充规定有违反外国人权利共有或条约。

其中，特别对外观设计相应性、新颖性、创作非容易性、违反公序良俗等，组件外观设计的要件以及关联外观设计的要件的各判断进行说明。对于其他的驳回理由、无效理由，希望参考特许撤销审理决定诉讼中的各项内容。

(ⅰ) 外观设计的保护客体判断

外观设计的成立，以认定为物品的事宜（物品性）、形状、图案或色彩或者它们的结合（形态性）、视觉引起的事宜（视觉性）以及引起美感的事宜（审美性）为要件（外 2 条 1 款）。此外，还保护物品的“部分”或画面设计

(画像)(同款括号文、2 款)。

为了满足“物品性”要件，需要有体式且动产性（如热等的无体物、不动产等的不具有市场流通性的不具有物品性）、定形性（流动体或粉状物等不具有物品性）、独立交易性（没有独立的市场流通性的袜子后跟、瓶口等不具有物品性）。作为物品性相关的判例，可以参考东京地判平成 5・4・14（平成 3 年（ワ）第 7321 号）(端子配件案件)、东京高判昭和 53・7・26（昭和 52 年（行ケ）第 121 号）无体集 10 卷 2 号 369 页（转台案件）等。此外，对于部分外观设计（外 2 条 1 项括号文）而言，同样，要求包含该部分的物品自身具有独立交易性。

“形态性”要件中的“形状”只限定于物品自身的形状，销售展示效果为目的折手绢制成的花的形状等并不具有形态性。“图案”是指物品表面的装饰，具有装饰性功能并加以利用的文字可作为图案，但是，文字仅用于信息传递目的时等并不具有形态性。另外，“色彩”是指单一颜色的着色，宽范围地还包括无彩色、金属色、透明等。

为了满足“视觉性”要件，肉眼必须能够识别到申请相关的外观设计整体的形态。例如，粉状物或者粒状物的一个单位很微细，因此肉眼无法识别其形态，从而无法认可其具有视觉性。但是，对于通过放大镜等作为通常的交易形式判别的宝石的切割设计等判断为其具有视觉性。

对于“审美性”，如音乐那样，美感有时通过听觉引起的情况也存在，但是，对于外观设计而言，美感仅限于通过视觉引起的美感。美感并不是如艺术品那样要求高尚的美，只要达到某种美感即可。

不满足上述的全部要件，则以“不构成外观设计”为由违反外观设计法 3 条 1 款导言条款。

(ⅱ) 新颖性的判断

在外观设计制度中的新颖性（外 3 条 1 款各项）的判断中，与其他制度不同的是，不仅公知的外观设计（同项 1 号）以及出版物公知的外观设计（同款 2 项）没有新颖性，而且与这些外观设计类似的外观设计（同 3 号）也没有新颖性。

“类似的外观设计”，对其应理解为是指包含在认定为在形态价值上与公知外观设计等具有同一性的范围内的外观设计，构成外观设计的“物品”以及“形态”两者都类似时，以及其中之一类似而另一个相同时，均判断为类似的外观设计。是否为“类似的物品”，一般取决于是否为相同用途和功能的物品，部分外观设计的情况下，除判断物品的类似性以外，还判断想要获得外观设计注册的部分的功能以及用途的共通性。另外，是否为“类似的形态”，取决于从外观感受到的美感或者印象是否为相同的形态，部分外观设计的情况下，还要考虑物品整体中想要获得外观设计注册的部分占有的位置、大小、范围。

作为通常的外观设计是否类似的判断方法，首先，设定两个外观设计的基本构成状态、具体构成状态。基本构成状态是指，大体掌握的、构成外观设计框架的状态；具体构成状态是指，详细观察的、外观设计细节相关的状态。其次，对这些进行整体性观察（外观类似为主体的整体观察），并参考物品的性质、用途、使用形式等判断哪些是最能引起观众注意的部分（专注外观设计主要部分的观察）。之后，对比两个外观设计（并不根据美观上是否有差异而决定主要部分，而是判断主要部分包含的构成状态的差异是否对美观带来影响），在关注的部分中两个外观设计在构成状态上共通时，两个外观设计就类似，而且，即便成为主要部分的构成状态的一部分有差异，而该差异极其微小，不会导致美观有差别时，认定为两个外观设计类似。主要部分以外的构成要素，无论其差异的大小、美观上的差别如何，不构成非类似的理由（竹田稔《知识产权侵权要论（特许、外观设计、商标权）（第5版）》687页）。是否类似判断相关的审判案例比较多，具体如下：东京高判平成16·10·19（平成16年（行ケ）第172号）法院HP判断为，如对端铣刀这样的功能性物品而言，赋予重要功能的部分容易引起观众的注意；东京高判平成15·11·6（平成15年（行ケ）第320号）法院HP判断为，在煎锅表面上设计的小凹凸图案只能达到认知质感差异的程度，对外观设计是否类似判断的影响微弱；知财高判平成22·6·30（平成21年（行ケ）第10208号）判时2110号106页判断为，对于在高尔夫球的外形上形成的凹陷（浅凹）的数量而言，其差别很微小且浅凹覆盖球整体状态下的整体美观没有大的不同；知财高判平成22·7·7（平成22年（行ケ）第10079号）判时2098号149页判断为，对于呼吸面具，对于请求书附加的附图或者请求书附加的相片、样式或者样本体现的事项，以及基于其能够认知到的事项以外的事项进行考虑并认定外观设计是不妥当的；知财高判平成23·4·28（平成22年（行ケ）第10401号）判时2122号127页判断为，对于净水器，共通点均不能作为突出的显著特征，相对于此，差异点对美观的影响大，且对需求者产生的整体的美观不同于引用外观设计。因具有这样的外观设计性效果，认定为不类似。

(iii) 创作非容易性的判断

外观设计法3条2款规定，申请前本领域技术人员基于公开知晓的形状、图案或色彩或者这些结合能够容易作出外观设计的创作时，对于该外观设计，不授予外观设计注册。其中，易成为争议焦点的部分是“基于公开知晓的形状、图案或色彩或者这些结合”的解释以及“能够容易作出外观设计的创作时”的判断基准。

对于“基于公开知晓的形状、图案或色彩或者这些结合”的解释，法院判示为：“为了通过法3条1款驳回注册，首先，必要的是其外观设计相关的物品同一或者类似，其次，在外观设计自身上也需要认定同一或者类似。但是，从同条2款的规定可以明确，与同条1款的关联具体物品的外观设计同一或者类似作为问题的观点不同，其脱离与物品之间的关系，而是将作为抽象性主体的在日本国内广泛知晓的形状、图案或色彩或者这些结合作为基准，并不是基于这些本领域技术人员能够容易创造的外观设计作为注册要件，其主体关联的物品是否为异同类不构成任何问题。……对于同条1款3项而言，外观设计的效力涉及注册外观设计的类似外观设计，即与注册外观设计相关的物品同一或者类似的物品、作为一般需求者能够产生类似于注册外观设计的美感的外观设计（法23条），其对物品的外观设计从一般需求者的角度观察的美感是否类似作为问题，相对于此，法3条2款是突破物品同一或者类似的限制，以社会上广泛知晓的主题作为基准，从本领域技术人员的角度观察的灵感的创新型以及独创性作为问题，应理解为两者是思路基础不同的规定”（最三小判昭和49・3・19（昭和45年（行ツ）第45号）民集28卷2号308页（可挠性伸缩软管案件）），明确了脱离与物品之间的关系，而将作为抽象性主体的广泛知晓的形状等作为基准，以判断外观设计的创作非容易性。

另外，作为“能够容易作出外观设计的创作时”的判断基准，在外观设计审查基准中，举出创作容易的外观设计的具体例，包括“替换的外观设计”（本领域技术人员通过常规的方法将公知外观设计的特定要素替换为其他的公知外观设计的外观设计）；“组合的外观设计”（通过常规的方法组合多个公知外观设计的外观设计）；“基于配置变更的外观设计”（通过常规的方法变更公知外观设计的构成要素的配置的外观设计）；“基于构成比率变更的外观设计”（通过常规的方法变更公知外观设计的全部或者一部分的构成比率的外观设计）；“基于连续的单位数增减的外观设计”（通过常规的方法增减公知外观设计中包含的重复单位数的外观设计）；“几乎为原有表现的外观设计”（对公知主体未加入任何变形而以物品的形态表示的外观设计）；“基于商业惯例转用的外观设计”（如汽车和汽车玩具，对非类似物品间本领域技术人员能够实施转用的商业惯例时，通过转用方式创作的外观设计）。创作非容易性的判断相关的审判案例很多，有如下例：东京高判平成15・1・29（平成14年（行ケ）第229号）法院HP判断为，对于构成创作非容易性判断基础的公知外观设计而言，不仅包含同一形状的公知外观设计能作为基础，包含类似形状的公知外观设计也能作为基础；东京高判平成16・4・22（平成15年（行ケ）第538号）法院HP判断为，对于构成基础的公知外观设计而言，并不限于通过附图等的具体认知，通过名称或语言说明的具体认知也能作为基础。

（ⅳ）违反公序良俗等的判断

外观设计法5条规定，违反公序良俗的外观设计（同条1项）不能注册，此外，作为外观设计制度特有的规定，有可能与他人业务相关的物品产生混同的外观设计（同条2项），以及只以用于保护物品功能而不可欠缺的形状构成的外观设计（同条3项）不能注册。

外观设计法5条2项规定的宗旨在于，作为物品的形态的外观设计经过长年的实施具有作为标识的识别力的情况下，防止他人将其作为外观设计注册而使交易秩序变混乱的事宜。“混同”不仅包含物品的出处混同的情况，还包含能够想起与他人的业务有何种关系（资本往来等）的情况。例如，使用了他人的著名商标或著作物等的外观设计等适用本规定。

另外，外观设计法5条3项规定的宗旨在于，本来，外观设计制度是保护物品的美的形态，但是，对于用于确保物品功能的不可欠缺的形状认可外观设计注册时，会导致限制第三人实施具有该功能的物品的行为，因此，在于防止这类情况出现。“用于确保物品功能的不可欠缺的形状”是指，用于确保物品的技术性功能（不包含如美的效果那样的心理性、视觉性功能）而必然决定的形状（必然性形状）。申请的外观设计是否相应于必然性形状，只需对体现物品的技术性功能的形状进行关注并判断，此时，特别是考虑是否存在能够确保该功能的代替性形状、是否存在必然性形状以外的外观设计评价上应考虑的形状。另外，用以物品的互换性的确保等（含有技术性功能的确保），物品的形状以及尺寸等的各要素被规格化、标准化，基于规格化、标准化的物品的形状以及尺寸等不得不正确地再制造的形状构成的外观设计，对于这些外观设计，同样判断为以上述的必然性形状为基准的设计。

此外，围绕外观设计法5条的诉讼案例几乎没有。

（ⅴ）组件外观设计的要件的判断

组件外观设计制度是指组合多个物品的“系统设计”或“成套设计”等，作为具有统一感的整体被创作的情况下，可作为一个外观设计受到保护的制度。

作为组件外观设计的注册要件（外8条），提及的有“组件”即“同时使用的两个以上的物品且经济产业省令规定的物品”，以及“作为组件整体有统一性”。

作为组件整体是否有统一性的判断，取决于如下事宜：是否以同样的造型处理表现各构成物品的形状、图案、色彩等；构成物品作为整体是否表现一个完整的形状、图案；基于各构成物品的形状、图案、色彩等，是否带来具有写实性等观念性关联的印象。

此外，围绕组件的外观设计制度的诉讼案例几乎没有。

（ⅵ）关联外观设计的要件的判断

关联外观设计制度是指分别对一个设计、概念相关的、同时创作的、多个变化的外观设计，以具有同等价值的方式加以保护而导入的制度。

作为关联外观设计的注册要件（外10条），提及的有：类似于本外观设计的外观设计（同条1款）；关联外观设计的申请日在本外观设计的注册日之后且在本外观设计的外观设计公报的发行日之前（同条1款）；以及并不是只类似于关联外观设计的外观设计（同条2款）。此外，同条1款的要件并不能成为无效理由的原因在于，对关联外观设计的外观设计注册还要求新颖性等的常规性注册要件，因此，即便并不类似于本外观设计的关联外观设计注册时也不会对第三人带来损失。

这些注册要件中，是否为类似于本外观设计的外观设计容易成为问题，但是，该“类似”的判断与在新颖性、创作非容易性中的类似判断相同。法院否定了原告的主张，即否定了“关联外观设计制度是使‘在设计开发的过程中，由一个设计、概念创作出的变化的外观设计’相互关联，对此进行同等保护，因此，是否属于关联外观设计制度下保护的‘类似的外观设计’，应取决于与本外观设计之间的设计、概念的共通性”，法院判示为“关联外观设计同样也是具体物品（或者物品的部分）的形态（形状、图案、色彩或者这些组合，通过视觉能够引起美感），显然并不是脱离了物品的‘设计、概念’那样的抽象性、观念性事宜，是否构成作为其要件的‘类似的外观设计’，应基于作为关联外观设计申请的该外观设计的具体构成状态进行判断。假设，即便与‘设计、概念’共通，也不能视为其具体化的物品的形状，即外观设计全部类似”（知财高判平成17·4·13（平成17年（行ケ）第10227号）法院HP）。另外，所谓的部分外观设计的申请和整体外观设计的申请是指想要获得保护的外观设计注册的方法以及对象是不同的申请，因此，并不构成类似的外观设计，不能将两个申请作为关联外观申请加以处理。

此外，如果判断为关联外观设计并不类似于本外观设计时，申请人可以删除作为关联外观设计加以申请的请求书记载的“本外观设计的表示”的栏，变更为常规的外观设计注册申请（平成10年修订外观设计法外观设计审查的运用基准第1部Ⅳ“外10条（关联外观设计制度的创设）”4.1（2））。

（3）补正驳回受理决定不服审判的撤销审理决定诉讼

外观设计注册申请人在申请处于审查、审判以及再审时，可以对请求书、附图等进行补正（外60条之3）。但是，该补正涉及请求书、附图等特定的外观设计的要旨变更时，应驳回受理该补正（外17条之2）。对此，申请人可以请求相对于补正驳回受理决定的不服审判（外47条），而且，也可以提起相对于该审理决定的撤销诉讼。此外，认定为补正属于要旨变更的情况下，对于补正后的外观设计可以进行新的外观设计注册申请（外17条之3）。

撤销诉讼中成为争议焦点的是，补正是否为外观设计的要旨变更。“外观设计的要旨”解释为，基于其外观设计所属领域中的通常知识，能够从请求书记载以及请求书附加的附图等直接导出的具体外观设计内容。并且，对于补正是否属于要旨变更而言，综合考虑请求书记载以及请求书附加的附图、相片、样式或者样木的情况下，对如下事宜进行判断：对于申请当初的外观设计的要旨，其变更是否超出基于其外观设计所属领域中的通常知识能够显然导出的同一范围，或者是否明确了申请当初不明确的外观设计的要旨。外观设计审查指南中，对补正构成要旨变更的具体例，分别对应请求书中的“外观设计相关物品”的栏、“外观设计相关物品的说明”的栏、“外观设计的说明”的栏以及附加附图进行了详细说明。

此外，补正驳回受理决定不服审判审理决定对应的撤销诉讼几乎没有。其原因认为如下：因外观设计是物品的美的形态，因此，其同一性的范围极其狭小，且能够补正的范围被限制，而且，外观设计审查指南等具体示出了能够补正的范围，因此争论的余地几乎不存在。

（4）外观设计相关的撤销审理决定诉讼的特色

外观设计相关的撤销审理决定诉讼的程序，与特许相关的撤销审理决定诉讼以及实用新型相关的撤销审理决定诉讼大不相同。即知财高院中未分配外观设计相关的调查官，因此，在外观设计相关的撤销审理决定诉讼中，无法发出对于调查官的调查命令。并且，有时候调查官不参与，案件并不执行辩论准备程序，而是通过数回的口头辩论进行主张、举证。

如上，在程序方面，外观设计相关的撤销审理决定诉讼与特许相关的撤销审理决定诉讼以及实用新型相关的撤销审理决定诉讼大不相同。并且，在实体方面，在判断内容以及判断方法上，外观设计相关的撤销审理决定诉讼中成为争议焦点较多的是“是否构成类似外观设计判断”，与特许相关的撤销审理决定诉讼以及实用新型相关的撤销审理决定诉讼中的“创造性判断”有很大不同，对此应加以注意。特许相关的撤销审理决定诉讼以及实用新型相关的撤销审理决定诉讼中，法官意识到其是技术专业性诉讼，且特许审判官等有经验者作为调查官作出调查报告，因此，对于其专业性有充分的理解。相对于此，外观设计相关的撤销审理决定诉讼中，并没有对于调查官的调查命令，即便在是否类似外观设计判断的要求专业性的事宜上，法院对其也并无明确意识。

因此，外观设计相关的撤销审理决定诉讼的情况下，对于是否类似外观设计的判断，应进行充分的主张，并基于该主张充分举证在先外观设计等。外观设计相关的撤销审理决定诉讼根据当事人主义原则进行，与根据职权主义进行的审判不同，没有充分的主张、举证，在该诉讼中就无法胜诉。这也适用于其他的撤销审理决定诉讼，但是，特别在外观设计相关的撤销审理决定诉讼中，当事人需要有充分的认识。

（长泽幸男·井口　司）

3 商标的撤销审理决定诉讼

(1) 概要

现行商标法规定有驳回决定不服审判（商 44 条）、补正驳回受理决定不服审判（商 45 条）、注册无效审判（商 46 条）、不使用撤销审判（商 50 条）、商标权人的不当使用撤销审判（商 51 条）、商标权转移后的商标权人的不当使用撤销审判（商 52 条之 2）、使用权人的不当使用撤销审判（商 53 条）、代理人等的不当注册撤销审判（商 53 条之 2）以及防护标章（防御商标）注册相关的各审判（商 68 条 4 款援用的商 44 条、45 条、46 条、53 条之 2）的审理决定相对应的撤销诉讼以及注册异议申请的撤销决定相对应的撤销诉讼（商 63 条）。防护标章（防御商标）并不以使用为前提，因此，其没有使用撤销审判、不当使用撤销审判相关规定。

商标相关的撤销审理决定诉讼的程序，与特许、实用新型撤销审理决定诉讼大不相同，其类似于外观设计撤销审理决定诉讼的程序。知财高院中，与外观设计案件相同地，并未分配商标案件相关的调查官。因此，商标撤销审理决定诉讼中无法发出对调查官的调查命令。并且，与外观设计撤销审理决定诉讼相同，不用经过答辩准备程序以整理争议焦点以及证据，而是经过数回的口头辩论作出当事人的主张、举证后进行判决。

以下，根据审判的种类分别说明。

(2) 驳回决定不服审判、无效审判、注册异议申请等的审理决定撤销诉讼

(ⅰ) 驳回决定不服审判

驳回决定是审查员在向申请人通知的驳回理由（商 15 条、15 条之 2）未克服情况下作出的最终处分，因此，在上级审的审判中对审查员的驳回决定的妥当性进行审理。

商标法 15 条 1 款各项中限定性地列举出商标注册申请的驳回决定理由。

即自己与他人商标的识别性（商 3 条）、不注册事由（商 4 条 1 款）、地域团体商标的注册要件（商 7 条之 2 第 1 款）、在先申请规定（商 8 条 2 款 · 5 款）、商标注册撤销后指定期间内禁止再注册（商 51 条 2 款（包含商 52 条之 2 第 2 款中援用的情况）、53 条 2 款）、外国人权利享有（商 77 条 3 款中援用的特 25 条）、条约，以及违反一商标一申请（商 6 条 1 款 · 2 款）要件的情况。驳回决定不服审判中申请人的审判请求被驳回的情况下，向知财高院起诉以请求撤销该驳回审理决定。实务上，自己与他人商标的识别性（商 3 条）以及与先申请注册商标的类似与否判断（商 4 条 1 款 11 项）作为争议焦点的撤销诉讼较多。

（ⅱ）商标注册的无效审判（商标法 46 条）

商标注册存在缺陷时，存续有缺陷的注册是不合适的，因此，在商标注册后作为溯及注册无效的手段采用无效审判制度。特许无效审判原则上是“任何人都可以请求”（特 123 条 2 款），但是，商标注册的无效审判，不管理由如何，只能由“利害关系人”请求（商 46 条）。

商标注册的无效理由与驳回决定的理由几乎相同（商 46 条 1 款各项），但是，违反一商标一申请是形式性缺陷，因此从无效理由中排除。违反商标法 8 条 1 款（在先申请）虽不构成驳回理由，但却构成无效理由。因为，可以使违反同法 4 条 1 款 11 项的商标注册无效。补充规定的无效理由有，未继承商标注册申请产生的权利的人员的商标注册、注册后丧失权利能力的情况、违反条约的情况、注册后相应于公益性无效事由的情况（商 4 条 1 款 1 项 ~ 3 项、5 项、7 项、16 项），以及注册后违反地域团体商标（商 7 条之 2）的注册要件的情况。

无效审判的请求被驳回时的审判请求人，或者无效审判的请求被认可时的商标权人，可以向知财高院起诉以请求撤销该审理决定（商 63 条）。

（ⅲ）注册异议申请中的“撤销决定”

如上所述，特许制度中特许注册后的异议申请制度已被废止，但是，商标制度中存续着注册异议申请制度（商 43 条之 2）。原因在于，为了达到公益性目的，提高对商标注册的信赖性，其并不是如注册无效审判（商 46 条）那样的围绕商标权当事人之间的纠纷解决。注册异议申请的理由，与驳回决定的理由几乎相同（商 43 条之 2 各项），但是，如上所述，从申请理由中排除了违反一商标一申请，补充规定有违反在先申请。

对于注册异议申请案件而言，通过异议申请商标注册被撤销的商标权人才可以提起撤销诉讼，注册维持决定的异议申请人不可以对该维持决定提起撤销诉讼（商 63 条）。这是因为，该异议申请人可以通过其他的途径请求注册无效审判。

下面对在驳回决定不服审判以及注册撤销审判的撤销审理决定诉讼、注册异议申请的撤销决定对应的撤销诉讼中，成为较多争议焦点的自己与他人商标的识别性（商 3 条）以及商标的类似与否的判断（商 4 条 1 款 11 号）进行说明。

（ⅳ）商标法 3 条的判断

商标法 3 条 1 款与后述的同条 2 款规定有自己与他人商品、服务的识别性，即商标的本质性功能，其排除了作为商标注册时的商标的一般性、普遍性不适宜的商标被注册。同条 1 款 1 项至 5 项中示例性列出没有识别力的商标，即“通用名称”（1 项）、“惯用商标”（2 项）、商标的品质表示等所谓的“叙述性商标”（3 项）、“常见的姓氏或名称”（4 项）、“极其简单且常见的商标”（5 项），6 项中作为不认可识别力的商标的概括条款，规定有“需求者无法识别出是与某人业务相关的商品或者服务的商标”。

商标法 3 条 1 款 1 项、3 项以及 4 项仅适用于“以通常所使用的方法表示”的情况，因此，以极其特殊的状态表示时不存在各项的适用。并且，同款 1 项、3 项、4 项以及 5 项有“仅由……构成”的要件，因此，即使一部分包含有通用名称等的情况下，只要作为商标整体有自己与他人商品、服务的识别力，则不存在各项的适用。

（A）商标的品质表示——知财高判平成 17・6・9（平成 17 年（行ケ）第 10342 号）法院 HP（FLAVAN 案件）

商标“FLAVAN \ 黄烷”、指定商品“含有多酚的植物提取物作为主原料的粉末状、颗粒状、胶囊状、液状加工食品”（第 29 类）的商标申请中的驳回决定审判的撤销审理决定诉讼中，知财高院指出，“黄烷”是多酚的一种，因此，在使用本申请指定商品“含有多酚的……加工食品”时，本申请商标表示出其原料或者品质。并且，判断为除作为其商品的原材料能被交易者、需求者实际识别的情况以外，如果将来有被识别的可能，也属于原材料等表示。审理决定将除交易者、需求者识别为原材料等表示的情况以外，将来有可能被识别为原材料等表示的情况，判断为属于商标法 3 条 1 款 3 项，相比于自己与他人识别性的有无，该判示更倾向将“独占适应性”的有无作为问题加以判断。

(B) 基于使用的识别性

商标法 3 条 2 款是通过使用发生自己与他人识别力的情况下的规定，即便是属于商品的品质表示等叙述性商标（商 3 条 1 款 3 项）、常见的姓氏或名称（同款 4 项）、极其简单且常见的商标（同款 5 项），使用申请商标的结果为需求者能够识别出是与某人业务相关的商品等时，可以受以商标注册。

对于商标法 3 条 2 款的适用，法院提示两个要件。第一，商标是“通过使用具有自己与他人识别力”。对商标作如下判示，综合考虑其开始使用时间、使用期限、使用的地域、指定商品的生产或者销售的数量、营业的规模、广告宣传的方法以及次数等，但取决于是否可以认定为需求者能够识别出是与某人业务相关的商品。对于使用地域，需求者能够普遍识别出特定出处表示。

第二，“申请商标和使用商标的同一性被认可”。作为其理由，同条款规定，对于原本没有自己与他人识别力的、特定人独占的商标，以使用特定的商品、服务的结果带来自己与他人识别力的事宜作为理由认定商标注册的例外性规定，实际超出商品所使用的范围而认可商标注册是不合适的。并且，根据相关判示，考虑到通过注册发生的权利作为独占权在全国范围内有可能续展，应严格解释并适用同条款（知财高判平成 18・6・12（平成 18 年（行ケ）第 10054 号）判时 1941 号 127 页）。

此外，对于商标的同一性，还有判示为“需要至少达到不丧失社会观念上的同一性的程度”的审判案例（东京高判平成 16・11・29（平成 16 年（行ケ）第 216 号）法院 HP）。但是，实务上，申请商标和使用商标的同一性的判断较为严格。

(C) 立体商标

通过平成 8 年法修订（平成 8 年法律第 68 号），指定商品（或者其包装）的立体性形状也可以授予商标注册，但是，立体商标仅通过用常用方法表示指定商品（或者其包装）形状的标识来构成时，因其不具备自己与他人识别性，因此以 3 条 1 款 3 项规定驳回注册。通过使用获得自己与他人识别性时，通过同条 2 款的适用可以授予注册，但是，仅通过用以确保指定商品（或者其包装）功能的不可欠缺的立体性形状构成的商标，即使可以适用同款，注册也会被驳回（商 4 条 1 款 18 项）。

指定商品（或者其包装）的立体性形状是否可以商标注册，基于以下基准判断：①同种的商品是否为超出通常可采用的范围的难以预测的特异形状或者带来别的印象的装饰性形状；②即便是难以预测的特异形状，其是否为只以提高的商品功能的观点来选择（知财高判平成20・5・29（平成19年（行ケ）第10215号）法院HP（可口可乐案件））。对指定商品（或者其包装）的立体性形状以立体商标加以保护适用极其严格的基准。

（v）商标法4条1款各项以及商标的类似与否判断

商标法4条1款1项至19项规定了在商标注册时的具体不注册事由，即对于以同法3条具有常规适宜性的商标，基于具体的公序良俗的观点以及与他人业务相关的商品、服务是否产生混同等的观点限制商标注册。时间的判断是以授权时为原则，但是，对于同法4条1款8项、10项、15项、17项以及19项而言，只要不符合申请时以及授权时的两个时间点，则不适用这些规定（同条3款）。

（A）商标的类似与否

商标法4条1款各项的判断中，围绕"商标的类似与否"进行争论的情况较多。商标是否类似的判断并不是绝对的，其是根据与指定商品和服务之间的关系、时代的流动、社会状况的变化等会产生变动的流动性、相对性事宜，因此，商标撤销审理决定诉讼中，需要鉴于这些进行类似与否的主张、举证。

"商标的类似"理解为，与对比的商标在同一或者类似的商品、服务中使用时，有可能误认、混同其商品、服务的出处。作为类似与否的要素，有"外观"、"称呼"、"观念"三点，且尽可能还应考虑"交易的实情"。商标是通过视觉认知的标识，因此，容易混同其外观的商标是类似商标，容易混同"称呼"、"观念"（含义相符）的商标也作为类似商标，应排除并存注册。

注册实务中，综合分析这三个要素并判断商标的类似与否，但是，判例提示上述二个要素以外，还提示需考虑"交易的实情"，应综合性地判断出处混同的可能性（最二小判昭和43・2・27（昭和39年（行ツ）第110号）民集22卷2号399页（冰山印案件））。此外，下文（B）叙述了"交易的实情"。

下面对类似与否的判断方法进行说明。作为类似与否的判断方法，有"隔离性观察和对比性观察"、"整体观察和主要部分观察"以及"分离观察"。

"隔离性观察"是指，接触对比商标的人员在不同时期和场所观察的情况下，基于是否会产生误认混同商品、服务的出处来判断两个商标的类似与否的方法。相对于此，"对比性观察"是直接比较对比商标而判断类似与否的方法。"对比性观察"中大多还会关注商标构成要素的细节，因此，有可能会无法准确把握商标的主要部分（发挥识别力的部分），一般应基于"隔离性观察”进行判断。

“整体观察”是综合观察商标构成要素的整体而判断商标类似与否的方法。“主要部分观察”是以商标构成要素中发挥识别力的部分为主要部分进行认定，关注该部分而判断商标类似与否的方法。这两个判断方法可理解为是相互补充的判断方法。商标的主要部分同一或者类似时，原则上判断为商标类似。但是，考虑交易实情而整体观察时，有时也会判断为商标不类似。

“分离观察”是指，构成商标的文字、图形、记号等的多个要素结合而构成的结合商标中，摘出特定的要素并判断商标类似与否的方法。特别是，各要素的结合不自然时，较多基于分离观察判断商标类似与否（参考最二小判平成5·9·10（平成3年（行ツ）第103号）民集47卷7号5009页（SEIKO EYE案件））。

（B）“交易实情”

对于商标类似与否判断时应考虑的“交易实情”而言，并不局限于理解该商标实际使用于该指定商品的特殊性、限定性实情，对于该指定商品应以更加常规性、持续性实情加以理解，例如，应涵盖如下交易实情加以理解：交易方法、流通途径、需求者层、商标的使用状况等（最一小判昭和49·4·25（昭和47年（行ツ）第33号））。

商标“CIS”相关的审理决定撤销请求案件（知财高判平成20·12·25（平成20年（行ケ）第10285号）法院HP）提示，“交易实情”应基于上述基准判断，对原告的主张判示为“仅限于现在的交易实情的一面，今后没有改变的余地，因此无法采纳。本申请商标与引用商标相比较时，考虑到类似性程度高的一方面……显然，与引用商标之间有可能会导致出处混同”。可以说，商标类似与否判断中的“交易实情”用于补充商标的外观、称呼、观念的三个判断要素。

（3）不使用撤销审判的撤销审理决定诉讼

不使用撤销审判（商50条）是指，商标权人、专用使用权人或者普通使用权人中的任意一方连续3年以上在日本国内都没有在各指定商品或者指定服务中使用注册商标时，请求撤销其商标注册的审判。

实务上，不使用撤销审判的请求是在自己的商标注册申请引用他人的先行注册商标而被驳回时，对该在先注册商标作出请求以要求撤销其注册的情况较多。并且，在撤销审理决定诉讼中，同样，要求注册无效审判以及不使用撤销审判的审理决定撤销的情况最多。需要大量的证据来判断指定的期限内使用的事实是否存在，对此，下面基于其基准概述以怎样的方面可以较好地选择使用证据。

（i）商标使用

对于商标使用而言，第一，“连续3年以上在日本国内是否使用”成为问题。“连续3年以上使用”是指在审判请求的预告登记前3年以内应使用。因为“连续”，只要举证该3年之间使用一次的事实就可以证明使用了该注册商标，且没有必要对审判请求相关的所有的指定商品或指定服务都进行举证，只要对审判请求相关的任意指定商品或指定服务进行举证就足矣。但是，在审判请求前3个月至审判请求的预告登记日期间使用的情况下，审判请求人知晓该事实并对其举证时，则无法认可注册商标的使用。因为，通过这样的“驱赶”式使用来逃避注册商标的撤销是不合适的。

第二，使用商标必须是与注册商标相同的商标。但是，“虽有改变但只改变字体的相同文字构成的商标、平假名、片假名以及罗马字的文字表示且产生相同的称呼以及观念的商标、从外观视为同样的图形构成的商标，其他在社会观念上认同为与该注册商标相同的商标”等被认定为注册商标的使用（商50条1款）。

关于是否属于“注册商标的使用”，多数审判案例判示为，“构成注册商标的使用”，使用的商标仅仅形式表示于商品等是不充分的，其需要以出处识别标识起到作用的状态（商标性使用状态）加以使用（东京高决平成6·8·23（平成6年（ラ）第431号）知财集26卷2号1076页、知财高判平成18·6·29（平成18年（行ケ）第10043号）判时2000号95页、知财高判平成18·1·31（平成17年（行ケ）第10527号）法院HP等）。

另外，注册商标必须使用于指定商品或者指定服务。在审判案例中，有如下案件：表示纺织材料的商标的标签附加在用该材料制造的“服装”并进行销售的行为，并不是对服装所使用的行为（东京高判平成17·3·17（平成16年（行ケ）第404号）法院HP）。平成19年4月1日起认可了“零售等服务”，但是，例如，在“商品销售相关信息提供（第35类）”等上容易发生服务内容的争议，因此，商标申请时必须充分注意服务表示。

（ii）使用事实的举证

不使用撤销审判的撤销审理决定诉讼中对注册商标的“使用事实的举证”

的认定至事实审的口头辩论终结时。有如下案件：特许厅的审判阶段中商标权人对注册商标的使用事实没有做任何举证，撤销审理决定诉讼时首次提出使用证据，以此认可注册商标的使用，并撤销了审理决定。法院判示："商标注册的不使用撤销审判中，成为审理对象的是该审判请求的登记前 3 年以内是否存在注册商标的使用事实，但是，撤销审理决定诉讼中，事实的举证容许至事实审的口头辩论终结时。……根据原审确定的事实可知，本案中，上告人基于商标法 50 条 1 款对被上告人持有的本案商标权请求不使用撤销审判，对此，被上告人在审判中对本案注册商标的使用事实没有作出任何举证，因此，特许厅鉴于请求作出了撤销本案商标注册的审理决定，被上告人以要求撤销该审理决定提起本诉时，以证明使用事实为由，撤销了审理决定。并且，按照上述判断可知，可以认定所述观点相关的原审判断是合理的，其过程中不存在违法"（最三小判平成 3・4・23（昭和 63 年（行ツ）第 37 号）民集 45 卷 4 号 538 页）。

（4）不当使用撤销审判的撤销审理决定诉讼

商标权人在禁止使用的范围内，不当使用了注册商标或者类似注册商标的商标时，作为制裁用以撤销注册商标整体的审判（商 51 条）。即商标权人故意使用注册商标的类似范围中的商标，由此导致商品品质的误认或者与他人业务相关的商品产生混同时，撤销其商标注册整体。对于"故意"的判断，法院判示为，"商标法 51 条 1 款规定的'故意'是指，商标权人对指定商品使用类似于注册商标的商标，或者对类似于指定商品的商品使用注册商标或类似于注册商标的商标，其足以认识到这会导致商品品质的误认或者与他人业务相关的商品产生混同"（最三小判昭和 56・2・24（昭和 55 年（行ツ）第 139 号）判时 996 号 68 页、东京高判平成 15・3・3（平成 14 年（行ケ）第 497 号）法院 HP）。

对于使用权人的不当使用的撤销审判（商 53 条）是指，专用使用权人或者普通使用权人使用注册商标或者其类似范围的商标，导致商品品质或服务质量的误认或者与他人业务相关的商品、服务产生混同时，撤销该商标注册的审判。与商标权人的不当使用的情况不同，使用权人使用与注册商标相同的商标时也适用撤销的相关规定。但是，商标权人不知道不当使用的事实，并予以充分注意时，免予撤销。

对于商标权转移注册后的商标权人的不当使用的撤销审判（商 52 条之 2）是指，商标权转移的结果是使注册商标的类似范围相关的商标权属于不同的商标权人的情况下，一方的商标权人以不正竞争的目的对指定商品、服务使用注册商标，对另一方的商标权人的业务相关的商品或者服务产生混同时，撤销其商标注册的审判，即商标权的分离转移的结果产生混同时对不当使用的商标权人实施制裁的审判。

采用上述三个撤销审判的宗旨是，由于商标权人或者使用权人的不当的商标使用，导致商品品质、服务质量的误认，或者与他人业务相关的商品、服务产生混同时，需求者的利益受到损害，竞业秩序变得混乱，由此导致违背商标法的法律目的。因此，对商标权人、使用权人要求注册商标的正当使用义务，对违反正当使用义务的行为则执行撤销商标注册的制裁。基于这样的宗旨，任何人都可以提出上述三个审判的请求。但是，不当使用的事实不存在之日起5年后，不能请求审判。这是因为，如果停止不当使用已经过5年，则信用应当得以恢复。

（5）不当注册撤销审判（商标法53条之2）的撤销审理决定诉讼

巴黎公约的同盟国、世界贸易组织（WTO）的加盟国、商标法条约的缔约国中，对于与商标权人的注册商标属于相同或者类似范围内的商标，在没有正当理由、商标所有人承诺的情况下，由其代理人或代表人，或者申请前1年以内由这些人员申请注册时，撤销其注册的审判，即遵守巴黎公约6条之7的规定，并对商标所有人赋予国际性保护。

（6）补正驳回受理决定不服审判的撤销审理决定诉讼

本审判是，以商标注册申请人作出的补正变更其要旨为由驳回受理的情况下（商16条之2），请求撤销该驳回受理的审判（商45条）。在认定为补正构成要旨变更的情况下，可以以补正后的内容作出新的商标申请注册，以替代该审判请求（商17条之2第1款援用的商17条之3）。

申请人对其审理决定不服时，可以提起诉讼以请求撤销。

实务上，补正驳回受理决定不服审判的请求，以及对于其审理决定的撤销诉讼几乎没有案例。这可能是因为，对指定商品或者服务的范围、商标的范围的确定比较容易，因此对于可补正的范围而言，在其解释上不会有太大差异。

（江幡奈步・铃木康仁）

第5章

上诉、再审

1 对撤销审理决定诉讼判决的上诉

上诉是指，裁判生效之前，当事人为了获得更有利的判断，请求变更该撤销并向上级法院提出的不服申诉。上诉的种类有控诉、上告、抗告。上告是向仅作法律审的上一级审级提出不服申诉。

不服知财高院作出的撤销审理决定诉讼的判决（以下称为原判决）时，可以向最高院进行上告，但是，其中所称的“不服”是指若原判决生效，则发生对自己不利的判决效力，将其称为“上告的利益”。因此，全部胜诉的情况下，显然没有上告的利益。另外，只是不服原判决中的理由的判断的情况下，也没有上告的利益❶。例如，以特许无效为主的审理决定的撤销诉讼中，知财高院认可发明的新颖性、创造性而撤销审理决定时，作为特许权人而言，即便对认可新颖性、创造性的理由存有不服，也没有上告的利益。

上告分为两种，一种是基于上告理由作出的上告，另一种是基于上告受理申请理由受理申请，并由最高院作出上告受理决定，以此推定的上告。上告人、上告受理申请人不得不分别主张上告理由、上告受理申请理由。缺乏这些主张时，将以不合法为由驳回受理。对于上告理由、上告受理申请理由会在下节中进行详细叙述，但是，在判断是否进行上诉以及起草各理由书时，应非常注意上告审为法律审，受限于原判决认定的事实（民诉 321 条），因此，不能通过提出新的主张或证据来争论原判决的事实认定❷。

---

❶ 最三小判昭和 31・4・3（昭和 29 年（オ）第 431 号）民集 10 卷 4 号 297 页。

❷ 但是，当事实确定方法和程序违法时，可以将该违法作为上告的理由（参考民诉 321 条 2 款）。另外，对于依职权调查事项而言，上告审也要进行必要事实的收集（民诉 322 条）。

2 上告理由、上告受理申请理由和起草理由书时的注意点

(1) 上告理由

(i) 要件

撤销审理决定诉讼的上告的上告理由限于：①判决中存在宪法解释错误，以及其他违反宪法的事宜（民诉 312 条 1 款）；②重大的程序法的违反，即民事诉讼法中列举的事宜（决定性上告理由）（同条 2 款）❶。普遍认为，无论基于①②任意一个理由，对原判决的结论是否有影响都无关紧要❷。具体内容如下。

ⓐ判决中存在宪法解释错误，以及其他违反宪法的事宜（民诉 312 条 1 款）

上述理由基于如下原因，即宪法作为国家的最高法规，在法律体系中占据重要的地位，最高院为具有是否符合宪法的判断权限的终审法院（宪 81 条）。

ⓑ并未按照法律构建判决法院（民诉 312 条 2 款 1 项）

上述理由是指缺乏资格以及任命程序的人员作为判决法院的构成成员的情况（宪 79 条 · 80 条 · 裁 42 条），或合议庭的构成人数不满足法定人数的情况。

ⓒ基于法律无法参与判决的法官参与了判决（民诉 312 条 2 款 2 项）

上述理由是指有除斥原因的法官（民诉 23 条）或裁判确定为有忌避理由的法官参与判决的情况（民诉 24 条）* 等。最高院撤销原判决返回知财高院时，参与原判决的法官，参与再次返回后的裁判的情况也属于这种情况（民诉 325 条 4 款）。“参与判决”可以解释为，参与判决议论以及文件制作的情

---

❶ 对于高院的上告中，明显影响原判决的法令的违反也构成上告理由（民诉312 条3 款），但是，在撤销审理决定诉讼中，不可针对知财高院进行上告。

❷ 伊藤真：《民事诉讼法》（第 4 版），第 696 页。但是，在需要上告利益的事宜上，可参考上述内容。

* 日本的回避制度包括除斥和忌避两种。除斥是指法定回避理由，例如，当事人为法官的妻子等情形；忌避是指当事人认为某法官参与审判会导致不公平的情形。——译者注

况，但不包括只参与判决宣告的情况❶。

ⓓ违反日本法院专属管辖权的相关规定（民诉312条2款2项之2）

上述理由是指对于日本的特许权的撤销审理决定诉讼，原审错误地否定了日本的国际裁判管辖权而驳回受理诉讼的情况（参考民诉3条之5第2款、3款）。

ⓔ违反专属管辖的相关规定（民诉312条2款3项）

撤销审理决定诉讼由东京高院专属管辖（特178条1款、实47条1款、外59条1款、商63条1款），因此上述理由是指除东京高院以外的法院作出撤销审理决定诉讼的判决的情况。知财高院作为东京高院的分部，处理知识产权相关案件（知财高院2条），因此并不具有专属管辖权。

ⓕ缺乏法定代理权、诉讼代理权或者代理人进行诉讼行为时缺乏所需的授权（民诉312条2款4项）

上述理由是指未提交诉讼代理人的授权书的情况等。任何一方当事人缺乏该要件的情况同样构成上诉理由，但是，原判决被撤销之前，当事人一方追认时，则不构成上诉理由。

ⓖ违反口头辩论公开的规定（民诉312条2款5项）

其是指不公开口头辩论的情况（宪82条、裁70条）。辩论准备程序日期与口头辩论日期不同，因此，即便法院对申请旁听的人员不妥当地拒绝旁听的情况，也不属于上述理由（民诉169条2款）。口头辩论的公开是口头辩论调查记录的必要记载事项（民诉规66条1款6项）。因此，调查记录中未记载有公开的事宜时，认定为未公开（民诉160条3款）。

ⓗ判决中未附理由或者理由不一致（民诉312条2款6项）

判决书中必须记载理由（民诉235条1款3项），理由缺陷、理由不一致构成上诉理由。理由是指，以事实为前提足以使判决主文中的判断正当化的依据。理由缺陷不仅包括完全未附理由的情况，还包括缺乏应构成理由的一部分致使主文的依据构建不充分的情况❷。理由不一致是指，认定为缺乏作为理由的逻辑一贯性，不足以使主文中的判断变得正当化的情况❸。

ⓘ再审事由

可以解释为，民事诉讼法338条规定的再审事由并不对应绝对性上诉理由的事宜（同条4项~10项），还可以鉴于同条1款但书（“但是，通过当事人

---

❶ 大判昭和5·12·18（昭和5年（オ）第587条）民集9卷1140页。

❷ 伊藤真：《民事诉讼法》（第4版），第698页。

❸ 伊藤真：《民事诉讼法》（第4版），第699页。

控诉或者上告主张该事由时，或者知晓该事由但未主张时，并不限定于此”）的宗旨，构成绝对性上诉理由[1]。

（ⅱ）起草上告理由书时的注意点

（A）记载样式

按照民事诉讼规则的规定，必须具体记载上告理由（民诉315条2款、民诉规193条）。

将违反宪法作为上告理由时（上述ⓐ），必须提示并记载宪法的条文和违反宪法的事由。此时，该事由与诉讼程序相关时，有必要记载违反宪法的事实（民诉规191条1款）。

将绝对性上告理由（上述ⓑ～ⓖ）作为上告理由时，必须提示上告理由并记载该条款以及相当于该条款的事实（民诉规191条2款）。

另外，即便是任意理由的上告，主张判决作出了与最高院判例等相反的判断时，必须具体提示该判例（民诉规192条）。具体地，通过明确法院名、案件编号、裁判的年月日，以及揭载的判例集的卷、号、页等，来特定相应判例。

（B）记载内容

作为撤销审理决定诉讼中的上告理由，实务上，认为大多是理由缺陷、理由不一致，但是，将理由缺陷、理由不一致作为上告理由时，实际记载上告申请理由时，其内容容易主张成原判决的事实误认、法令违反，因此需要加以注意。具体地，例如，无法争论某一时间点的技术常识或出版物发布的事实等的认定本身，将这些事实认定作为前提，作为理由缺陷、理由不一致，主张这些事实和判决主文结论之间不具有逻辑整合性或者认证的事实相互间存在矛盾。

（2）上告受理申请

（ⅰ）要件

除以上述方式限定上告理由外，法律另外规定了上告受理申请理由，并主张该理由且提出申请，最高院作出受理决定时，推定为提起上告。

---

[1] 伊藤真：《民事诉讼法》（第4版），第696页。

上告受理申请理由，包括原判决中存在与最高院判例等❶相反的判断及其法令解释相关的重要的事项（民诉318条1款）。不能将上告理由作为上告受理申请理由（同条2款）。判例是指“对于具体案件的解决上不可欠缺的论点给出了法律判断的事宜”❷ 的判例。判例违反作为包含对法令解释的重要的事项的例子，要求明确记载是因为当下级审作出与最高院等的判例示出的法令解释不同的判断的情况下，作为负有法令解释统一责任的最高院，有必要作出应维持判例解释还是变更判例解释的判断。即便在没有判例的情况下，对于法令解释需要作出新的最高院的判断时，或者以高院判决的方式来确定知财高院作出的错误的法令解释的事宜不合适时，以“包含其他法令解释相关的重要事项”为由，可以认可上告受理❸。

法令是指法院应遵守适用的全部法规。对于外国法的解释，同样，只要在具体案件处理中成为问题，则也可以解释为包含在法令中❹。可以解释为，对违反经验法则是否可以参照违反法令构成上告受理申请理由，认为肯定的想法更为有力，错误地适用属于通常人的常识的经验法则，或者，应采用的专业经验法则错误的情况下❺，以违反自由心证原则为由（民诉247条），可以认定为上告受理申请理由❻。

（ⅱ）起草理由书时的注意点

（A）记载样式

作为上告受理申请理由，必须提示并记载存在与最高院的判例等相反的判断的事宜以及其他包含法令的解释相关的重要的事项（民诉规199条）。作为法令提示，记载法令的条款或者内容（对于成文法以外的法令，则记载其宗旨），法令与诉讼程序相关时，记载违反程序的事实。另外，主张判例违反

---

❶ 没有最高院的判例时，则指大审院或者上告法院或者控诉法院即高院的判例（民诉318条1款）。但是，撤销审理决定诉讼中，第一审为高院，因此无法构成“控诉法院即高等法院的判例”。

❷ 勅使河原和彦：“上告制度的修订”，载于西口元编：《现代裁判法体系（13）（民事诉讼）》，第401页。

❸ 法务省民事局参事官室编：《一问一答新民事诉讼法》，第354页。

❹ 勅使河原和彦：“上告制度的修订”，载于西口元编：《现代裁判法体系（13）（民事诉讼）》，第405页。

❺ 伊藤真，《民事诉讼法》（第4版），第701页。此外，还有将经验法则违反看作法令违反的见解。

❻ 虽不是撤销审理决定诉讼，但是，作为以经验法则违反或者采证法则违反为理由受理的案件，有最一小判平成16·2·26（平成13年（受）第398号）判タ1147号157页。

时，明确记载法院名、案件编号等，必须具体提示判例，这与上告理由的情况相同（同条、192 条、193 条）。

此外，上告时的当事人是“上告人”和“被上告人”，上告受理申请的当事人是“上告受理申请人”和“相对方”。

（B）记载内容

主张判例违反时，首先特定裁判，作为在该裁判中导出结论的理由，提示审判案例示出的法律性判断（判例）之后，主张原判决的判断违反相应判例。只要是最高院的判例，就需要参考该判例的最高法院判例解说。另外，起草上告受理申请理由书时，无论有利无利，都需要广泛调查、分析判例。对于构成申请依据的法令解释，即便存在最高院的判例，同宗旨的大审院或高院的判例也存在时，应合并记载作为申请理由。另外，对于存在类似判例的情况，该判例示出不利的法令解释时，作者认为在完全不考虑该判例的状态下起草上告受理申请理由书并不是好的对策。应分析判例的措辞或与本案的区别，作为理由明确主张判例的射程范围，且主张本案不属于该判例的射程范围，并主张作为最高院应提示新的法令解释。另一方面，对于没有判例的情况等，应记载将上告受理申请理由作为依据构建的学说或相关的外国判例。另外，以经验法则（由经验导出的知识或法则）违反或采证法则（按照经验法则必须作出合理性证据的采纳与否、事实的认定的法则）违反为理由的情况下，还需要主张上述违反属于重要事项。例如，对于相同的法律上的论点，与已经作出的下级审的判断存在分歧，或者同类型的案件也在另案中审理的情况，其可能会成为证实法令解释统一的必要性高的重要事项。此外，显然还会认可作为申请书或者理由书的附件，提交构成上告审理申请理由的、成为法令解释错误依据的资料。在这种状况下，为了方便，可以附加参考资料一览。

（ⅲ）应撤销原判决的理由

作为上告受理申请理由，即便认定为法令解释相关的重要事项，且作出上告受理决定，但只要被判断为对判决的影响不明确，则驳回上告。对于上告受理申请人而言，即便法令违反影响判决的事宜明确，仍应以有说服力的方式进行主张。对于主张的时机，上告受理申请理由书提交期限之后的主张则不认可，因此，理由书中还要记载应撤销原判决的理由。

（3）上告理由书的要旨和目录

现在的实践中，上述上告理由书、受理申请理由书的页数超过 20 页（2 万字左右）时，应附加理由要旨以及目录。作为理由要旨的方式，可以采用如下方法：理由书中以“理由要旨”的标题作出记载，或者作为理由书附件附加标注“理由要旨”标题的文件。作为理由要旨的篇幅大小而言，以在 1、2 张 A4 纸（2000 字）以内为标准，但是，根据案件的情况可以允许有少量的增减。

3　上诉的战略、判断

（1）撤销的比率和审理期限

下述数据并不只是撤销审理决定诉讼的数据，平成 24 年度（2012 年）的最高院行政诉讼的上告案件（已处理完）中，认可上告理由并撤销原判决的比率是约 0.8%（473 件中有 4 件。其他如驳回受理决定有 3 件、基于决定的驳回有 433 件、基于判决的驳回有 30 件、撤回有 3 件。基于平成 24 年度司法统计。以下相同）。另外，上告受理申请案件（已处理完）中，认可上告受理申请理由并作出受理决定的比率是约 4.7%（529 件中有 25 件。其他如不受理有 492 件、撤回有 7 件、其他有 5 件），所有案件中，原判决被撤销的比率是 3.8%（529 件中有 20 件）。如上所述，通过上告、上告受理申请推翻原判决的概率极其小。

另外，最高院行政诉讼的上告案件（已处理完）中，不存在驳回受理决定或根据决定作出驳回的事宜，作出实质审理并达到终审判决的案件，从受理至终审的审理期限是 6 个月至 2 年；上告受理申请案件中，作出受理决定并达到终审判决的案件，从受理至终审的审理期限是 1 年至 3 年，对此需要做好心理准备[1]。返回到知财高院的情况下，在之后的审理上还需要时间。

此外，考虑到如上所述的通过上诉撤销原判决的可能性低的情况，作为上诉的目的，也有可能重视延迟审理决定生效的情况。对于这方面，无论上告案件还是上告受理申请案件，案件受理至驳回受理决定或根据决定的驳回（在上告受理申请的情况下作出不受理决定为止）的审理期限是不同的，总数的约 4 分之 1 的案件处于 2 个月以内，约 70% 的案件处于 6 个月以内（平成 24 年度行政诉讼上告审已处理完的案件）[2]。如上，根据决定的驳回或不受理决

---

[1] 平成 24 年度（已处理完）中，行政诉讼的上告案件中达到判决阶段的情况下，案件从受理至终审的审理期间，6 个月以内的 3 件、1 年以内的 8 件、2 年以内的 23 件（共计 34 件）。上告受理申请的情况下，6 个月以内的 3 件、1 年以内的 9 件、2 年以内的 7 件、3 年以内的 6 件（共计 25 件）。

[2] 具体而言，上告案件中，总数 436 件中，2 个月以内的 133 件、3 个月以内的 62 件、6 个月以内的 108 件、一年以内的 78 件、2 年以内的 48 件、3 年以内的 7 件。上告受理申请案件中，总数 492 件，2 个月以内的 117 件、3 个月以内的 85 件、6 个月以内的 124 件、一年以内的 109 件、2 年以内的 52 件、3 年以内的 5 件。

定等中，除例外情况以外，与作出实质性审理的判决相比，在更短的期限内达到了终审，对其需要注意。

在是否上诉的判断中，可能要综合考虑推翻原判决的可能性、最终结论为止所需的时间、新的诉讼费用（可能主要是委托代理人的费用）、原判决撤销时的利益等。

（2）上告和上告受理申请

如上所述，上告和上告受理申请基于各自不同的理由，因此，站在作为上诉的理由能够主张什么理由的观点来细查原判决，并作出判断选择哪一种或者两个都选择。在费用方面，如后所述，无论是一种还是两种向法院支付的手续费相同，因此，可能会出现代理人劳动成本的问题。

（3）团队组成

上告受理申请中，法令解释相关的重要事项成为申请理由，因此需要对判例或学说进行广泛的调查、分析。

另一方面，上告理由中，主张理由缺陷、理由不一致的情况或主张撤销理由等方面上，技术内容相关的专利代理人的专业知识不可欠缺。因此，作为这样的情况下的团队组成，由律师、专利代理人组成的团队是比较好的。

此外，对于撤销审理决定诉讼的团队组成的一般理论而言，希望参考第 2 章 1“起诉、应诉准备”。

4 上诉的程序

对上告受理申请书以及上告受理申请理由书的处理是按照对上告状以及上告理由书的处理来进行（民诉318条5款）的，因此，除了作出上告受理的决定以外，程序上的实际流程几乎相同。

(1) 上告状、上告受理申请书的提交

撤销审理决定诉讼的上诉的提起是在原判决送达后的2周以内，向知财高院提交由最高院接收的上告状、上告受理申请书（民诉314条1款）。在当事人为外国公司的情况下，通常知财高院在判决中规定附加期限（大多为30日）（民诉96条2款）。对同一判决同时进行上告和上告受理申请时，可以整合在一个文件中（民诉规188条）。此时以“上告状兼上告受理申请理由书”等为题目，必须明确两者兼容的事宜。需要分别在上告状中记载上告的宗旨（例如，“撤销原判决，进一步请求作出相应裁判”），上告受理申请书中记载上告受理申请的宗旨（例如，“受理本案上告；撤销原判决，进一步请求作出相应裁判”），但是，对于理由，可以仅记载成“之后提交理由书”。此时，下一步提交理由书。此外，因为上告和上告受理申请不同，因此，上告受理申请期限届满后，不可以将上告变更或修改成上告受理申请[1]。在此阶段中，分别分析上告理由、上告受理申请理由之后，需要整合理由并提交合适的文件。

上告、上告受理申请的手续费均为2万6000日元（民诉费3条1款、4条2款，附表第一1款、3款）。对同一判决同时进行上告和上告受理申请时，由于主张的利益是共通的，因此，针对一方支付的手续费，视为针对另一方也支付了费用（同法3条3款）。

(2) 上告状、上告受理申请书的审查

原审的裁判长审查上告状、上告受理申请书，若存在未支付手续费或者未记载上告宗旨等的缺陷时，责令在适当期限内进行补正，若当事人未答复，责

---

[1] 最二小决平成12·7·14（平成12年（オ）第376号）判时1720号147页。

令驳回受理上告状、上告受理申请书（民诉314条2款、318条5款）。对于驳回受理的命令，可以进行即时上诉。

在期限届满后进行上告、上告受理申请的情况下，即在上告、上告受理申请因不合法无法进行补正的情况下，由知财高院作出驳回受理上告、上告受理申请的决定（民诉316条1款、318条5款）。

在上告的情况下，对于驳回受理决定可以进行即时上诉，但是，在上告受理申请的情况下，无法进行即时上诉（民诉316条2款、318条5款）。除了存在驳回受理命令或者驳回受理决定的情况以外，知财高院向当事人发送上告状的同时发送上告提起通知书、上告受理申请通知书（民诉规199条2款、189条1款，行诉7条）。

（3）理由书的提交

上告人或申请人在上告提起通知书或上告受理申请通知书的领取日或者视为已送达之日起50日以内，向知财高院提交由最高院接收的上告理由书、上告受理申请理由书（民诉315条、318条5款，民诉规194条、199条2款）。此外，上告和上告受理申请两者均被提出时，要求分别制作各个理由书。除各个理由书的正本外，还应另外提交副本，副本的数量为在被上告人或相对方数量的基础上加6得到的数量（民诉规195条）。

（4）上告理由书、上告受理申请理由书的审查

在未提交上告理由书、上告受理申请理由书、期限届满后的提交等不合法且无法补正缺陷的情况下，知财高院作出驳回受理上告、上告受理申请的决定（民诉316条1款、318条5款）。另外，在理由的记载都明确违反各记载方式的情况下，由知财高院作出设定相应期限，责令上告人、上告受理申请人在该期限内补正缺陷的决定（民诉规196条），不进行补正的，则作出驳回受理上告的决定。由最高院判断主张的理由的内容是否为实质上的上告理由、上告受理申请理由，因此，该阶段只是形式性审查上告理由、上告受理申请理由是否为适宜性的主张。在上告受理申请的情况下，如上所述，无法对驳回受理决定进行即时上诉（民诉316条2款、318条5款）。

(5) 向最高院的案件的送达

除了存在驳回受理命令或者驳回受理决定的情况以外，还存在知财高院将案件送达最高院的情况，最高院的书记员在接收到送达后迅速向当事人通知其主旨（民诉规 197 条）。该时间点上最高院的新的案件编号也会通知当事人，因此，其之后提交的文件中应记载该编号，并不经过知财高院直接向最高院提交。

(6) 送达的案件不合法的情况

当发送了知财高院应以上告不合法为理由作出拒绝受理但未作出拒绝受理的案件时，最高院作出拒绝受理上告的决定（民诉 317 条 1 款、316 条 1 款）。此外，当上告受理申请不合法时，作出上告不受理的决定（民诉 318 条 5 款不援用 317 条 1 款）。

(7) 以决定形式作出的上告驳回

上告的情况下，最高院审理上告理由等文件，并判断有无上告理由。最高院认为主张的上告理由明显不符合民事诉讼法 312 条 1 款（宪法违反）以及同条 2 款（绝对性上告理由）时，可以作出驳回上告的决定（民诉 317 条 2 款）❶。实际上，约 92% 的上告案件以决定形式被驳回❷。从案件受理至以决定形式驳回的期限多数情况是 2 个月以内，大概在 2 年以内❸。

以决定形式被驳回的情况下，与判决不同，并不进行法庭的宣告，也没有日期的指定（民诉 119 条、民诉规 156 条），仅向当事人送达决定书（民诉 122 条、民诉规 159 条）。

---

❶ “容许对民事案件向最高级法院提出上告的事宜仅限于民诉法 312 条 1 款或者 2 款规定的情况时，本案上告理由是○○，但是，其实质是主张事实误认或者仅仅主张法令违反时，明显不属于各款规定的情况”使用此类的固定措辞。近藤崇晴：“上告和上告受理申请——新民事诉讼法和向最高院的上诉”，载于《自由和正义》2001 年 3 月号，第 59 页注（31）。

❷ 473 件中有 433 件（基于平成 24 年度司法统计）。

❸ 2 个月以内的 133 件、3 个月以内的 62 件、6 个月以内的 108 件、1 年以内的 78 件、2 年以内的 48 件、3 年以内的 7 件（共 436 件。但含有驳回受理决定 3 件。基于平成 24 年度司法统计）。

（8）受理、不受理的决定

上告受理申请的情况下，最高院审理该申请理由，认为含有判例违反等法令解释相关的重要事项时，作出“作为上告审受理本案”的上告受理决定（民诉318条1款）。上告受理申请理由中，最高院判断为不重要的事宜从上告受理决定的主文中排除（同条3款、民诉规200条）。通过上告受理决定对上告受理申请赋予上告的效力，未排除的上告受理申请理由视为上告理由（民诉318条4款）。通常是，进行口头辩论时，指定与口头辩论相同日期内进行受理决定，不进行口头辩论时，同时进行受理决定的告知和判决宣告日期的通知（民诉规156条）❶，事实上，在最高院进行实质性审理的阶段中作出受理决定。

最高院未受理案件时，作出“作为上告审不受理本案”的不受理决定，对此，没有不服申诉程序。作出不受理决定为止的期限，最多从最高院受理案件起2个月以内，占整体的约24%，其余大概在2年以内作出决定❷。

---

❶ 近藤崇晴：“上告和上告受理申请——新民事诉讼法和向最高院的上诉”，载于《自由和正义》2001年3月号，第62页。

❷ 基于平成24年度司法统计。

5 最高院的审理、判决

(1) 最高院的审理对象

最高院的审判对象为是否应撤销原判决，但是，最高院的调查范围仅限于作为上告理由进行主张的事宜（民诉 320 条）。法院在不存在符合上告理由（宪法违反或者绝对性上告理由）的事由的情况下，仍然发现对判决有影响的明显的法令违反时，可以撤销原判决（民诉 325 条 2 款）。另外，作出上告受理决定的情况下，最高院的审判对象仅限于受理决定时未排除的申请理由。另外，也局限于原判决认定的事实。

此外，对于依职权调查事项，不受审判对象的限定（民诉 322 条）。因为依职权调查事项是指诉讼程序的合法性相关的事项，因此其是公益性强的事项，例如，有裁判权、当事人能力、诉讼能力、当事人资格等的诉讼要件、重复起诉的禁止、既判力的抵触等。

(2) 文件类的送达、答辩书提交命令

最高院在没有作出上告驳回受理、上告驳回的决定时，原则上，必须向被上告人送达上告理由书，但是，在作出未经过口头辩论的审理以及裁判的情况下，认为没有必要时，可不进行送达（民诉规 198 条）。该规定同样适用于上告受理申请理由书（民诉规 199 条 2 款）。

另外，最高院可以作出被上告人、相对方应提交答辩书的命令（民诉规 201 条）。

实质上，作出理由书的送达或者发出答辩书提交命令的情况较少，因为作出这些措施时，需进行口头辩论，且认为原判决可能被撤销的情况。

(3) 审理

最高院首先审理上告人、上告受理申请人提出的文件，被上告人相对方提出答辩书的情况下，对这些文件同样进行审理。以上告不合法为由作出驳回受

理决定、通过决定驳回上告、作出不受理决定、通过判决驳回上告等的情况，均无需经过口头辩论（民诉 319 条）。通过文件审理无法作出判断时，最高院则需通过口头辩论进行审理。特别是，最高院想要作出上告受理决定时，必须进行口头辩论（民诉 87 条 1 款、3 款）。

（4）终审判决

对于撤销审理决定诉讼的上诉，最高院可以作出的终审判决分为上告驳回受理、上告驳回以及原判决撤销，原判决撤销的判决可进一步分为撤销返回和自判[1]。对于在缺乏上告的合法要件的情况下的上告驳回受理而言，参考上节 4（6）“送达的案件不合法的情况”。

（ⅰ）上告驳回

判断为上告人、上告受理申请人的主张没有理由的情况下，构成上告驳回（民诉 317 条 2 款、319 条）。即便上告受理申请理由（上告受理决定中未排除的事宜）自身合法，基于其他理由原判决被维持的情况下，仍驳回上告（民诉 313 条、302 条 2 款）。对于合法提出的上告理由而言，应揭示排除其上告理由的理由（参考民诉 338 条 1 款 9 项）。

（ⅱ）原判决撤销

对于宪法违反以及绝对性上告理由的情况，不管对原判决的影响如何，最高院必须撤销原判决（民诉 325 条 1 款）。另外，存在构成上告受理申请理由的法令违反的情况，对原判决带来影响的事宜明确时，同样，有义务撤销原判决。并且，在并未以上告理由进行主张的情况下，仍发现原判决中存在对判决带来影响的事宜明确构成法令违反时，最高院可以撤销原判决（同条 2 款）。

撤销原判决时，最高院可以采取如下任意措施。

（A）撤销发回重审

不进行事实审理而无法代替原判决进行裁判时，最高院将案件返回至知财高院。此时的判决主文是，“撤销原判决。本案发回至知财高院”。

---

[1] 除此之外，一般而言，还可能存在撤销移送，但是，撤销移送在撤销审理决定诉讼中是几乎不可能存在的。

（B）自判

对于确定的事实以错误作出宪法及其他法令的适用为理由撤销原判决的情况下，案件已达到基于该事实能够裁判时，最高院对案件必须自行判断（民诉326条1项）。这种情况的判决主文是，“撤销原判决。撤销特许厅对平成○○年审判第○○号在平成○○年○月○日作出的审理决定”。

6 发回重审后的审理

接受发回重审的知财高院对案件进行新的口头辩论并进行审判（民诉325条3款前段）。该口头辩论日期具有被撤销的原判决作为基础的口头辩论的继续日期的性质，参与原判决的知财高院的法官不能参与发回重审后的审理（同条4款）。因此，需要辩论的更新程序（民诉249条2款）。其结果是，返回前的口头辩论中提出援用的主张以及证据资料在返回后全部仍构成判断的基础，但是，最高院的作为撤销理由的事实以及法律上的判断拘束于返回后的法院（民诉325条3款后段）。事实上的判断是指，最高院确定的依职权调查事项相关的事实、再审事由相关的事实，可以解释为不含有本案相关的事实❶。因此，当事人对于本案相关的事实，可以重新主张、举证。

---

❶ 最三小判昭和36・11・28（昭和35年（オ）第571号）民集15卷10号2593页、最三小判昭和43・3・19（昭和40年（オ）第856号）民集22卷3号648页。

7 再审

(1) 再审的含义

再审是指，对于生效的终审判决，以其诉讼程序中存在重大缺陷或其判决基础资料中存在异常缺点为理由，当事人请求撤销该判决和对案件进行再审判的不服申诉方法[1]。另外，通过平成 23 年的特许法修订（平成 23 年 6 月 8 日法律第 63 号），即便是特许权的侵权诉讼等的终审判决生效之后，无效特许的审理决定生效时，作为对该侵权诉讼等的终审判决的再审事由，不能主张无效审理决定的生效。

下面，将以撤销审理决定诉讼终审判决的再审诉讼为前提进行说明。

(2) 再审事由

再审是应急的救济程序，因此，作为不服理由，需要主张民事诉讼法 338 条 1 款列举的事由，缺乏这些主张的再审诉讼驳回受理。此外，只要是列举的范围内的事由，提起再审诉讼之后，容许变更为别的事由（民诉 344 条）。此外，即便存在再审事由，在上告主张该事由但被最高院驳回的情况下，以及知晓该事由但确定前未主张的情况下，也不容许作为再审事由作出主张（民诉 338 条 1 款）。

(3) 再审诉讼的管辖法院

再审诉讼是作出不服申诉相关判决的法院的专属管辖（民诉 340 条 1 款）。在撤销审理决定诉讼中，未上告的状态下知财高院的判决生效时，知财高院具有作为东京高院的分部的专属管辖，通过上告作出上告驳回受理或者上告驳回的判决且判决生效时，对于知财高院和最高院的判决，可以分别进行再审诉讼，但是，合并提起这些诉讼时，由上级法院即最高院合并管辖（同条 2

---

[1] 新堂幸司:《新民事诉讼法》(第 5 版)，第 939 页。

款）。因此，作为不同诉讼分别向知财高院和最高院提起再审诉讼时，知财高院应将案件移送至最高院。

（4）再审诉讼的程序

（ⅰ）再审期限

再审事由中除缺乏代理权以及与前判决抵触以外，当事人在判决生效后知晓再审事由之日起 30 日的不变期限内，并且，该事由在判决生效前发生时必须在判决生效之日起 5 年以内（判决生效后发生时从发生之日起 5 年以内）提起（民诉 342 条）再审诉讼。较多的情况是，在难以举证是否为知晓再审事由的情况下未主张时，其取决于事实上的推定。例如，对于判断的遗漏（民诉 338 条 1 款 9 项），除特别事情以外，推定为当事人在判决送达时知晓❶。

（ⅱ）诉状的记载事项

在再审诉讼的诉状中，记载不服申诉相关的判决的叙述（记载判决主文）、再审的宗旨（如“撤销原判决。撤销特许厅对平成○○年审判第○○号在平成○○年○月○日作出的审理决定。本案以及再审诉讼费用由再审被告负担”等），以及再审理由（民诉 343 条），必须附加不服申诉相关的判决的副本（民诉规 211 条 1 款）。撤销审理决定诉讼的再审诉讼的手续费是 4000 日元（民诉费 3 条 1 款附表第一 8 项）。

（ⅲ）再审程序

在再审审判中，只要不违反其性质，援用其审级的诉讼程序相关规定（民诉 341 条），因此，具体情况参见第 1 章中的相应部分。

（5）法院的审判

（ⅰ）根据决定的驳回受理

再审诉讼存在不合法时，法院作出决定驳回受理（民诉 345 条 1 款）。对

❶ 最一小判昭和 41・12・22（昭和 41 年（オ）第 833 号）民集 20 卷 10 号 2179 页。

于该拒绝受理决定，可以进行即时上诉（民诉 347 条）。

（ii）再审开始决定

再审诉讼合法时，法院调查再审事由存在与否。在再审事由存在与否的调查中采取依职权探知主义。因此，即便是最高院，仍进行事实审理。调查结果，存在再审事由时，作出再审开始决定[1]；不存在再审事由时，通过决定作出驳回。对于这些决定，同样可以进行即时上诉（民诉 347 条）。

（iii）本案的审理以及判断

再审开始决定生效时，以不服申诉的范围作出本案审理以及判断。本案的辩论作为在先辩论的重新开始和继续，因此，在先诉讼程序中不涉及再审事由的事项都具有效力。另外，无论是否为口头辩论终结后的事实，当事人可以重新主张、举证。审理的结果是，法院在原判决正当时，驳回再审请求，其以外的情况下，则撤销原判决，代替原判决进行裁判（民诉 348 条）。

对于再审请求的终审判决而言，可以根据审级进行上诉。

（6）再审申请

根据即时上诉作出申诉不服的决定或者命令生效之后，存在再审事由时，可以进行再审申请，但这并不是再审诉讼（民诉 349 条 1 款）。对于诉状或上诉状的驳回受理命令、具有最高院作出的终审裁判的性质的决定以及命令，也可以进行再审申请。

对于再审申请程序而言，援用再审的诉讼相关规定（民诉 349 条 2 款）。对于再审申请，并不作出判决，而是以决定的方式作出判断（民诉规 212 条）。

（中村　闲）

[1] 为了作出再审开始决定，需要询问对方当事人（民诉 346 条 2 款）。

第6章

前法官的建议

1 法院中撤销审理决定诉讼的定位

(1) 撤销审理决定诉讼的重要性

在知财高院、最高院中的知识产权案件中，约 80% 至 90% 是对特许厅审理决定的撤销审理决定诉讼，知识产权侵权诉讼只占 10% 至 20%。撤销审理决定诉讼以知财高院为第一审，省略了诉讼程序中的第一审级。因此，不在东京地裁中审理撤销审理决定诉讼案件，东京地裁的知识产权部审理的案件全部是知识产权侵权诉讼。

(2) 日本的法曹*培养和撤销审理决定诉讼的专业性

日本的法曹绝大多数是在大学学习法学，只将法律科目作为考试科目的司法考试合格之后，司法实习中只学习一般法律实务，由此成为法曹。近年来，创设了法科大学院的制度，变成了原则上只能是法科大学院毕业生才可以考取司法考试的制度。但是，法科大学院只进行法学教育，司法考试只考法学以及法律实务相关的知识，司法实习中只学习一般法律实务，因此在这方面没有对以往的法曹养成制度带来大的变化。

其中应注意的是，第一，日本的法曹养成的大部分时间用在培养处理一般法律实务的人员，某特殊法领域专业方面的法曹是在获得法曹资格后的实习中才开始被培养出来的。第二，大部分法曹是在大学学习法学，之后仍将法学和法律实务作为专业，没有法学以外的如会计学、工学等学术领域的专业性学习经验。法曹中还会有，在大学学习工学、作为技术人员在企业的研究所等工作之后向往法曹并通过司法考试等的具有工学专业知识的人员。但是，这只是偶然的该法曹所具有的经历，并不存在培养具有工学专业知识的法曹的课程。

另一方面，在法院处理的各种诉讼中，知识产权案件属于专业性最高的诉讼类型，其中，作为一般的法曹，处理特许、实用新型案件会存在困难。原因在于，为了处理特许、实用新型案件，不可避免地需要工学等应用科学的知识

---

* 在日本，法曹是对法官、检察官和律师等法律从业人员的总称。——译者注

储备，作为没有接受过应用科学专业教育的一般法槽来说，确实缺乏相关知识。为了处理特许、实用新型案件，首先必须做到读取使用技术术语撰写的特许说明书，认定发明要旨或者解释发明的技术性范围。这样的分析工作，显然接受过应用科学的专业教育并具有相关知识的人员，相比于只接受过法学专业教育的人员更有利。

作为一般法曹，处理特许、实用新型案件会有困难的较大原因是如上所述的技术专业性。另一方面，知识产权案件中，对于不具有技术专业性的外观设计、商标、著作权、不正当竞争的案件，一般法曹在处理此类案件时不存在困难。唯有技术专业性为知识产权案件的特殊性，因此，不少法曹认为，对于不具有技术专业性的知识产权案件，一般法曹在处理此类案件时不存在困难。但是，如上所述，日本的法曹养成的大部分时间用在培养处理一般法律实务的人员。特殊法领域专业方面的法曹是在获得法曹资格后的实习中才开始被培养出来的，这在知识产权领域也相同。例如，破产案件、行政案件（特别是租税案件）、劳动案件属于特殊法领域，因此，只掌握一般民事实务则难以处理，要求这些法领域专业性相关的专业知识。作为知识产权法的法领域的专业性，其绝不弱于破产案件、行政案件、劳动案件等的专业性。因此，即便是不具有技术专业性的外观设计、商标、著作权、不正当竞争的案件，基于其法领域的特殊性，也要求与一般法曹不同的专业性。例如，对于外观设计类似与否、商标类似与否的判断方法出奇地专业且复杂，本书第 4 章中将其作为外观设计和商标相关的撤销审理决定诉讼的特色进行了明确的叙述。

（3）撤销审理决定诉讼的专业性

即便是看起来困难的特许侵权的判断，对于技术性范围的解释，作为法律论在相当程度上已确立了其方法，因此，根据确立的方法解释特许发明的技术性范围即可。因此，只要准确掌握对象产品的构成，将对象产品的构成要件与每个权利要求记载的构成要件进行对比，则可自行确定是否属于技术性范围。相对于此，外观设计类似与否判断中“主要部位类似，但是，整体观察不类似”、商标类似与否判断中“称呼类似，但是，外观和观念大有不同，最终不类似”的判断、作为参考“交易实情”的具体情况具体分析的判断，其非常难。特别是，就可预测性而言，经常会出现难题。

特许、实用新型相关的撤销审理决定诉讼相比于侵权诉讼，其判断更加困难。在无效审理决定中判断为，本案特许基于对比文件 1 和对比文件 2 容易想到，因而缺乏创造性。创造性的判断方法是：首先，认定本案特许的要旨。其次，认定对比文件1公开的发明，但是，其与侵权诉讼中的对象产品的认定不同，必须以本领域技术人员的角度观察对比文件记载的内容并确定公开的内容。侵权诉讼中的对象产品的认定并不存在“以什么角度观察”的问题，以普通人的角度观察并认定客观性存在的产品结构即可。这样确定的对比文件1记载的发明与本发明进行对比，但是，其判断方法，与侵权诉讼中的是否属于技术性范围的判断相同，适用于每个构成要件。在侵权诉讼中，对比文件1记载的发明满足本发明的构成要件的一部分，因此，以非侵权的结论结束。但是，撤销审理决定诉讼中，对比文件1记载的发明满足的要件为两发明的“相同特征”，未满足的要件为“区别特征”，进一步进行创造性的判断。对比文件2记载的发明与对比文件1记载的发明相同，以本领域技术人员的角度确定并判断其发明是否全部满足“区别特征”。存在未满足的要件，则肯定创造性，并确定无效审判请求不成立的结论。但是，即便对比文件2记载的发明满足构成区别特征的全部要件，也不能因此否定创造性。对比文件1记载的发明组合对比文件2记载的发明，对于本领域技术人员来说并非显而易见，则肯定创造性。是否容易的事宜是相对于“本领域技术人员”来说的，且是本发明“申请时”的本领域技术人员，并不是现在的本领域技术人员。如此难的事宜，必须由法律人员且现在的法官进行判断。

作为法官，处理这样的撤销审理决定诉讼显然不容易。相应制度上，关于技术专业性，特许厅审判官或者专利代理人身份的调查官，辅佐负责审理的法官。关于作为法领域的专业性，负责审理的法官应以钻研为基本，通过与同行法官进行合议、意见交换来达成各法官之间的相互协助。

2 撤销审理决定诉讼的审理特色

(1) 当事人与代理人的特色

撤销审理决定诉讼的审理特色除如上所述的技术专业性、法领域的专业性以外，还包括诉讼当事人、代理人的特殊性。一方面，撤销审理决定诉讼的当事人是极其富有国际性的、具有世界不同国籍的当事人。例如，美国企业之间因试图独占日本市场，在特许无效撤销审理决定诉讼中争论，或者法国企业之间在商标撤销的撤销审理决定诉讼中争论的现象，可能是撤销审理决定诉讼独有的。中国企业、东欧企业，同样是日本撤销审理决定诉讼中的当事人。

另外，撤销审理决定诉讼的代理人，同样在日本诉讼中具有独特性。首先，撤销审理决定诉讼中，除律师以外，专利代理人也可以成为诉讼代理人。现在在侵权诉讼中，同样专利代理人可以成为诉讼代理人，但是，需要与律师共同接受委任，还不能称为完整的诉讼代理权。日本的诉讼制度中，只有撤销审理决定诉讼认可专利代理人的完整的单独代理。另一方面，特许厅长官的代理人并不是律师或专利代理人，而是由特许厅的审判官作为行政厅的指定代理人进行诉讼活动。通常在国家或者国家行政厅作为当事人的诉讼中，除管辖该案件的行政机关的职员成为指定代理人以外，法务省所属的讼务检察官以及讼务专业官也可以作为指定代理人执行国家诉讼。特许厅的撤销审理决定诉讼中，例外地，并没有法务省所属的指定代理人，而大部分只有特许厅的审判官作为指定代理人执行诉讼。

(2) 制度上的限制

知识产权撤销审理决定诉讼中，律师作为诉讼代理人的案件反而很少，原告代理人是专利代理人、被告代理人是特许厅审判官（指定代理人）的案件较多。虽然遗憾，无论是专利代理人，还是特许厅审判官（指定代理人），对诉讼程序并未受过专业性教育，因而对于处理撤销审理决定诉讼的法院来说，其成为头痛的问题。

专利代理人，即诉讼代理人在对诉讼程序缺乏知识的情况下，对于自行代理的审判的审理决定，在有撤销审理决定诉讼代理的委托时，有可能难以拒绝该委托。无论是否有撤销审理决定诉讼的经验，认为状况上不会有太大差异。另外，对于特许厅审判官，即指定代理人，对于自行作出的审理决定，作为行政组织的一员，在被要求作为指定代理人时，也无法拒绝。

对于允许撤销审理决定诉讼中的专利代理人单独代理，且只有特许厅审判官才可成为指定代理人的现状的撤销审理决定诉讼实务，认为这是鉴于日本律师不足的现状的无可奈何的对策。另外，也可以理解缺乏撤销审理决定诉讼的经验的律师、法务省指定代理人，无法担任审理决定无效诉讼的代理人的实情。即使在目前的制度下这是不可避免的，但也不太可取。目前，知财高院在律师不参与的状态下进行的撤销审理决定诉讼中，在诉讼进行中存在困难的情况还不少见。当然，大部分的专利代理人以及特许厅审判官即指定代理人同样在学习撤销审理决定诉讼，并即将完成学业。但是，一小部分的专利代理人即诉讼代理人的主张是非常难以理解的，诉讼争议焦点不明确的状态下迟迟进行诉讼程序，这样的状况虽只占一小部分，但其并非有利。

3 理想的撤销审理决定诉讼的处理

(1) 知识产权诉讼专业律师的实用性

鉴于撤销审理决定诉讼的特色，下面对理想的撤销审理决定诉讼的处理进行分析。

首先，撤销审理决定诉讼涉及知识产权诉讼的专业性法律领域，因此，最好向专门处理知识产权诉讼的律师委托诉讼代理，并且不要委托专门处理一般民事诉讼的律师。知识产权诉讼专业律师就职于特许事务所，或者与特许事务所有着持续性合作关系，因此大多非常繁忙。因此，当不是客户的情况下，如果没有这些特许事务所或者认识的律师介绍，委托案件就比较困难。在提起撤销审理决定诉讼的情况下，首先，应向平时委托特许申请等案件的特许事务所咨询，并委托该特许事务所尽量介绍知识产权诉讼专业律师。特许事务所对介绍律师的事宜表示为难，并希望自己代理特许侵权诉讼时，需要确认表示为难的理由。

只是该特许事务所没有与知识产权诉讼专业律师建立合作关系的理由时，可以向公司的顾问律师进行咨询，并委托该顾问律师介绍知识产权诉讼专业律师等，以此通过不同于特许事务所的途径，委托知识产权诉讼专业律师。知识产权诉讼专业律师中，有些律师不介意与其他事务所共同接受委托，还有些律师介意共同接受委托，因此，咨询初期阶段就应确认是否能够接受与代理审判的特许事务所的共同委托。委托介意共同接受委托的律师时，需要将案件从代理审判的特许事务所转移至该律师所属的事务所。此时，应注意的是，因案件的转移，不仅该律师，还需要委托该律师所属的事务所的专利代理人或者有合作关系的特许事务所的专利代理人。但是，还有可能存在没有必要委托其他专利代理人的情况，如该特许律师对该特许发明的技术领域有专业知识等。

另外，在代理审判的特许事务所对介绍知识产权诉讼专业律师的事宜表示为难的理由是“预算限制”的情况下，应向该特许事务所确认其在撤销审理决定诉讼方面的经验能够达到何种程度。若该事务所在撤销审理决定诉讼具有丰富的经验且该特许并不十分重要时，可以优先考虑预算限制。委托具有丰富的撤销审理决定诉讼经验的专利代理人，与委托缺乏撤销审理决定诉讼经验的律师相比，一般更为有利。

需要十分注意的是，代理审判的特许事务所介绍的并不是知识产权诉讼专业律师，而是一般民事诉讼律师的情况。如上所述，一般民事诉讼的律师在处理特许撤销审理决定诉讼时，并没有多少帮助。尽管如此，特许事务所介绍一般民事诉讼律师的原因在于，该特许事务所在撤销审理决定诉讼上没有多少经验，且与知识产权诉讼专业律师没有建立合作关系。因此，作为“苦肉计”，有可能介绍了一般民事诉讼律师。认为只要是律师，因为其在诉讼领域专业，因而认为可以委托撤销审理决定诉讼，这是极其危险的。

（2）处理诉讼时

其次，在实际处理诉讼上，只要是知识产权诉讼专业律师，经常与专利代理人共同处理诉讼，通常能够对每个专利代理人的能力作出迅速的判断，并且能够判断出委托专利代理人至何时、从何时起律师可以自己处理等。但是，根据情况，因某种原因可能会出现律师和专利代理人的团队协作工作不良的情况。这样的情况下，不要犹豫，应向律师和专利代理人说出要求和建议。律师自己不准备诉讼，而将其交给专利代理人时，就要对委托律师存有怀疑。此外，对法院而言，即便是有名的律师担任诉讼代理人，也无法得到相应的有利待遇，因此，只靠有名律师的名义是费用上的浪费。

另外，只向专利代理人委托诉讼的情况下，必须注意专利代理人在撤销审理决定诉讼上具有何种程度的经验。少部分的专利代理人制作的庭前书面文件，类似于向特许厅提交的意见书或者其在日语上含义不通顺，这可能是因为该专利代理人缺乏诉讼经验。另外，极其少见的情况是，专利代理人将案件委托于特许事务所的技术人员，专利代理人自身并不掌控案件。法院与诉讼代理人进行事务联系时，诉讼代理人即专利代理人自身并不掌控案件，因此无法回应法院，此时，法院会有极其差的印象。在知识产权诉讼专业律师共同接受委托的情况下，法院会联系律师，因此不用担心会发生此类事情。

为了在诉讼中取胜，需要说服法院。在特许、实用新型的撤销审理决定诉讼中，法院必须向调查官发出调查命令。因此，关于技术事项，有必要重视调查官向法官提出的报告。如上所述，法官是作为一般法曹来培养的，因此，其应用科学的知识储备并不充分。因此，由调查官来辅佐法官。需要注意，对技术事项应做到对法官而言，其容易被理解，且由调查官判断时其为正确的主张、举证。这些要求在很多情况下都是矛盾的，但保持平衡至关重要。此外，对于主张、举证中的每个重点，希望参考本书的相应部分。

（长泽幸男）

第7章

前调查官的建议

1　撤销审理决定诉讼中法院调查官的作用

调查官是指，按照法官的命令对裁判负责所需调查（裁 57 条 1 款）的全勤法院职员，对于知识产权案件，其在技术方面对法官给予支持。截至平成 25 年 12 月 1 日，知财高院有调查官 11 人，东京地裁有调查官 7 人，大阪地裁有调查官 3 人。调查官中，大部分曾是特许厅的审查官、审判官经验者，但是，知财高院和东京地裁中各有 1 人是专利代理人出身。调查官制度已有近 60 年的历史，但是，知财高院自平成 14 年 4 月起（当时是东京高院）、东京地裁自平成 14 年 10 月起可以任命专利代理人为调查官。

知财高院中，调查官在撤销审理决定诉讼中对特许、实用新型的全部案件进行调查。具体而言，分析成为撤销审理决定诉讼对象的特许和实用新型相关的发明、引用出版物中记载的发明、审理决定的内容，对于审理决定撤销事由和其反驳以及再反驳，基于公平中立立场向法官叙述客观见解。各调查官分别具有机械、电子、化学等技术领域的专业知识，对于每个新接受案件的技术领域决定担当调查官，与主审法官同时负责该案件。

调查官在事前与主审法官协商之后，在辩论准备程序中同时出席。作为事前的协商，大部分采用的是基于调查官准备的资料向主审法官报告调查内容的方法。辩论准备程序中调查官可以向当事人提问等。

辩论准备程序终止时，调查官根据主审法官的指示，作出如上所述的客观见解的调查报告书❶。主审法官起草裁判书时，除了当事人的主张以及证据以外，也将该调查报告书作为一个参考资料。

（黑川 惠）

---

❶ 关于调查报告书，参考梅田幸秀：《知财高院调查官》中的“调查报告书”特技刊 244 号（2007 年 1 月 30 日），第 127 页等。

2 对于撤销审理决定诉讼的具体建议

(1) 文件的书写方式

(ⅰ) 首先

如第3章1“撤销事由的分析”中详细叙述的那样，审理决定撤销事由应具体指出审理决定作出的错误认定、判断，且必须具体主张该错误认定、判断对结论带来的影响。

双方当事人在诉状或者庭前书面文件中，主张撤销事由以及对该事由的反驳，但是为了让法官具有对自己有利的心证，考虑到文件整体的构成，需要展开具有说服力的主张。

(ⅱ) 并未脱离审理决定的主张

原告应对每个审理决定的撤销事由作出整理过的主张。原告的庭前书面文件，并不只是抽象性地主张与证据（引用出版物）中记载的发明的关系中具有创造性的文件。如第3章1中详细叙述的那样，对于审理决定作出的认定判断，具体主张审理决定的撤销事由，并且，必须主张审理决定在结论中存在违法的事宜。被告同样也要对原告主张的每个撤销事由进行整理并作出自己的主张。

撤销审理决定诉讼的诉讼标的存在审理决定的违法性，庭前书面文件中的主张不得脱离审理决定。诉讼过程中，当当事人的主张变得细致时，有可能会脱离审理决定的认定、判断，因此，应经常注意自己的主张不要脱离审理决定。

另外，以脱离审理决定的违法性的方式作出主张，以谴责对方的书面记载内容或谴责其措施是无意义的，因此需要避免脱离审理决定。

(ⅲ) 并未脱离权利要求书的主张

想要维持特许的一方在撤销审理决定诉讼中主张自己的特许申请相关的发明或者特许发明的实用性时，应注意该主张不要脱离权利要求书。需确保不得作出如下主张：主张的内容并不是权利要求书导出的发明，而是相比其更狭小的实施例记载的发明和引用发明的构成的区别特征，或者，以其区别特征为前提的显著的作用效果。

还有很多情况是，在开始撤销审理决定诉讼时，就明白了权利要求书的技术性意义明显与申请人或请求人的意图不相同。由于在驳回审理决定的撤销审理决定诉讼中，无法补正权利要求书等，因此，在审查、审判阶段，多个权利要求中的任意一个具有驳回理由时，为了防止整个申请被驳回（特 49 条），还可以考虑删除或限定性补正过宽的权利要求，或者提出分案申请。

（ⅳ）简明扼要的记载

向法院提交的文件的记载必须简单扼要。烦琐且不扼要的文件记载，会导致难以理解当事人的主张内容，包括法院也很难以理解当事人的主张内容，不仅如此，还会导致对方错误理解当事人的主张，由此导致其反驳不相匹配，这有可能会使裁判变得长期化。法院或者知财高院的主页中，可以参考撤销审理决定诉讼相关的案例的判决书。因此，比较有效的做法是参考这些案例中的原告、被告的主张。但是，需要注意，判决书中记载的原告、被告的主张是，法院为了从原告、被告各自的具体主张中导出判决的结论而提取的必要部分并对其作出总结的记述。

（2）审理决定的认可与否

在撤销审理决定诉讼的诉状中，应记载审理决定的认可与否。审理决定的认可与否是指，按照审理决定的具体记载顺序，对于该记载叙述是认可还是不认可，或者是进行争辩还是不知情。此时，应注意，对于审理决定中对自己有利的记载部分，不要进行否认或者争论。

另外，应注意，审理决定的认可与否和诉状或者庭前书面文件中主张的撤销事由不要产生矛盾。例如，不得作出主张特许有效的同时争论区别特征的存在，或者主张特许无效的同时争论相同特征的存在。

（3）证据

提交何种证据在决定诉讼的胜败上可以称为关键点。可以毫不夸张地说，无论作出多么华丽的主张，该主张若不被证据所支持则失去意义。

构成驳回理由或无效理由的基础的证据在审判阶段中已明确，因此，撤销审理决定诉讼中新举出的证据大多是关于技术常识的证据。通过对本发明的正确的理解、争议焦点相关的主张的支持等各种方式来补充技术常识，以此使主张变得有说服力。例如，仅通过说明书记载难以理解现有技术或发明应解决的课题时，作为有效的方法，即补充相比于说明书记载更详细记载的文献，以此使其变得易于理解。

提交合适的证据是重要的工作。找出证据本身就需要付出很多的劳动，但是发现了多个支持某事项的证据时，分析哪个证据最为合适也是需要加以慎重的重要工作。比较理想的是，想要举证的重点记载是清楚且易于理解的，但不能总是找到符合这些条件的证据。还有一些情况是，即便存在好的记载，其他部分中还有不必要的记载或导致误解的记载。比较证据优点和缺点并决定是否提交也很重要。

没有发现现有的文献的情况下，作为有效方法，可以请专家撰写意见书或者陈述书，还可以进行补充实验并提交其报告书。根据实验种类，该实验可能会以“后进行的实验”为由不被认可。但是，法官是基于辩论的全部宗旨和全部证据形成心证，因此，即便不会构成直接证据，只要在整体上有可能影响心证时，也要分析提交这种实验报告书的事宜。

（4）技术说明会

（ⅰ）技术说明会的含义

为了加深对特许对象，即特许的技术内容等的理解，并且，为了整理争议焦点，根据需要而进行技术说明会。第二次辩论准备程序日期以后，法院根据需要要求进行的情况较多，但是，也可以根据当事人的申请进行。对原告、被告双方都给予 30 ~ 40 分钟左右的说明时间，之后，通常会安排答疑的时间。

在进行技术说明会的情况下，专业委员参加案件并同时出席的情况较多。在知识产权诉讼、医疗相关诉讼、建筑相关诉讼等的专业诉讼中，为了获得专家的专业知识，在平成 15 年的民事诉讼法修订中引入“专业委员制度”。专业委员参与诉讼程序的情况有：①协商有关争议焦点或者证据的整理或者诉讼程序安排的必要事项时；②应调查证据时；③尝试和解时（民诉 92 条之 2 第 1 ~ 3 款）。知识产权领域中的专家除了专业委员外，还有调查官（裁 57 条），但是，两者的区别在于，法院中听取来自专业委员的说明，即“听取凭借专业知识的说明”（民诉 92 条之 2 第 1 ~3 款），相对于此，调查官可以“向法官陈述有关案件的意见”（同条 1 ~3 款）。

被任命的知识产权诉讼的专业委员中，大约有 200 名的大学教授、公共研究机构和民间企业的研究员、专利代理人等（截至平成 23 年 12 月）。近年来，知财高院每年进行 40 件以上的技术说明会，还有个别年份将近达到 60 件（高部真规子“为了进一步运用专业委员制度”判タ1368 号 28 页）。

下面，对有专业委员参与的案件的技术说明会中应注意的几个方面进行说明。

（ⅱ）技术说明会的准备

（A）专业委员参与的决定

当事人同意案件中参与专业委员的情况下，由法院选出对该案件合适的专业委员的候补人员，之后，候补人员的履历书通过传真发送至当事人。当事人分析与候补人员之间是否存在利害关系，并将分析结果答复至法院。需要充分调查候补人员和对方的利害关系。存在利害关系的情况下，作出附有具体理由的答复。答复后，作出专业委员的参与决定。

撤销审理决定诉讼中处理的技术领域有多种，因此，任选的专业委员的技术领域，并不一定相同于案件相关的特许发明技术领域。应注意，不能基于技术领域的不同来否定作为候补人员选举的专业委员的参与。

（B）资料等的准备

进行技术说明会的情况下，法院通常将日期的 1 周前作为期限要求准备资料的情况较多。该资料在技术说明会当天的说明上使用，通常大部分以 PowerPoint（PPT）的形式准备。

技术说明会，从字面上理解只进行技术的说明即可，但并非如此。毕竟，与撤销审理决定诉讼中的争议焦点相关联的技术性事项进行说明才是技术说明会。对于当事人而言，这是在争议焦点上让法官具有对自己有利的心证的良好机会，因此，需要精心准备。

对于申请人或者特许权人，首要的是正确理解本发明的内容，因此，资料中需要记载本发明或根据需要记载背景技术。对于争议焦点，最好进行明确且易理解的说明。技术说明会中，特别是视觉上带来的说明效果非常显著，因此，加入有助于理解技术内容的图（相片、漫画）等也很重要。根据情况，在 PPT 中加入录像片段也很有效。在技术说明会当天，也可以带实物，因此，研究制造易于理解说明的必要的实物也是一种方案。

资料的内容应该在技术说明会之前的日期为止提出的文件中主张、举证的范围内。对于这方面，技术说明会之前的日期中，可以由法官说明，但是，即便没有说明，应避免加入新的主张、举证。技术说明会是为了便于审理当事人已经议论的争议焦点而进行，因此，突然进行新的主张、举证，也只会对法院的审理带来混乱（即便资料中含有这种内容，也不会成为当天说明的对象）。重要的是，要做好理解技术说明会宗旨的准备。

（ⅲ）技术说明会当天

技术说明会当天，通常主审法官、法院调查官、专业委员、书记员同时出席。为了对详细的疑问也能够作出回应，当事人出席时最好有技术人员陪同。

就技术说明会当天进行说明的人员，代理人的律师、专利代理人较为合适。在说明时，不仅要对判断者即法官多加关注，而且要以易于理解的方式进行说明，让听者能够充分理解技术内容以及主张。另外，在规定的时间内完成说明也很重要。

双方当事人进行说明之后，由专业委员、调查官、法官提出疑问。对于疑问，基本上由代理人作出答复为好，但是，对于与争议焦点没有直接关联的详细的疑问（现场的实际情况等），陪同的技术人员作出答复也没有多大问题（特别是，专利代理人以外的专业委员对知识产权并不精通的情况较多，因此，有时必然提出与争议焦点无关联的疑问或技术上非常详细的疑问）。另外，还有一些情况是，法院向专业委员询求其对当事人说明的意见。此时，专业委员的发言中有可能会含有对自己不利的内容，但是，专业委员的发言并不构成直接的证据，因此，并不需要对其进行逐一反驳或解释。但是，专业委员的发言使法官产生与事实相反的误解的情况下，可以当场陈述意见。

调查官、法官提出疑问在技术说明会的最后阶段进行的情况较多，但是，调查官的疑问指向争议焦点的本质的情况较多，因此，在答复时需要加以注意。疑问与争议焦点的判断密切相关时，获得另外的提交文件的机会也很重要（由法院作出这种指示的情况较多）。

（黑川　惠·加藤志麻子）

监修者简历

片　山　英　二（かたやま　えいじ）

阿部・井滗・片山法律事务所合伙人

1973 年	毕业于东京大学工学院
1973—1982 年	就职于藤泽药品工业株式会社
1982 年	毕业于神户大学法学院、司法研修所（第 36 期）
1984 年	获得律师资格证（第一东京律师协会）
	加入阿部・井滗・片山法律事务所
1988—1990 年	留学欧美・进修
	纽约大学法学院，温斯洛普・斯蒂姆森・帕特南与罗伯茨律师事务所（纽约），MAX・PLANCK 研究所等
1989 年	获得美国纽约州律师资格

作者简历

黑　川　　惠（くろかわ　めぐむ）

阿部·井窪·片山法律事务所合伙人

1983 年	毕业于芝浦工业大学工学院建筑工学专业
1985—1988 年	三好内外国特许事务所
1988—1991 年	铃木国际特许商标事务所
1989 年	获得代理人资格
1991—2004 年	一色国际特许业务法人
2004—2005 年	就职于东京高等法院（法院调查官）
2005—2007 年	就职于知财高院（法院调查官）

（负责第 1 章 1、4，第 3 章 1，第 7 章）

广　濑　史　乃（ひろせ　しの）

阿部·井窪·片山法律事务所合伙人

1998 年	司法研修所（第 52 期）
2000 年	获得代理人资格
2006 年	在中国北京对外经济贸易大学留学

（负责第 1 章 1、2、3、6）

冈　本　尚　美（おかもと　なおみ）

阿部·井窪·片山法律事务所

2001 年	毕业于庆应义塾大学法学院法律专业
2003 年	获得代理人资格

（负责第 1 章 3）

古　桥　伸　茂（ふるはし　のぶしげ）

阿部・井滓・片山法律事务所合伙人

1997年	毕业于东京大学工学院化学系统工学科专业
1997—2001年	就职于太田国际特许事务所
1999年	获得代理人资格
2005—2006年	日本代理人协会特许委员会委员
2009年	获得特定侵权诉讼代理业务付记代理人资格

（负责第1章4、5，第2章4）

服　部　　诚（はっとり　まこと）

阿部・井滓・片山法律事务所合伙人

1994年	毕业于庆应义塾大学法学院法律专业
1996年	司法研修所（50期）
1998年	获得律师资格（第一东京律师协会），加入阿部・井滓・片山法律事务所
2001年	根据期限任用法在经济产业省知识产权政策室工作（科长助理）
2002—2004年	在美国宾夕法尼亚大学法学院留学 MAX・PLANCK知识产权研究所客座研究员（慕尼黑）
2004年	获得美国纽约州律师资格
2006—2009年	一桥大学研究生院法学研究专业非专职讲师
2007年	庆应义塾大学理工学院（硕士课程）非专职讲师
2013年	获得代理人资格

（负责第1章6，第3章2）

江　幡　奈　步（えばた　なぼ）

阿部・井滓・片山法律事务所

1998年	毕业于庆应义塾大学法学院法律专业

2000 年　　获得律师资格
2004 年　　根据期限任用法在特许厅总务部总务科制度修订审议室工作
(负责第 1 章 7，第 2 章 5，第 4 章 3)

小　林　纯　子 (こばやし　すみこ)

阿部・井溼・片山法律事务所合伙人
1971 年　　在国家公务员考试中获得上级甲等
1972 年　　毕业于埼玉大学理工学院
1972—1974 年　　埼玉大学理工学院应用化学科目技术官员
1974—1986 年　　特许厅审查员、审判官
1986 年　　获得代理人资格
1987—1988 年　　就职于角田内外国特许事务所
1988—1991 年　　就职于浅村内外特许事务所
1991—1992 年　　就职于 Pennie & Edmonds，New York
2004 年　　获得特定侵权诉讼代理业务付记代理人资格
(负责第 2 章 1)

日　野　真　美 (ひの　まみ)

阿部・井溼・片山法律事务所合伙人
1984 年　　毕业于京都大学药学院
1984 年　　获得药剂师资格
1984—1987 年　　就职于藤泽药品工业株式会社
1989—1996 年　　就职于朝日奈特许事务所
1992 年　　获得代理人资格
1999 年　　毕业于美国西顿霍尔大学法学院
1999 年　　获得美国律师资格
2000 年　　获得美国纽约州律师资格
1998—2002 年　　就职于 Pennie & Edmonds LLP，New York
2002—2004 年　　就职于东京青山・青木法律事务所（特定共同事务所 Baker & McKenzie 国外法事务律师事务所）

2003年　　获得国外法实务律师资格
2004年　　获得特定侵权诉讼代理业务付记代理人资格
（负责第2章2、3）

本　多　广　和（ほんだ　ひろかず）

阿部・井滓・片山法律事务所合伙人
1995年　　毕业于东京大学法学院
1997年　　获得律师资格
2002年　　在美国加利福尼亚大学戴维斯分校留学
2004年　　获得美国纽约州律师资格
（负责第2章5，第3章1、7）

小　林　　浩（こばやし　ひろし）

阿部・井滓・片山法律事务所合伙人
1983年　　毕业于上智大学理工学院化学专业
1983年　　加入伊东内外特许事务所
1985年　　获得代理人资格
1987—1993年　　道琼斯化学株式会社（知识产权部部长）
1993—2001年　　辉瑞制药株式会社（知识产权部部长）
2003年　　取得中央大学法学院法学学士
2005年　　获得特定侵权诉讼代理业务付记代理人资格
2010—2011年　　中国人民大学客座教授
（负责第3章3、8）

北　原　润　一（きたはら　じゅんいち）

阿部・井滓・片山法律事务所合伙人
1987年　　毕业于一桥大学法学院，司法研修所（第41期）
1989年　　获得律师资格（第一东京律师协会）
　　加入阿部・井滓・片山法律事务所
1992—1994年　　留学美国，进修

	毕业于纽约大学法学院（法学硕士）
	就职于温斯洛普·斯蒂姆森·帕特南与罗伯茨律师事务所（纽约）
1994 年	获得美国纽约州律师资格

（负责第 3 章 3）

加 藤 志麻子（かとう しまこ）

阿部·井滗·片山法律事务所合伙人

1988 年	毕业于早稻田大学理工学院材料工学专业
1988—2006 年	特许厅审查员、审判官
1998 年	留学人事院（欧洲专利局、德国专利局）
2002—2005 年	调往东京地方法院（法院调查员）
2006 年	获得代理人资格
2008 年	获得特定侵权诉讼代理业务付记代理人资格

（负责第 3 章 4，第 7 章 2）

潮 太 朗（うしお たろう）

阿部·井滗·片山法律事务所

1993 年	毕业于庆应义塾大学理工学院
1995 年	庆应义塾大学理工学研究院硕士课程应用化学专业硕士
1995—2002 年	就职于摩维尔石油株式会社（现 EMG 营销联合会社）
2003—2009 年	就职于松浦特许事务所
2007 年	获得代理人资格

（负责第 3 章 5）

广 瀬 隆 行（ひろせ たかゆき）

广濑国际特许事务所

1996 年	以第一名毕业于东京大学教养学院基础科学专业

1998年　东京大学大学院综合文化研究专业专攻广域科学硕士
1998—2001年　三菱化学株式会社知识产权部
1999年　代理人考试合格
2001—2007年　阿部・井滦・片山法律事务所
2003—2007年　芝浦工业大学工学院非专职讲师（知识产权）
2004年—　知识产权关联专门委员
2007年　获得特定侵权诉讼代理业务付记代理人资格
（负责第3章5、6）

长泽幸男（ながさわ　ゆきお）

1982年　毕业于东京大学法学院，司法研修所（第36期）
1995—2000年　最高法院调查官、判事（负责知识产权事务）
2000—2004年　东京高等法院知识产权部（现知财高院）判事
2005年　获得律师资格（第一东京律师协会）
（负责第4章1、2，第6章）

井口司（いぐち　つかさ）

阿部・井滦・片山法律事务所
1994年　毕业于东京工业大学工学院高分子化学工学专业
1996年　东京工业大学研究生院专攻理工学研究专业高分子硕士
1996—2001年　就职于东洋油墨制造株式会社筑波研究所
2001—2005年　就职于光石法律特许事务所
2003年　获得代理人资格
（负责第4章1、2）

铃木康仁（すずき　やすひと）

阿部・井滦・片山法律事务所合伙人
1977年　毕业于独协大学外国语学院英语专业

1981—1997 年　　就职于青和特许法律事务所
1993 年　　获得代理人资格
2000—2003 年　　就职于创英国际特许法律事务所
2009—2010 年　　就任工业所有权审议会考试委员（代理人考试委员）
（负责第 4 章 3）

中　村　　闲（なかむら　のどか）

阿部・井窪・片山法律事务所合伙人
2003 年　　毕业于庆应义塾大学法学院法律专业
2004 年　　获得代理人资格
（负责第 5 章）